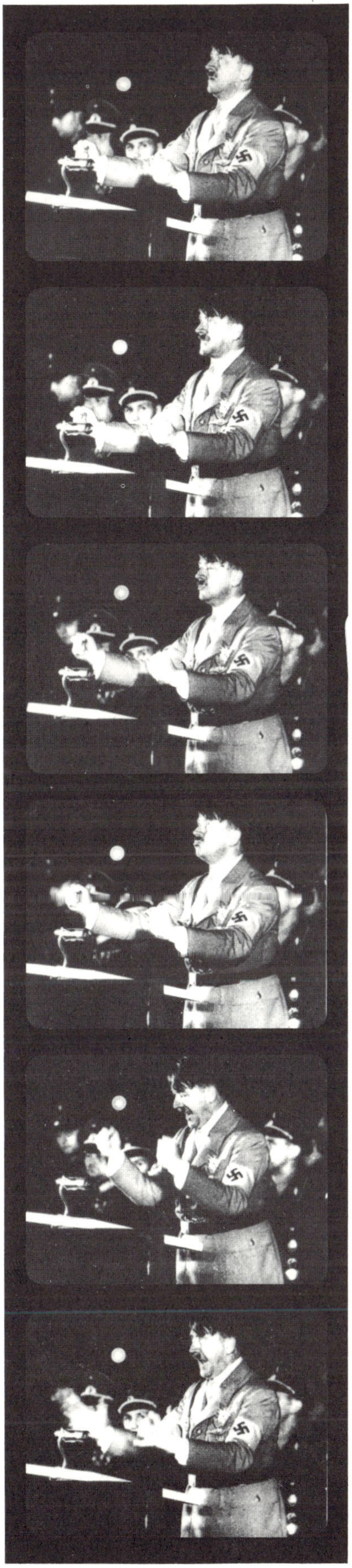

Frederic V. Grunfeld

Die deutsche Tragödie

Adolf Hitler
und das Deutsche Reich 1918 – 1945
in Bildern

Nachwort Hugh Trevor-Roper

Hoffmann und Campe

Titel der Originalausgabe »The Hitler File«, erschienen bei Weidenfeld and Nicolson Limited, London SW 11, 1974

Aus dem Englischen von Wolfgang Eisermann (Bildlegenden und Nachwort) und Martin Speck (Text).

Die Originalausgabe »The Hitler File« entstand in Verbindung mit den Filmen »The Double-Headed Eagle« von Lutz Becker und »Swastika« von Philippe Mora; beide Filme wurden produziert von Sanford Lieberson und David Puttnam.

Die Photos und Abbildungen sind numeriert, und zwar auf jeder Seite von links nach rechts; zu einem Themenkreis gehörende Photos sind zuweilen unter einer Nummer zusammengefaßt.

1. bis 10. Tausend, 1975

Satz: Alfred Utesch, Hamburg
Druck und Bindung: Librex SpA, Mailand
ISBN 3-455-02540-4. Printed in Italy.

»Ohne die entsetzlichen Opfer, welche unausgesetzt dem fatalen Seelenleben dieses Menschen fallen, ohne die umfassenden moralischen Verwüstungen, die davon ausgehen, fiele es leichter, zu gestehen, daß man sein Lebensphänomen fesselnd findet. Man kann nicht umhin, das zu tun; niemand ist der Beschäftigung mit seiner trüben Figur überhoben – das liegt in der grob effektvollen und verstärkenden (amplifizierenden) Natur der Politik, des Handwerks also, das er nun einmal gewählt hat, – man weiß, wie sehr nur eben in Ermangelung der Fähigkeit zu irgendeinem anderen. Desto schlimmer für uns, desto beschämender für das hilflose Europa von heute, das er fasziniert, worin er den Mann des Schicksals, den Allbezwinger spielen darf, und dank einer Verkettung phantastisch glücklicher – das heißt unglückseliger – Umstände, da zufällig kein Wasser fließt, das nicht seine Mühlentriebe, von einem Siege über das Nichts, über die vollendete Widerstandslosigkeit zum andern getragen wird. . . . Ich frage mich, ob die abergläubischen Vorstellungen, die sonst den Begriff des ›Genie‹ umgaben, noch stark genug sind, daß sie uns hindern sollten, unsern Freund ein Genie zu nennen. Warum denn nicht, wenn's ihm Freude macht? Der geistige Mensch ist beinahe ebensosehr auf Wahrheiten aus, die ihm wehe tun, wie die Esel nach Wahrheiten lechzen, die ihnen schmeicheln. Wenn Verrücktheit zusammen mit Besonnenheit Genie ist (und das *ist* eine Definition!), so ist der Mann ein Genie: Um so freimütiger versteht man sich zu dem Anerkenntnis, weil Genie eine Kategorie, aber keine Klasse, keinen Rang bezeichnet, weil es sich auf den allerverschiedensten geistigen und menschlichen Rangstufen manifestiert, aber auch auf den tiefsten noch Merkmale aufweist und Wirkungen zeitigt, welche die allgemeine Bezeichnung rechtfertigen.«

Thomas Mann, *»Ein Bruder«,* 1938

»Die bekannte Geschichte verzeichnet keine Erscheinung wie ihn; soll man ihn ›groß‹ nennen? Niemand hat soviel Jubel, Hysterie und Heilserwartung erweckt wie er; niemand soviel Haß. Kein anderer hat, in einem nur wenige Jahre dauernden Alleingang, dem Zeitlauf so unglaubliche Beschleunigungen gegeben und den Weltzustand verändert wie er; keiner hat eine solche Spur von Trümmern hinterlassen.«

Joachim C. Fest, *»Hitler«,* 1973

Das Plakat von Käthe Kollwitz zum Novemberaufstand der Matrosen in Kiel, der den Weg zum Waffenstillstand und zur Geburt der Weimarer Republik bereitete.

1 Ein Irrtum der Geschichte

»... ich bin nur so stark, als mein Volk stark ist. Denn: Das ist die Quelle meiner ganzen Kraft. Ich bilde mir nicht ein, daß ein einzelner Mensch auf dieser Erde Wunder wirken kann. Das Wunder liegt in der gegebenen naturgewollten und gottgewollten Kraft eines Volkes.«[1]

Nach dem Tod Hitlers und dem Zusammenbruch des ›Dritten Reiches‹ versuchten viele Deutsche krampfhaft, das zu verneinen, was er und sie immer wieder bekräftigt hatten, als er noch lebte: daß Hitler die Verkörperung von Deutschlands historischer Bestimmung sei und seine Macht von dem Willen des Volkes erhalten habe; eine Behauptung, die er wiederholt in der messianischen Formel ausgedrückt hatte: »So wie ich der Eure bin, so seid Ihr die Meinen.«[2] Doch das wahre Verhältnis zwischen dem Führer und den Geführten ist für die Biographen und Historiker noch immer nicht geklärt: Fast alles, was in den letzten dreißig Jahren über Hitler und die Deutschen geschrieben worden ist, wird von der Frage beherrscht, ob der *Führer*[3] »historisch unvermeidbar« war. Die Antwort wird vom historischen Standpunkt des Betrachters bestimmt. »War das Unheil von 1933 bis 1945 die folgerichtige Weiterentwicklung der deutschen Geschichte«, fragt der Publizist Harry Pross, »oder war, was in diesen Jahren geschah, ohne Tradition, ohne Vorbild, ein Ungeschick, das uns zustieß, ohne Beispiel und darum auch ohne Zukunft?«[4] In seiner Anthologie *»Die Zerstörung der deutschen Politik«* liefert Pross dann auf 350 Seiten den Beweis dafür, daß es eigentlich nichts Neues unter dem Hakenkreuz gab; daß die zerstörerischen Elemente in Hitlers Programm – die Gewalt, die Intoleranz und der Eroberungsdrang – sämtlich Teile eines unheilvollen Erbes von politischen Ideen des 19. Jahrhunderts waren. Hier drei kurze, aber typische Beispiele.

»Der ewige Friede ist ein Traum, und nicht einmal ein schöner, und der Krieg ist ein Glied in Gottes Weltordnung. In ihm entfalten sich die edelsten Tugenden des Menschen, Mut und Entsagung, Pflichttreue und Opferwilligkeit mit Einsetzung des Lebens. Ohne den Krieg würde die Welt im Materialismus versumpfen.«[5] (Helmuth Graf Moltke, preußischer Generalfeldmarschall, im Jahre 1880)

»... einem Herrenvolk anzugehören, das seinen Anteil an der Welt sich selber nimmt und nicht von der Gnade und dem Wohlwollen eines anderen Volkes zu empfangen sucht.

Deutschland wach auf!«[6] (Der Alldeutsche Verband, 1890)

»Möge es [Rußland] die Gewogenheit haben, freiwillig einige fünfzig Meilen nach Mittelasien hinüberzurücken, wo Platz die Hülle und Fülle ist, der ihm zur Seite, uns aber ferne liegt: möge es uns soviel Küste am Schwarzen Meer geben, daß wir von da aus unsre Bettler und Bauern in Klein-Asien ansiedeln können ... Wir brauchen Land vor unserer Türe, im Bereiche des Groschen-Portos. Will Rußland nicht, so zwingt es uns zu einem Enteignungsverfahren, das heißt zum Kriege, zu dem wir so von alters her jetzt nicht vollständig aufzuzählende Gründe auf Lager halten ... Das von Rußland im Guten oder im Bösen zu erwerbende Land muß weitläufig genug sein, um in Bessarabien und nordöstlich von ihm auch alle in Österreich und der Türkei lebenden Rumänen (weniger der mit den Juden Polens, Rußlands und Österreichs nach Palästina oder noch lieber nach Madagaskar abzuschaffenden rumänischen Juden) als Untertanen des Königs Karl anzusiedeln ... Die Deutschen sind ein friedfertiges Volk, aber sie sind überzeugt von dem Rechte, selbst, und zwar als Deutsche, zu leben, und überzeugt davon, daß sie für alle Nationen der Erde eine Mission haben: hindert man sie, als Deutsche zu leben, hindert man sie, ihrer Mission nachzugehen, so haben sie die Befugnis, Gewalt zu brauchen ...«[7] (Paul de Lagarde, preußischer Gelehrter und Politiker, zur Frage der deutschen Ost-Expansion, im Jahre 1886)

Ohne Zweifel hat Hitler seine Ideen von einem zutiefst antidemokratischen und antihumanistischen Zweig der deutschen Geistesgeschichte übernommen; von Chauvinisten, für die der Zweck schon immer die Mittel geheiligt hatte, je brutaler, desto besser. Er wäre aber nicht erfolgreicher gewesen als andere militante Nationalisten, die sich nur kurz auf der politischen Szene halten konnten – Männer wie Kapp und Hugenberg, die außer ihrem Ruf nach Ruhe und Ordnung kein politisches Programm anzubieten hatten –, wenn er nicht mehr als die üblichen Klischees reaktionärer Politik proklamiert hätte. Was Hitler ermöglichte, Geschichte zu machen, war seine Fähigkeit, ›Blut und Eisen‹ und das deutsche *Volk* eine mystische Verbindung eingehen zu lassen.

Der demagogische Redestil, mit dem Hitler Größe und Bedeutung der Deutschen beschwor, hatte ebenfalls entsprechende Vorläufer im 19. Jahrhundert.

»Ich bin der deutscheste Mensch, ich bin der deutsche Geist. Fragt den unvergleichlichen Zauber meiner Werke, haltet sie mit allen Übrigen zusammen: Ihr könnt für jetzt nichts anderes sagen als – es ist deutsch. Aber was ist dieses Deutsche? Es muß doch etwas Wunderbares sein, denn es ist menschlich schöner als alles Übrige! – o Himmel! sollte dieses ›Deutsche‹ einen Boden haben? Sollte ich mein Volk finden können? Welch herrliches Volk müßte das werden! Nur diesem Volke könnte ich aber angehören. –«[8]

Dieses Zitat stammt aus dem Tagebuch des Komponisten Richard Wagner, das er 1865 für seinen königlichen Mäzen, Ludwig II. von Bayern, führte. Hitler drückte sein Verhältnis zum deutschen *Volk* oft in fast denselben Worten aus, etwa in einer Rede, 1935, auf einer ›Kundgebung‹ auf dem Tempelhofer Feld in Berlin:

»Mein Wille – das muß unser aller Bekenntnis sein – ist euer Glaube! Mein Glaube ist mir – genau wie euch – alles auf dieser Welt! Das Höchste aber, was mir Gott auf dieser Welt gegeben hat, ist mein Volk!«[9]

Als später weiterer Einsatz im Krieg oft schon Selbstmord bedeutete, gingen Tausende von deutschen Menschen lieber in den Tod, als dem Mann die Gefolgschaft zu versagen, der behauptete, daß die ›Vorsehung‹ ihn auserwählt habe, das deutsche Volk zu führen.

Hitler, Moltke, Wagner und Lagarde – das ist eine Tradition deutscher Geschichte, die andere verläuft von Lessing zu jenen großen Deutschen, die für Liberalismus und Gleichheitsideen eintraten, deren Wahlsprüche eher Beethovens Bekenntnis zu weltweiter Brüderlichkeit *»Seid umschlungen, Millionen«* als *»Deutschland, Deutschland über alles«* entsprachen. Sie, die deutschen Humanisten, waren die schärfsten Kritiker deutscher Intoleranz, nicht Franzosen oder Engländer; selbst solche wie Hölderlin und Nietzsche, die später von der NS-Propaganda für deren Zwecke falsch zitiert wurden. »Dieser Hitler ist ein Irrtum der Geschichte«, versicherte der emigrierte Philosoph Ernst Cassirer immer wieder seinen amerikanischen Studenten. »Er paßt überhaupt nicht in die deutsche Geschichte. Und darum wird er untergehen.«[10]

Helmut Plessner, Soziologe und Historiker an der Universität Göttingen, urteilt kaum weniger kategorisch: ». . . Hitler unserer Geistesgeschichte anzuhängen wirkt blasphemisch. Warum dann nicht gleich bis auf Luther zurückgegangen und das Dritte Reich für die logische Konsequenz der ganzen Ideenentwicklung Deutschlands erklärt, wie das Shirer in seinem Bestseller ›*Aufstieg und Fall des Dritten Reiches*‹ getan hat? Wer so argumentiert, verschweigt dem Leser, daß er mit einer Vorsatzlinse arbeitet, die bestimmte Farben durchläßt und andere nicht. Wer aber außerdem mit einer solchen Linse die ganze Geschichte eines Volkes fotografiert, erhält völlig lächerliche Resultate . . . Gewiß, es gibt Dinge, die für längere Zeiträume gelten. Das Goethewort, die Deutschen ertrügen eher Unrecht als Unordnung, hat sicher heute noch Gültigkeit. Waren sie aber immer so, oder sind sie durch die Verkettung ihrer Geschichte so geworden?«[11]

Der Widerspruch zwischen tolerantem Humanismus und seinem Spiegelbild, dem anti-intellektuellen Chauvinismus, der ebenso Teil der deutschen Geschichte war (der klassische Gegensatz zwischen *Geist* und *Ungeist*), trat niemals schärfer als während des Ersten Weltkriegs hervor, als sich eine beachtliche pazifistische Opposition unter den deutschen und österreichischen Intellektuellen bildete. Jedoch nicht alle späteren ›Anti-Nazis‹ gehörten zu diesen aktiven Kritikern. Thomas Mann zum Beispiel sah in in dem Krieg sogar den notwendigen Kampf zwischen Kultur und Zivilisation – »Krieg! Es war Reinigung, Befreiung, was wir empfanden, und eine ungeheure Hoffnung.«[12] Für ihn waren die Deutschen das kultivierteste Volk Europas (». . . dem Musikalisch-Romantischen, dem Romantisch-Musikalischen – und also beinahe dem *Deutschen* – . . . «[13]), und als solches hätten sie das Recht, den weniger entwickelten Nachbarn ihre Friedensbedingungen aufzuzwingen. Das war die traditionelle vaterländische Ansicht (Mann distanzierte sich nach dem Krieg davon), die Friedrich Gundolf in der Maxime zusammenfaßte: »Wer stark ist zu schaffen, der darf auch zerstören.«[14]

Der Erste Weltkrieg verstärkte humanistische Gedankengänge in den deutschsprachigen Ländern; eine Protestbewegung erhob sich gegen das Gemetzel an den vier Fronten. Im November 1914 verfaßte Hermann Hesse, der zu der Zeit in der Schweiz lebte, einen Aufruf an seine Landsleute, den Krieg im Interesse der ganzen Menschheit zu beenden:

»Die Überwindung des Krieges [ist] nach wie vor unser edelstes Ziel . . . Daß das Leben wert sei, gelebt zu werden, ist der letzte Inhalt und Trost jeder Kunst . . . Daß Liebe höher sei als Haß, Verständnis höher als Zorn, Friede edler als Krieg, das muß ja eben dieser unselige Weltkrieg uns tiefer einbrennen, als wir es je gefühlt.«[15]

Vier Monate später schrieb Albert Einstein, damals Professor an der Berliner Universität, einen offenen Brief an den französischen Schriftsteller Romain Rolland, in dem er den Krieg und die Haltung der kriegführenden Parteien anklagt:

»Sollen wirklich spätere Jahrhunderte unserm Europa nachrühmen, daß drei Jahrhunderte emsigster Kulturarbeit es nicht weiter gefördert hatten als vom religiösen Wahnsinn zum nationalen Wahnsinn? Sogar die Gelehrten der verschiedenen Länder gebärden sich, wie wenn ihnen vor acht Monaten das Großhirn amputiert worden wäre.«[16]

Für Einstein, der fähig war, Gesetzmäßigkeiten des Universums zu entdekken – er veröffentlichte gerade seine Relativitätstheorie –, konnte der Krieg nur ein »schicksalhaftes Mißverständnis, eine unbegreifliche Verblendung« sein. Fast zur selben Zeit veröffentlichte Sigmund Freud in Wien seinen Essay *»Zeitgemäßes über Krieg und Tod«*, in dem er ausführte, daß der Krieg aus psychoanalytischer Sicht eine Massenregression auf eine primitive Stufe sei.

»Es will uns scheinen, als hätte noch niemals ein Ereignis so viel kostbares Gemeingut der Menschheit zerstört . . . so gründlich das Hohe erniedrigt.«[17]

Der Krieg aber wurde erst beendet, als die totale Erschöpfung der deutschen Armee nach vier Jahren Stellungskrieg zu offensichtlich war. Die Entscheidungsgewalt über die Beendigung des Krieges lag beim Kaiser und den Generalen Hindenburg und Ludendorff, den wahren Herrschern über das Deutschland der Kriegsjahre. Schließlich akzeptierte Ludendorff als erster die Tatsache, daß die Westfront kurz vor dem Zusammenbruch stand. Er verfiel auch auf den Ausweg, den verachteten Zivilisten im Reichstag die Schuld an der Niederlage zu geben. Am 29. September 1918 unterrichtete er den Vorsitzenden der stärksten Partei im Parlament, der SPD, daß eine militärische Niederlage unvermeidbar sei. »Die Fortsetzung des Krieges muß als aussichtslos aufgegeben werden. Jede vierundzwanzig Stunden kann sich die Lage verschlechtern.«[18] Die Verantwortung für den Waffenstillstand wurde so auf die Regierung übertragen, der bis dahin jegliches Mitspracherecht bei der Kriegführung verweigert worden war. Ludendorffs Schachzug beeinflußte zwar den politischen Ausgang des Krieges nicht, hatte jedoch wichtige Folgen für die Nachkriegszeit; der gute Ruf der Armee blieb erhalten, und die Offiziere konnten behaupten, daß sie nicht vom Feind, sondern durch einen *Dolchstoß* von feigen und verräterischen zivilen Politikern besiegt worden seien.

Während der neue Kanzler, Prinz Max von Baden, erste vorsichtige Waffenstillstandsverhandlungen führte, versuchte die Seekriegsleitung, diese Bemühungen zu sabotieren, indem es der deutschen Flotte in letzter Minute den Befehl zu einer Schlacht mit den britischen Seestreitkräften gab. Da aber die Matrosen wußten, daß der Waffenstillstand kurz bevorstand, wollten sie ihr Leben nicht in einem aussichtslosen Gefecht aufs Spiel setzen und meuterten; zunächst in Wilhelmshaven, dann in Kiel, wo am 4. November 1918 über 40 000 Matrosen ihre Offiziere entwaffneten und den Hafen im Namen des revolutionären Soldatenrats besetzten.

Diese Meuterei der Matrosen breitete sich zu einer Revolution aus, die innerhalb der nächsten fünf Tage das ganze Land erfaßte und in der Ausrufung der Republik am 9. November in Berlin ihren Höhepunkt fand, gefolgt von der heimlichen Flucht des Kaisers und der Annahme des Waffenstillstands am 11. November.

Im großen und ganzen war es eine unblutige Revolution, getragen von Menschen, die des Kriegs überdrüssig waren. Der aristokratische Demokrat und Präsident der ›Deutschen Friedensgesellschaft‹, Harry Graf Kessler, der, als die Republik ausgerufen wurde, im Reichstag anwesend war, schrieb in sein Tagebuch: »Gut, frisch und sauber, vor allen Dingen sehr jung sehen die Matrosen aus; alt und kriegsverbraucht, in verfärbten Uniformen und ausgetretenem Schuhzeug, unordentlich und unrasiert die Soldaten, Überreste eines Heeres, ein trauriges Bild des Zusammenbruchs.«[19] Kessler, der später der erste Gesandte der Republik in Warschau wurde, stellte fest, daß die Haltung der gesamten Bevölkerung »ausgezeichnet«[20] war und die Revolutionäre sich betont gut verhielten. Am 12. November schrieb er:

»In der Stadt ist heute alles ruhig; die Fabriken arbeiten wieder. Von Schießereien ist nichts bekanntgeworden. Bemerkenswert übrigens, daß während der Revolutionstage trotz der Straßengefechte die Elektrischen regelmäßig gefahren sind. Auch das elektrische Licht, Wasserleitung, Telephon haben keinen Augenblick ausgesetzt. Die Revolution hat nie mehr als kleine Strudel im gewöhnlichen Leben der Stadt gebildet, das ruhig in seinen gewohnten Bahnen drum herumfloß. Auch gab es trotz dem vielen Schießen merkwürdig wenig Tote oder Verwundete. Die ungeheure, welterschütternde Umwälzung ist durch das Alltagsleben Berlins kaum anders als im Detektivfilm hindurchgeflitzt.«[21]

Die praktischen Ergebnisse dieser Revolution, deren lose organisierte Regierung der ›Volksbeauftragten‹ unter Einschluß der USPD von den rechten Sozialdemokraten Friedrich Ebert und Philipp Scheidemann angeführt wurde, waren nicht im Sinne der Marxisten des Spartakusbundes (des Vorläufers der Kommunistischen Partei Deutschlands, der KPD). Die brillante Theoretikerin und beste Rednerin der Partei, Rosa Luxemburg, schrieb am 21. Dezember 1918 in der Zeitung ›*Die Rote Fahne*‹, die Revolution würde von der provisorischen Regierung verraten:

»Der Geist des 4. August 1914 herrschte über dem Sitzungssaal des Rätekongresses, das alte, vorrevolutionäre Deutschland der Hohenzollern, der Hindenburg und Ludendorff, des Belagerungszustandes und der Henkerarbeit in Finnland, im Baltenland und in der Ukraine war noch intakt ...«[22]

Rosa Luxemburg vertrat einen eher gewaltlosen Marxismus:

»Der Sozialismus hat nicht nötig, die eigenen Illusionen erst durch blutige Gewaltakte zu zerstören, erst zwischen sich und der bürgerlichen Gesellschaft einen Abgrund zu graben.«[23]

Als sie und Karl Liebknecht beschuldigt wurden, Terroristen zu sein, drehte sie diese Anschuldigung um und wendete sie gegen die Militaristen, die den Krieg begonnen hätten:

»... die ohne mit der Wimper zu zucken anderthalb Millionen deutscher Männer und Jünglinge zur Schlachtbank getrieben ..., die vier Jahre für den größten Aderlaß, den die Menschheit erlebt, alle Mittel bewilligten – sie schreien jetzt im heiseren Chor über den ›Terror‹ ...«[24]

Der Ruf der Spartakisten nach einer radikaleren Revolution fand Verständnis bei vielen Gemäßigten, die grundlegende Reformen in Deutschlands politischem System und im Erziehungswesen für notwendig erachteten. Graf Kessler war einer dieser Liberalen; er hielt »Liebknecht oder Rosa Luxemburg mit ihrer echten und tiefen Liebe zu den Ärmsten und Bedrücktesten, mit ihrem Opfermut« für »erfreulicher als die Streber und Gewerkschaftssekretäre«[25] und hoffte, daß etwas getan werden könnte, die Verhältnisse

Ein Waffenstillstand und seine Folgen

9. November 1918: Generalstreik in Berlin. Am Brandenburger Tor hissen Truppen der Berliner Garnison die rote Fahne der Arbeiter- und Soldatenräte [2]. Um 14 Uhr ruft der Mehrheitssozialist Philipp Scheidemann von einem Fenster des nahegelegenen Reichstagsgebäudes ›die große und freie deutsche Republik‹ aus. Am 5. November hatte der sozialdemokratische Abgeordnete Gustav Noske als Beauftragter der Reichsregierung versucht, die meuternden Matrosen der Hochseeflotte zur Aufnahme ihres Dienstes zu drängen und damit die drohende Revolution einzudämmen [1].

Am 11. November 1918 war der Waffenstillstand unterzeichnet worden. Die Arbeiter- und Soldatenräte beanspruchten die Regierungsgewalt kraft revolutionärer Legitimation. Unter dem Vorsitz von Friedrich Ebert bildete sich als provisorische Regierung ein ›Rat der Volksbeauftragten‹.

Die Novemberrevolution hatte wenig Blutvergießen gefordert. Die Volksmassen in den Städten waren in große Unruhe versetzt, Erwartungen und Hoffnungen waren in ihnen erweckt worden.

Bewaffnete Mitglieder der Arbeiter- und Soldatenräte bei der Übernahme der Ulanen-Garnison in Berlin [5].

1

2

»Der Kaiser hat abgedankt!« Das ist die Schlagzeile des sozialdemokratischen Parteiorgans ›*Vorwärts*‹ am 9. November 1918 [3]. »Es wird nicht geschossen!«

Die Erklärung war unterzeichnet von dem aus dem Amt scheidenden Reichskanzler Prinz Max von Baden. Kaiser Wilhelm II. war unterdessen auf dem Weg ins holländische Exil, wo er der Abdankung tatsächlich nur drei Wochen später zustimmte.
Kaiser Wilhelm II. (4. v. l.) mit seinem persönlichen Stab auf dem Bahnhof von Eijsden, kurz nach Überschreiten der holländischen Grenze [4].

Sonnabend, den 9. November 1918

Vorwärts

Berliner Volksblatt.

Zentralorgan der sozialdemokratischen Partei Deutschlands

Der Kaiser hat abgedankt!

Der Reichskanzler hat folgenden Erlaß herausgegeben:

Seine Majestät der Kaiser und König haben sich entschlossen, dem Throne zu entsagen.

Der Reichskanzler bleibt noch so lange im Amte, bis die mit der Abdankung Seiner Majestät, dem Thronverzichte Seiner Kaiserlichen und Königlichen Hoheit des Kronprinzen des Deutschen Reichs und von Preußen und der Einsetzung der Regentschaft verbundenen Fragen geregelt sind. Er beabsichtigt, dem Regenten die Ernennung des Abgeordneten Ebert zum Reichskanzler und die Vorlage eines Gesetzentwurfs wegen der Ausschreibung allgemeiner Wahlen für eine verfassunggebende deutsche Nationalversammlung vorzuschlagen, der es obliegen würde, die künftige Staatsform des deutschen Volk, einschließlich der Volksteile, die ihren Eintritt in die Reichsgrenzen wünschen sollten, endgültig festzustellen.

Berlin, den 9. November 1918. **Der Reichskanzler.**
Prinz Max von Baden.

Es wird nicht geschossen!

Der Reichskanzler hat angeordnet, daß seitens des Militärs von der Waffe kein Gebrauch gemacht werde.

Parteigenossen! Arbeiter! Soldaten!

Soeben sind das Alexanderregiment und die vierten Jäger geschlossen zum Volke übergegangen. Der sozialdemokratische Reichstagsabgeordnete Wels u. a. haben zu den Truppen gesprochen.

3
4

5

Die Revolution in der Schwebe

6 Weihnachten 1918: Matrosen der meuternden Volksmarinedivision besetzen die Wilhelmstraße und stellen einen Maschinengewehrposten im Berliner Schloß [6]. Der Vorsitzende des ›Rates der Volksbeauftragten‹, Friedrich Ebert, rief Truppen zur Hilfe, die versuchten. sie zu verjagen. Die Matrosen konnten sich mühsam halten, unternahmen aber keine weiteren Aktionen.

7

Bewaffnete Arbeiter demonstrieren gegen die Entlassung des Berliner Polizeipräsidenten Emil Eichhorn [8]. In Berlin gewannen die Spartakisten unter Führung von Karl Liebknecht, der am 9. November 1918 im Berliner Schloß die freie sozialistische Republik proklamiert hatte (hier auf einer Gedenkfeier für einen ermordeten Spartakisten [7]) und Rosa Luxemburg [9] unter den kriegsentlassenen Soldaten, die keine Arbeit fanden, neue Anhänger. Der Spartakusbund, der konsequent auf dem bolschewistischen Programm Lenins [10] beharrte, wollte nach wie vor eine Räterepublik durchsetzen. Am 31. Dezember 1918 wurde die Kommunistische Partei Deutschlands gegründet.

8

9

Zwischen dem 10. und 15. Januar 1919 wurde der Spartakusbund von Freikorps-Verbänden unter Befehl von Noske und General von Lüttwitz vernichtet. Die Spartakistenführer Karl Liebknecht und Rosa Luxemburg wurden am 15. Januar 1919 von Soldaten der Garde-Schützen-Kavallerie-Division ermordet.

10

Berlin unter Gewehren

11

Januar 1919: Freiwilligen-Verbände werden zur »Aufrechterhaltung der Ordnung im Reich« eingesetzt. Freikorps-Soldaten haben auf der Quadriga des Brandenburger Tors [11] und zwischen seinen klassizistischen Säulen [12] Wache bezogen. Sie befestigen Brükkenköpfe in der Stadt und errichten, besonders im Zeitungsviertel, Barrikaden [13 bis 16]. Fronttruppen marschierten gegen bewaffnete Arbeiter-Bataillone auf. Im März 1919 gab es in den Straßen Berlins noch immer

12 Straßenkontrollen.

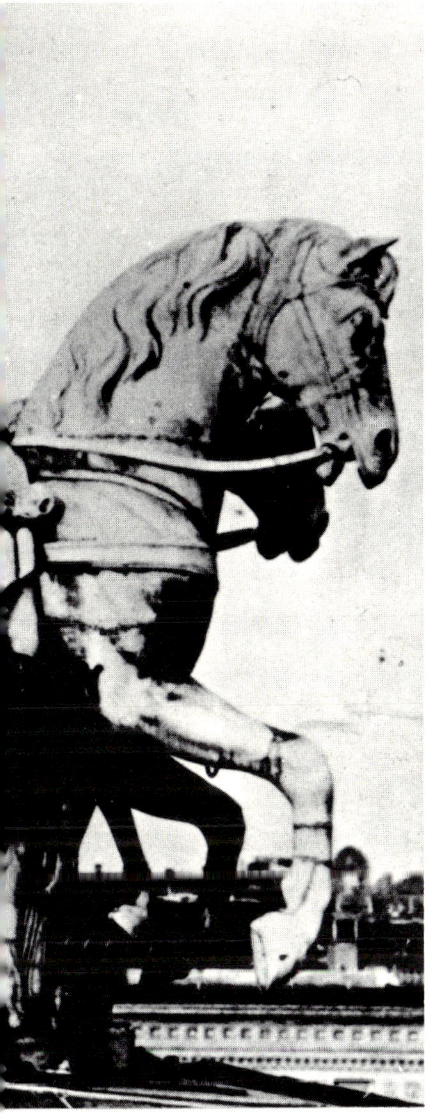

13

14

15
16

Der weiße Terror

18

Kurt Eisner, vor 1914 als Journalist in der SPD tätig, ab 1917 Mitglied der USPD, hatte eine bayerische Regierung aus Arbeitern, Soldaten und Bauern gebildet, bis er am 21. Februar 1919 einem Attentat in München zum Opfer fiel. Die Folge dieses politischen Mordes war das Chaos. Es folgte ein Generalstreik, und zwei Wochen später wurde in Bayern die Räterepublik ausgerufen, die von bewaffneten Mitgliedern der KPD erst bekämpft, dann unterstützt wurde [17]. Im April 1919 schickte Ebert zwanzigtausend Freikorps-Soldaten nach München, die die Stadt besetzten. Dabei kam es zu heftigen Kämpfen und Ausschreitungen auf beiden Seiten. Viele Anhänger der Revolutionsregierung wurden ohne Gerichtsverfahren getötet; so schlugen und trampelten Freikorps-Sadisten den Erziehungsmini-
19 ster zu Tode. Erst als enthüllt wurde,
20 daß die Konterrevolutionäre in der An-
21 nahme, es seien Spartakisten, 21 Mit-

glieder eines katholischen Männervereins im Neuen Gymnasium erschossen hatten, wurde das Blutbad beendet.
Vor der Münchner Residenz führt ein Freikorps-Soldat Verteidiger der Räterepublik ab [18].

Behelmte preußische Freiwillige bewachen Leichen von Mitgliedern der zehntausend Mann starken »Roten Armee« [19].
Die Räterepublik war knapp einen Monat alt, als diese Bekanntmachung am 5. April 1919 an jeder Litfaßsäule in München klebte [20].
Kurt Eisner mit seiner Frau und Begleiter, kurz bevor er von Graf Arco-Valley auf dem Weg zum Bayrischen Landtag niedergeschossen wurde [21].

Die Agonie, der Radikale und Intellektuelle erlagen, als der »weiße Terror« sich über ganz Deutschland ausbreitete, wurde von dem Expressionisten Paul Holz auf einer Titelseite der von Franz Pfemfert herausgegebenen pazifistisch-sozialistischen Zeitschrift ›Die Aktion‹ dargestellt [22].

Ein getöteter Freikorps-Soldat ist hinter einem zerschossenen Fenster des Münchner Ring-Hotels aufgebahrt worden [26].

22
23

Die siegreichen Freikorps töteten häufig ihre Gefangenen. Die Photos wurden in Berlin aufgenommen: Soldaten treiben spartakistische Aufrührer zusammen [23]; Abtransport eines der Opfer [24]; die Leichen exekutierter Gefangener [25].

24
25

26

Die Demokratie wird erprobt

Sozialdemokratische Wahlplakate für die Wahlen zur verfassunggebenden Nationalversammlung am 19. Januar 1919 [27/28].

Bei der ersten Erprobung der Demokratie in der Republik werden die Namen der Wähler auf den Wahllisten abgehakt, bevor sie ihre Stimmzettel abgeben [29].

27

28

29

Die Delegierten der neugewählten Nationalversammlung treten am 6. Februar 1919 zur Eröffnungssitzung im Weimarer Nationaltheater zusammen [30/31]. Die Eröffnungsrede hielt Friedrich Ebert, der am 11. Februar 1919 zum Reichspräsidenten gewählt wurde. Das Ergebnis der Wahlen war für die Regierung eine Enttäuschung. SPD und USPD hatten zusammen nur 45,5 % der Stimmen gewonnen und damit 185 Abgeordnete. Die einfache Mehrheit aber betrug 211. Die bürgerlichen Parteien hatten mit 236 Sitzen die Mehrheit, konnten aber keine Regierung bilden. So blieb es bei der Koalition von SPD, Deutscher Demokratischer Partei und dem Zentrum, der ›Weimarer Koalition‹.

30
31

Die große Angst vor der kommunistischen Bedrohung war weiterhin das beherrschende Propagandathema, das auf zahllosen Plakaten jener Zeit dargestellt wurde [32/33].

32
33

Der Versailler Vertrag

Die Besiegten kommen nach Versailles: die Gesichter von Mitgliedern der deutschen Delegation zeigen Angst und Unmut, als sie im April 1919 in Paris eintreffen, um den Vertragstext entgegenzunehmen [34]. Der Weimarer Republik blieb keine andere Wahl als die Bedingungen zu akzeptieren, zu denen gewaltige Reparationsleistungen, der Verlust von ungefähr 13 % des Staatsgebiets und die Besetzung des Saar- und Rheinlandes durch alliierte Streitkräfte gehörten. Am 23. Juni 1919 wurde der Versailler Vertrag nach heftigen Kontroversen von der Weimarer Nationalversammlung angenommen.

Die Tatsache, daß in Versailles Deutschland und seine Verbündeten gezwungen wurden, die Alleinschuld am Ausbruch des Ersten Weltkriegs zu übernehmen, wurde schon bald von der nationalistischen Propaganda als »erpresserische Kriegsschuld-Lüge« attackiert [36]. Paul Neu zeichnete im *›Simplicissimus‹* den Nachkriegs-»Freiheitsbaum« als zarte Pflanze, die ständig bedroht ist, von feindlichen Kräften vernichtet zu
34 werden [35].

35
36

Philipp Scheidemann, der knapp ein Jahr zuvor die Republik ausgerufen hatte und der erste Ministerpräsident der »Weimarer Koalition« geworden war, spricht in Berlin vor einer großen Menschenmenge über die Unannehmbarkeit des Versailler Vertrags [37].
Da die Alliierten nicht willens waren, auch nur geringfügige Konzessionen zu machen, traten Scheidemann und der Außenminister Ulrich Graf Brockdorff-Rantzau unter Protest zurück.

37

Revolte von rechts

38

39

In den Freikorps herrschte große Unzufriedenheit, weil die deutsche Regierung von den Alliierten gezwungen wurde, die Truppen zu reduzieren, bis sie Anfang 1921 den geforderten Stand des 100 000-Mann-Heers, der Reichswehr, erreichte. Am 13. März 1920 kam es zum Kapp-Putsch: General Walther von Lüttwitz marschierte mit der Brigade Ehrhardt auf Berlin und übernahm gemeinsam mit einer Gruppe von Verschwörern, unter ihnen der Gründer der rechtsradikalen Deutschen Vaterlandspartei, Wolfgang Kapp, die Regierung. Reichspräsident Ebert und seine Minister flohen nach Dresden (später Stuttgart). Aber als die Gewerkschaften den Generalstreik ausriefen und das Gros der Reichswehr loyal blieb, brach die Kapp-Regierung innerhalb von vier Tagen wie ein Kartenhaus zusammen. Reichspräsident Ebert und sein Kabinett konnten nach Berlin zurückkehren und die Regierungsgeschäfte wieder aufnehmen. Hakenkreuze auf den gepanzerten Autos und den Mannschaftswagen der Brigade Ehrhardt in Berlin [38/39]. Auch die Soldaten hatten sich das Hakenkreuz, das Symbol des »Völkischen«, auf den Stahlhelm gemalt, außerdem haben sie die alte kaiserliche Kriegsflagge aufgezogen [40]. *»Aus Kapps Menagerie«*: Unter diesem Titel karikierte George Grosz die Söldner der Brigade Ehrhardt [42].

40

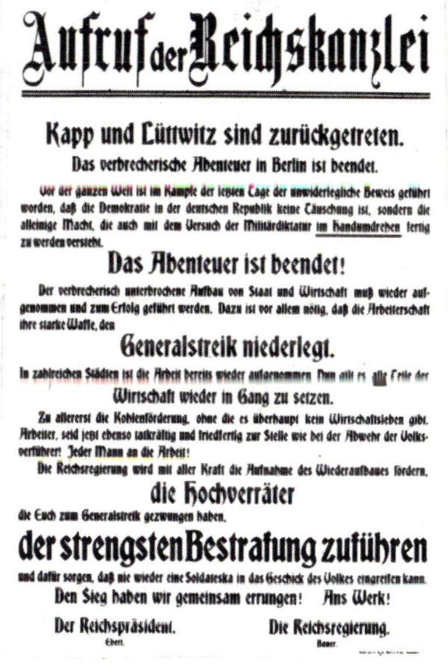

Aufruf der Reichskanzlei

Kapp und Lüttwitz sind zurückgetreten.

Das verbrecherische Abenteuer in Berlin ist beendet.

Vor der ganzen Welt ist im Kampfe der letzten Tage der unwiderlegliche Beweis geführt worden, daß die Demokratie in der deutschen Republik keine Täuschung ist, sondern die alleinige Macht, die auch mit dem Versuch der Militärdiktatur im Handumdrehen fertig zu werden versteht.

Das Abenteuer ist beendet!

Der verbrecherisch unterbrochene Aufbau von Staat und Wirtschaft muß wieder aufgenommen und zum Erfolg geführt werden. Dazu ist vor allem nötig, daß die Arbeiterschaft ihre starke Waffe, den

Generalstreik niederlegt.

In zahlreichen Städten ist die Arbeit bereits wieder aufgenommen. Nun gilt es, alle Teile der

Wirtschaft wieder in Gang zu setzen.

Zu allererst die Kohlenförderung, ohne die es überhaupt kein Wirtschaftsleben gibt. Arbeiter, seid jetzt ebenso tatkräftig und friedfertig zur Stelle wie bei der Abwehr der Volksverführer! Jeder Mann an die Arbeit!

Die Reichsregierung wird mit aller Kraft die Aufnahme des Wiederaufbaues fördern,

die Hochverräter

die Euch zum Generalstreik gezwungen haben,

der strengsten Bestrafung zuführen

und dafür sorgen, daß nie wieder eine Soldateska in das Geschick des Volkes eingreifen kann.

Den Sieg haben wir gemeinsam errungen! Ans Werk!

Der Reichspräsident. Ebert. **Die Reichsregierung.** Bauer.

41

42

Inflation

43

44

1923 erreichte die Wirtschaftskrise der Weimarer Republik ihren Höhepunkt infolge der Ruhrbesetzung durch die Franzosen. Im Zusammenhang mit der Hilfe des Reichs für den ›passiven Widerstand‹ an der Ruhr stieg die Inflation ins Uferlose. Die Preise kletterten so schnell, daß der Lohn eines Arbeiters am Tag der Auszahlung etwa nur noch ein halbes Pfund Butter wert war. Da die Reichsdruckerei fortfuhr, Papiergeld in astronomischen Mengen zu drucken, entsprach schließlich der Wert einer Goldmark der fast unvorstellbaren Summe von einer Billion Papiermark.

Berliner verfolgen das Absinken der Kaufkraft der Mark [43].
Die großen Firmen holen die frisch gedruckten Lohngelder mit Wäschekörben von der Bank [44].
Die Frauen eilen in die Geschäfte, um den Tagesverdienst ihrer Männer in Lebensmittel umzusetzen, bevor die Preise weiter hinaufklettern [45].

Dieser Teufelskreis wurde schließlich am 15. November 1923 durch die Einführung einer neuen harten Währung, der Rentenmark (1 Billion Mark = 1 Rentenmark), durchbrochen.

45

46
47

Städte und Gemeinden gaben »Notgeld« aus [46/47].

Ein Tausendmarkschein, im Dezember 1922 von der Deutschen Reichsbank herausgegeben und im Jahr darauf mit dem Überdruck »Eine Milliarde Mark« versehen [48].

Zehn Milliarden Mark-Scheine wurden nur auf einer Seite bedruckt, um Zeit und Mühe zu sparen [49].

48

49

Kriegsopfer

1,9 Millionen deutsche Soldaten fielen im Ersten Weltkrieg, 4,25 Millionen Soldaten wurden verwundet oder trugen psychische Schäden davon.
In Kriegsopfer-Heimen versuchte man, erwerbsunfähig gewordenen Männern ein Existenzminimum zu sichern. Das Photo zeigt zwei blinde Kriegsopfer, die sich in einem Kriegsblindenheim ihren Lebensunterhalt durch Holzsägen verdienen [52].
George Grosz' bitter-leidenschaftliche Zeichnungen klagten das Schicksal der Kriegskrüppel an [50/51, 53].

50

. . . daß es ihr nicht möglich ist, die Schieber zu fassen.

51

52

Vorsicht, nicht stolpern!

53

. . . uns leicht vergißt

54

Wilhelm Schulz *»Die Besessenen«*
»In ihrer Tanzwut sehen sie nicht, daß die Musikanten der Hunger und die Not sind« [54].

55

Wilhelm Schulz *»Brüder«*
1918 vor dem Feind: »Kamerad, du bist gerettet!« 1919 daheim: »Ach was Kamerad – hin mußt du werden!« [59]

56
57

58
59

Karl Arnold *»Aus einem Zyklus: Der Krieg, wie ich ihn sah«* [59].

Plakate der Zeit

60
61

62

63
64

ARBEITER BÜRGER BAUERN SOLDATEN
ALLER STÄMME DEUTSCHLANDS
VEREINIGT EUCH
ZUR
NATIONALVERSAMMLUNG

65

Nationalversammlung
die Morgenstunde
unsrer sozialen Republik

66

Freiheit
Friede
Arbeit
Wählt die
Deutsche Volkspartei in Bayern
(Deutsche Demokratische Partei)

Aufruf
zum
Sozialismus

67
68

3 Worte:
Ungestörte Demobilmachung
Aufbau der Republik
Frieden

Parole:
Frieden!
Wir erreichen ihn
durch
Ordnung!

69
70

71
72

1919: Sondermarken anläßlich der Konstituierung der verfassunggebenden deutschen Nationalversammlung [71].
Königlich-bayerische Briefmarken mit dem Überdruck »Deutsches Reich« [72].
1922: Serie zur Deutschen Gewerbeschau München und Briefmarken zur Eröffnung des Luftpost-Sonderdienstes [73/74].
Inflationsbriefmarken [75]
Die Reichspräsidenten Ebert und Hindenburg [76]

73
74

75
76

Kabarett, Film . . .

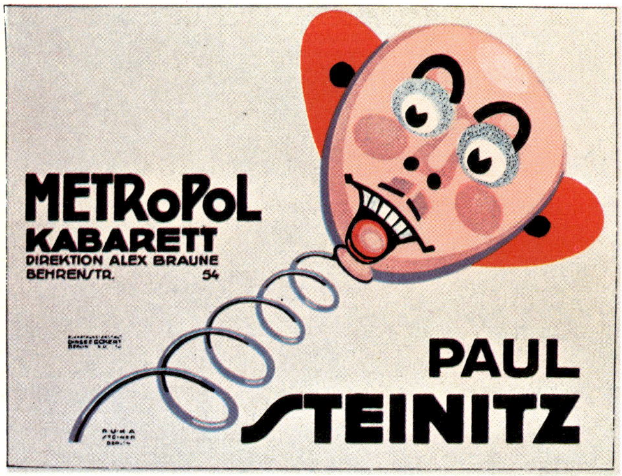

77
78

79

80
81

... und Werbung

82
83

84
85

WIERTZ
Kaloderma Seife
Glycerin & Honig
F. Wolff & Sohn
Karlsruhe
Baden
KALODERMA

86

87
88

Jupp Wiertz entwarf das Werbeplakat für Kaloderma-Seife [86].
Laszlo Moholy-Nagys und Herbert Bayers Umschlag-Zeichnungen für die Zeitschrift *›Die neue Linie‹* [87/88].
Werbebroschüre der Marcel Breuer Standardmobel G.m.b.H. Berlin [89].
Eine im Bauhaus entworfene Besuchsanzeige des Fagus-Werks in Alfeld; der Architekt dieser Fabrik war Walter Gropius [90].
Herbert Bayer: Entwurf für einen Zigarettenkiosk [91].

89

90
91

Arbeit
und
Brot
durch
Liste
1

Das
Volk steht
auf!
es wählt Liste 9

92
93

Bravo
Herr von Papen!
Nur weiter so, mit Notverordnungen, Lohn
und Rentenkürzungen und Beseitigung
des Tarifrechtes.
Sie geben uns Kommunisten die letzte
Chance.
Soll das Wahrheit werden? Nein!
Nur einer rettet uns vom Bolschewismus
Adolf Hitler!
Liste
1
National-Sozialisten

TOD DER LÜGE
Hochfinanz
Marxismus

94
95

Deutschland erwacht!
Wählt Liste:
2
Nationalsozialisten

AN DIESEM SYSTEM STIRBT DAS VOLK!
WÄHLT SOZIALDEMOKRATEN LISTE 1

96
97

Wählt Kommunisten!
K·P·D·
(Spartakusbund)

98

Den letzten Stoß!
Liste 2
NOT-VERORDNUNG
JAUCHEN-PROPAGANDA
National-Soz-Deutsche-Arbeiter-Partei N.S.D.A.P.
1933

99

DAS SIND DIE FEINDE DER
DEMOKRATIE!
HINWEG DAMIT!
DESHALB WÄHLT LISTE
1
SOZIALDEMOKRATEN!

100

101

Wir
schaffen das neue Deutschland!
denkt an die Opfer -
Wählt Nationalsozialisten Liste 1
DRUCK: LANGEBARTELS & JÜRGENS, ALTONA
NACHDRUCK VERBOTEN

102

DER ARBEITER
IM REICH DES HAKENKREUZES!
K.GEISS.
DARUM
WÄHLT
LISTE 1
SOZIALDEMOKRATEN!

103

104

Otto Dix *»Die sieben Todsünden«*: Hitler als Personifikation des Neids.

105

2 Eine moderne Renaissance

»Ich glaube, daß eine neue kulturelle Epoche anbricht, die direkt auf den Vorstellungen des Altertums beruht.«[1]
Erich Mendelsohn, 1910

»Andere Länder hatten im 15. und 16. Jahrhundert sowohl eine Renaissance als auch eine religiöse Reformation«, schreibt Gilbert Highet in seinem Buch *»The Classical Tradition«*: »Deutschland hatte nur eine Reformation, deren Haupt Luther half, die zündenden Funken der Renaissance zum Erlöschen zur bringen, die gleichzeitig entflammt waren.«[2] Als Folge davon gab es keinen deutschen Shakespeare, keinen Milton, Tasso oder Montaigne. Die große Freisetzung geistiger Energien, die für die Renaissance in Italien, Frankreich und England so charakteristisch war, fand in Deutschland erst im 18. Jahrhundert statt: mit Herder, Lessing, Goethe und Schiller. Diesen Begründern der deutschen Renaissance folgten dann die großen Romantiker wie die Gebrüder Schlegel, Novalis, Hölderlin, Kleist und, in einem letzten Höhepunkt literarischen Könnens, Heinrich Heine, der abtrünnige Romantiker. Aber Heine ging ins Exil, um dem Philistertum und der politischen Unterdrückung zu entgehen, die den Biedermeier-Charme Deutschlands in den dreißiger und vierziger Jahren des 19. Jahrhunderts beeinträchtigten.
Nach der mißlungenen Revolution von 1848 ist in der deutschen Kunst eine offensichtliche Verarmung festzustellen. In der Bismarck-Ära konzentrierten sich die geistigen Energien auf die Einigung des Reiches; Kunst und Philosophie wurden aus dem Brennpunkt verdrängt. Der Schwulst dieser »roten Plüsch«-Epoche fand seinen Niederschlag sowohl in der Malerei und Literatur als auch in der Bahnhofsarchitektur dieser Zeit; selbst Wagners Musikdramen waren dagegen nicht gefeit. Friedrich Nietzsche resümierte, daß die Epoche, die der Konsolidierung des Reiches unter Wilhelm I. gefolgt war, eine geistiger Mittelmäßigkeit sei.
»Es zahlt sich teuer, zur Macht zu kommen: die Macht *verdummt* ... Die Deutschen – man hieß sie einst das Volk der Denker: denken sie heute überhaupt noch? Die Deutschen langweilen sich jetzt am Geiste, die Deutschen mißtrauen jetzt dem Geiste, die Politik verschlingt allen Ernst für wirklich geistige Dinge – ›*Deutschland, Deutschland über alles*‹, ich fürchte, das war das Ende der deutschen Philosophie ... – Wieviel verdrießliche Schwere, Lahmheit, Feuchtigkeit, Schlafrock, wieviel Bier ist in der deutschen Intelligenz! ... und ganz Europa hat bereits einen Begriff davon – die größte Politik täuscht Niemanden ... Deutschland gilt immer mehr als Europas Flachland.«[3]
Doch Nietzsche selbst bahnte bereits den Weg zur zweiten deutschen Renaissance, die mit der großen Revolte der Expressionisten um die Jahrhundertwende begann und bis zur Zerstörung durch das NS-Regime dauerte. Die Expressionisten waren die ›häßlichen Maler‹, die mit Munchs Röntgenblicken die Welt betrachteten und die düstere Realität entdeckten, die unter der glitzernden, sonnendurchtränkten Oberfläche der Impressionisten

lag. Nicht Schönheit, sondern Mitleid war ihr Hauptthema – Mitleid mit den Armen der Städte, mit den Opfern der Ungerechtigkeit, mit den Müttern toter Kinder. »Wahrlich nicht die Schönheit und Lieblichkeit ist unsere Stärke, unsere Kraft, eher das Gegenteil, die Häßlichkeit, dämonische Leidenschaft ...«,[4] schrieb der junge Bildhauer und Dichter Ernst Barlach.

Seit der Goethe-Zeit hatte Deutschland nicht mehr eine solche Blüte der Künste erlebt wie nun nach der Entdeckung von *Angst* und Leid als Quellen künstlerischer Inspiration. Anfang des Jahrhunderts formierte sich die Brücke, eine Gruppe von so höchst subjektiven visionären Malern wie Ernst Ludwig Kirchner, Max Pechstein, Karl Schmidt-Rottluff, Erich Heckel und Otto Müller. 1912 wurde dann der Blaue Reiter mit Wassily Kandinsky, Franz Marc, Paul Klee und August Macke gegründet. Diese expressionistische Malerei hatte ihr musikalisches Gegenstück in den atonalen Werken des Wiener Komponisten Arnold Schönberg und seiner Schüler Alban Berg und Anton von Webern; so vertonte Schönberg zum Beispiel den expressionistischen Text *»Erwartung«* von Marie Pappenheim, ein Melodram, in dem eine Frau ihren Geliebten erwartet und ihn dann schließlich als Leichnam findet. Gleichzeitig entwickelte sich der Expressionismus in der Literatur als eine alle Traditionen durchbrechende Kunsttheorie und -praxis, so im Werk von Franz Werfel, Gottfried Benn, Alfred Döblin, Georg Kaiser, Ernst Toller und Carl Sternheim, um nur einige zu nennen. Auch ihre Themen waren das Leiden und die Seele oder, wie ein Kritiker vermerkte, » ... das Verlangen nach einer Rückkehr Gottes«[5]. Franz Kafka schrieb dazu an einen Freund: »Mein Gott, glücklich wären wir eben auch, wenn wir keine Bücher hätten, und solche Bücher, die uns glücklich machen, könnten wir zur Not selber schreiben. Wir brauchen aber die Bücher, die auf uns wirken wie ein Unglück, das uns sehr schmerzt, wie der Tod eines, den wir lieber hatten als uns, wie wenn wir in Wälder vorstoßen würden, von allen Menschen weg, wie ein Selbstmord, ein Buch muß die Axt sein für das gefrorene Meer in uns.«[6] Die Expressionisten verfaßten pessimistische Romane und Gedichte in einer neuen visionären Sprache, in denen sie den baldigen Untergang der Menschheit ankündigten. Sie waren angeekelt von dem »Wahnsinn der großen Stadt«, in der »aus silberner Maske der Geist des Bösen schaut«, so der junge österreichische Dichter Georg Trakl in seinem Gedicht *»An die Verstummten«*. Es war eines seiner letzten Gedichte, geschrieben vor dem Ausbruch des Ersten Weltkriegs, dessen erstes Jahr Trakl nicht überlebte.

»Hure, die in eisigen Schauern ein totes Kind gebärt.
Rasend peitscht Gottes Zorn die Stirn des Besessenen,
Purpurne Seuche, Hunger, der grüne Augen zerbricht.
O, das gräßliche Lachen des Golds.«[7]

Der Krieg verstärkte den Trend zur Verinnerlichung in der deutschen Kunst. Das Elend rühre an die Seele, schrieb Walter von Molo, Seelen, die vom Elend zerrissen worden seien, würden eine tiefere Kunst hervorbringen als wohlgenährte Selbstgefälligkeit.[8]

Als Protest gegen den Krieg entstand 1916 eine neue Bewegung, die alle bisherigen Spielarten antimoralistischer Kunst verwendete, um ein absurdes Weltbild zu manifestieren – der Dadaismus, der aus der Kunst eine Art Spiel machte. Der Sammelpunkt der Dadaisten war das Zürcher ›Cabaret Voltaire‹; sie verletzten ganz bewußt die Gefühle derer, die man seitdem

dem ›Establishment‹ zuordnet, indem er sich über sie lustig machte; anstelle des Pathos und der Emotionen der Expressionisten arbeiteten sie mit Humor, Einfachheit, dem Absurden, dem Unvorhergesehenen und Unerwarteten. Hans Arp, einer der Mitbegründer dieser Bewegung, klebte drei oder vier nierenförmige Holzstücke auf ein Brett, malte sie wie Kinderspielzeug mit klarem Lack an und nannte das Ergebnis *»Constellation«*. Arp erkläre sich gegen die unförmige Darstellungsweise in den Bildern der führenden Maler des Expressionismus, schreibt Hugo Ball 1916 in seinem ›*Dada-Journal*‹. Arp empfehle deshalb technisches Zeichnen als Gegenmittel gegen die Bilder von der Schöpfung oder dem Untergang der Welt.[9]
Nach dem Waffenstillstand und der Aufhebung der Zensur in Deutschland gingen die Dadaisten nach Berlin. »In Berlin war was los«, erinnerte sich George Grosz später, »es wurde mehr und mehr Mittelpunkt. In der Kunst hatte es die alten Zentren München, Düsseldorf und Dresden überflügelt.«[10] Grosz gehörte zur Berliner Dada-Gruppe, die sich 1918 um Richard Huelsenbeck, Raoul Hausmann und Walter Mehring gebildet hatte. Sie organisierten Dada-Matinées, Dada-Messen, ließen Dada-Flugblätter auf die Nationalversammlung in Weimar flattern, veröffentlichten Dada-Manifeste und Dada-Zeitschriften wie ›*Der blutige Ernst*‹. Huelsenbeck erklärte in seinem *»Dada-Almanach«* von 1920, die Expressionisten seien nun am Ende, denn sie hätten es sich bequem gemacht: »Ihr Sessel ist ihnen wichtiger als der Lärm der Straße.« Dada sei für tätige Menschen. »Dadaist sein, heißt, sich von den Dingen werfen lassen, gegen jede Sedimentbildung sein; einen Moment auf einem Stuhl gesessen, heißt das Leben in Gefahr gebracht haben.«[11] Der junge Maler und Dichter Kurt Schwitters schnitt die Silbe M-E-R-Z aus einer Zeitungsanzeige, in der das Wort ›Kommerz‹ vorkam, und kreierte damit seine ganz persönliche ›Merzkunst‹, die Kunst der Slogans, visuellen Wortspiele, Lautfragmente, Druckfehler und zufälligen Wortprägungen. »Merz und nur Merz ist befähigt, einmal, in einer noch unabschätzbaren Zukunft die ganze Welt zu einem gewaltigen Kunstwerk umzugestalten . . . Einstweilen schafft Merz Vorstudien zur kollektiven Weltgestaltung, zum allgemeinen Stil.«[12] Schwitters war ein Künstler mit unbegrenzten Fähigkeiten. Er klebte wunderbare Collagen, schrieb gereimte Werbesprüche für die Straßenbahn in Hannover und komponierte eine umjubelte *»Ursonate«*, eine lautmalerische Darbietung für einen Vokalsolisten (ihn selbst):

»Fümms bö wö tää zää Uu, pögiff, kwiiee.
Dedesnn nn rrrrrr, Ii Ee, mpiff tillff toooo, tillll, Jüü-Kaa.«[13]

Sein Gedicht *»Anna Blume«* alias *»Die Blume Anna«*, ist die große Liebeslyrik der Waffenstillstandszeit; es gibt in seiner Verbindung von Hoffnung und Desillusionierung einen vollkommenen Ausdruck von Dada.

O du, Geliebte meiner siebenundzwanzig Sinne, ich
liebe dir! – Du deiner dich dir, ich dir, du mir.
– Wir?
Das gehört (beiläufig) nicht hierher.
Wer bist du, ungezähltes Frauenzimmer? Du bist
– – bist du? – Die Leute sagen, du wärest, – laß
sie sagen, sie wissen nicht, wie der Kirchturm steht.
Du trägst den Hut auf deinen Füßen und wanderst
auf die Hände, auf den Händen wanderst du.[14]

Schwitters und die Dadaisten brachten das scheinbar Unmögliche zustande, absurden Humor in eine Tradition einzuführen, die sich eher durch Wagnerischen Tiefgang als durch Mozartsche Leichtigkeit ausgezeichnet hatte. Aber Dada war nur ein Teil des breiten kulturellen Spektrums, das die zweite deutsche Renaissance hervorgerufen hatte. Neben den jungen Exzentrikern in ihren Bohémien-Cafés lebte die Tradition des aufgeklärten Bürgertums fort, aus dem die besten deutschen Kunstwerke im 19. Jahrhundert hervorgegangen waren: in den Romanen von Thomas Mann und Hermann Hesse, den Gedichten von Rainer Maria Rilke, den Essays von Stefan Zweig, den Opern von Richard Strauss und Hugo von Hofmannsthal, den Bildern von Lovis Corinth und Max Liebermann. »... Kritik an der bürgerlichen Tradition, womit ich meine: an den Werten der Bildung, Aufklärung, Humanität, an solchen Träumen wie der Hebung der Völker durch wissenschaftliche Gesittung ...«[15] sagt Serenus Zeitblom im *»Doktor Faustus«*. Die zwanziger Jahre beschreibt Zeitblom als »... eine Epoche seelischer Erholung, des gesellschaftlichen Fortschritts in Frieden und Freiheit, der mündigen und zukunftsgewillten kulturellen Bemühtheit, der gutwilligen Angleichung unseres Fühlens und Denkens ans Welt-Normale schien uns Deutschen zu dämmern. Unzweifelhaft, dies war, trotz aller eingeborenen Schwäche und Antipathie gegen sich selbst, der Sinn, die Hoffnung der deutschen Republik ... Sie war ein Versuch, ein nicht ganz und gar aussichtsloser Versuch (der zweite nach dem fehlgeschlagenen Bismarcks und seines Einigungskunststücks), zur Normalisierung Deutschlands im Sinne seiner Europäisierung oder auch ›Demokratisierung‹, seiner geistigen Einbeziehung in das gesellschaftliche Leben der Völker.«[16]
Die Künstler und Gelehrten hatten viel größeren Anteil daran als die Politiker, daß Deutschland nach der Isolierung des Krieges wieder in die Völkerfamilie aufgenommen wurde. Schon bald gab es wieder einen lebhaften Gedankenaustausch zwischen Berlin und Paris, London, Moskau und Hollywood. Selbst kleine Städte gelangten durch künstlerische Initiativen zu Weltruf: so Donaueschingen (mit seinen Musiktagen für zeitgenössische Tonkunst) und Dessau (als zweite Heimat des Bauhauses). Mann übertrieb deshalb keineswegs, als er schrieb, daß die zweite Hälfte der zwanziger Jahre »in allem Ernst eine Verschiebung des kulturellen Schwerpunktes von Frankreich nach Deutschland brachte«[17].
Es sei ein Perikleisches Zeitalter der deutschen Künste und Bildung, meinte Alfred Kerr, der meistzitierte (und nie zufriedenzustellende) Theaterkritiker der Zeit. Das Berliner Theaterpublikum bekam regelmäßig hervorragende Aufführungen zu sehen. Leopold Jessner revolutionierte die Klassiker am Preußischen Staatstheater; Max Reinhardt zeigte seine berühmten Produktionen in vier verschiedenen Berliner Theatern, darunter das Große Schauspielhaus oder das ›Theater der Fünftausend‹, das vorher ein Zirkusbau gewesen war; und Erwin Piscator experimentierte mit seinem ›Politischen Theater‹, zuerst an der Volksbühne, unterstützt von den Gewerkschaften, dann am Theater am Nollendorfplatz. Eine von Piscators bedeutendsten Leistungen war die Aufführung von Hašeks *»Der brave Soldat Schwejk«* mit gespenstischen Bühnenbildern von George Grosz, der Dada hinter sich gelassen hatte und nun eine neue politische Kunst von ätzender Schärfe entwickelte.

Insgesamt gab es über vierzig Theater in Berlin, das so Europas Stadt mit dem lebhaftesten Theaterleben wurde. Stanislavskijs Moskauer Künstler-Theater lockte die Zuschauer genauso in Scharen an wie die Habima Players; die Folies-Bergère kamen aus Paris mit der nur mit Bananen bekleideten Josephine Baker, und Paul Whiteman kam mit seiner Band aus New York und spielte die *»Rhapsody in Blue«* in der originalen, nicht instrumentierten Fassung.
Die Stücke der expressionistischen Dramatiker hatten großen Erfolg. Ernst Barlach schrieb dunkel-leidenschaftliche Dramen über die mystische Suche des Menschen nach Gott, Georg Kaiser attackierte die gesellschaftlichen Verhältnisse mit einer Vielzahl durch abstrakte Rhetorik gekennzeichnete Stücke, die die Spannungen des durch Geld und Maschine beherrschten Lebens beschreiben. Ernst Toller schrieb revolutionär-expressionistische Dichtungen über die Knechtung des Menschen im Maschinenzeitalter; in dem Stück *»Hoppla, wir leben«* steht bezeichnenderweise die Zeile: »Entweder du gewinnst Kraft zu neuem Beginn oder du gehst zugrunde.«[18] (Für Toller war dies tatsächlich die einzige Alternative: 1939 erhängte er sich im New Yorker Exil in einem Hotelzimmer.)
Der Expressionismus beeinflußte auch in starkem Maße die Filmregisseure in den zwanziger Jahren in Deutschland; Stummfilmklassiker wie *»Das Kabinett des Dr. Caligari«* und *»Metropolis«* erregten in der ganzen Welt großes Aufsehen.
Schließlich konnte Berlin in den zwanziger Jahren auch im musikalischen Leben zur anerkannten Hauptstadt der deutschsprachigen Länder werden. Wilhelm Furtwängler leitete die Berliner Philharmoniker, Bruno Walter dirigierte als Gast regelmäßig Konzerte und Opern; Ferrucio Busoni kehrte aus seinem Zürcher Exil zurück, wo er die Kriegszeit verbracht hatte und unterrichtete die Meisterklasse für Komponisten an der Preußischen Akademie der Künste; nach seinem Tod, 1924, wurde Arnold Schönberg aus Wien auf diesen Lehrstuhl berufen. Berlin besaß drei Opernhäuser, die zehn Monate im Jahr spielten: die Staatsoper Unter den Linden mit dem jungen Generalmusikdirektor Erich Kleiber (der 1923, nach ungefähr 100 Proben, Alban Bergs Oper *»Wozzeck«* zu einer glänzenden Uraufführung verhalf); die Kroll-Oper mit Otto Klemperer, der ständig zeitgenössische Werke wie Stravinskijs *»Ödipus Rex«*, Schönbergs *»Die glückliche Hand«* und Hindemiths *»Neues vom Tage«* brachte; und die Städtische Oper mit Carl Ebert und dem erfindungsreichsten Bühnenbildner jener Zeit, Caspar Neher.
Am 28. August 1928 hatte die *»Dreigroschenoper«* von Bertolt Brecht und Kurt Weill, der größte Theatererfolg des Berlin der zwanziger Jahre, im Theater am Schiffbauerdamm Premiere und wurde in 600 Vorstellungen en suite gespielt. Im Laufe eines Jahres wurde sie in Europa über 4000mal aufgeführt. Die *»Dreigroschenoper«* war Ausdruck der Zeit; der Autor machte sich zum Anwalt der Armen und Gequälten, zum Exponenten einer mit unbarmherziger Offenheit schildernden ›Zeitkunst‹ als Gegensatz zu dem Unsterblichkeitsprinzip der Romantiker: »Meine Zeit wird noch kommen.« Nach Brechts Theorie sollte das Theater eine Stätte der Unterweisung und Belehrung sein; er vergaß dabei aber nicht, daß die Aufgabe des Theaters auch die Unterhaltung des Zuschauers ist. Der Text der *»Dreigroschenoper«* basiert auf John Gays *»Beggar's Opera«*, einer Händel-Travestie, die

1728 zum erstenmal in London aufgeführt wurde. Brecht mischte das Überkommene mit Eigenem zu einer sozialen Anklage von hintergründigem Spaß, während Weill seine ›Songs‹ als eine Mischung aus Jazz, Gassenhauer und karikierender Opern- bzw. Operettenparodie kreierte.
Wegen ihrer Nüchternheit und der Klarheit ihrer Form läßt sich die *»Dreigroschenoper«* außerdem der ›Neuen Sachlichkeit‹ zuordnen. Die führenden Praktiker und einflußreichsten Vertreter dieser Richtung waren die modernen Architekten und Designer, deren Gebäude, Möbel und Innenausstattungen man nun überall in Deutschland sehen konnte. Walter Gropius und seine Bauhaus-Kollegen verbreiteten zunächst von Weimar, dann von Dessau aus die Botschaft der Neuen Sachlichkeit. Die Bauhaus-Schule lehrte die These der Einheit von Kunst und Handwerk. Um das zu erreichen, sammelte Gropius viele der bedeutendsten Maler und Designer seiner Generation um sich: Kandinsky, Klee, Laszlo Moholy-Nagy, Oskar Schlemmer, Marcel Breuer, Josef Albers, Lyonel Feininger, Herbert Bayer. Sie bezogen die Technik in ihr Programm ein und eröffneten damit den Weg zur industriellen Formgebung.
Wie Alfred Barr zehn Jahre später schrieb, demonstrierte das Bauhaus der industriellen Welt, besonders den Vereinigten Staaten, daß es viel wichtiger war, einen guten Stuhl zu entwerfen, als ein mittelmäßiges Bild zu malen – und auch viel schwieriger. »... die jüngeren unter uns hatten damals gerade die Hochschule absolviert, an denen Kurse über Moderne Kunst mit Rubens begannen und mit ein paar oberflächlichen und häufig ablehnenden Bemerkungen über van Gogh und Matisse aufhörten ... Andere, die Architekturschulen besuchten, begannen ihr Studium mit riesigen Wiedergaben dorischer Kapitelle und hatten am Ende detaillierte Entwürfe für Schulen im Kolonialstil und romanische Wolkenkratzer herzustellen ... So ist es denn kein Wunder, daß die jungen Amerikaner ihren Blick auf das Bauhaus zu richten begannen als der einzigen Schule in der Welt, an der moderne Gestaltungsprobleme in einer zeitnahen Atmosphäre realistisch angepackt wurden. Einzelne Amerikaner waren schon vor Gropius' Ausscheiden im Jahre 1928 besuchsweise in Dessau gewesen; in den fünf folgenden Jahren gingen viele als Studenten ans Bauhaus. In dieser Zeit wurden auch Materialien, typographische Erzeugnisse, Gemälde, Drucke, bühnengestalterische und architektonische Entwürfe, industriell hergestellte Gegenstände aus der Arbeit des Bauhauses bei amerikanischen Ausstellungen gezeigt. Die bedeutendste Ausstellung wurde jedoch im Jahre 1930 im Pariser *Salon des Artistes Décorateurs* veranstaltet. Dort war die organisatorische und künstlerische Leitung der gesamten deutschen Abteilung durch den deutschen Werkbund Gropius übertragen worden. Konsequent in ihrem Programm, hervorragend in der Ausführung, war sie in ihrer Geschlossenheit eine einsame Insel im chaotischen Wirrwarr modernistischer Kapricen und eine klare Manifestation der zu jener Zeit nicht allgemein anerkannten Tatsache, daß die deutsche industrielle Formgebung, großenteils dank der Arbeit des Bauhauses, der der übrigen Welt um Jahre voraus war.«[19]
Doch in den Kulissen stand die NSDAP schon bereit, um das Bauhaus und die rationalistischen Prinzipien, auf denen es beruhte, zu zerstören. Als sie 1932 in Thüringen die Regierung übernahm, wurde die Schule sofort geschlossen. Obwohl der neue Direktor Ludwig Mies van der Rohe versuch-

te, das Bauhaus in Berlin wieder aufzubauen, wurde es schließlich, kurz nachdem Hitler Reichskanzler geworden war, endgültig geschlossen. Das Schicksal des Bauhauses war das alles Progressiven, Humanistischen und Avantgardistischen in den deutschen Künsten. Was diese »tragische Kulturgeschichte« noch tragischer macht, ist, daß das »verlorene Paradies« der Weimarer Kunst noch nicht wiedergewonnen werden konnte. Trotz des Wirtschaftswunders hat das Nachkriegsdeutschland die kulturelle Höhe noch vor sich, die durch das Dritte Reich zerstört worden war. »Seither hat Deutschland keine große moderne Dichtung mehr. Als der Terror ein Ende nahm, blieb sie stumm«[20], schrieb Walter Muschg in *»Die Zerstörung der deutschen Literatur«*.

Eine der Hauptanklagen der Nationalsozialisten gegen die Weimarer Modernisten war, daß diese ohne jeden Kontakt zum Volk seien. Dabei war gerade das ihre Stärke. Die großen Künstler der zwanziger Jahre, ob Expressionisten, Dadaisten oder Funktionalisten, waren doch vor allem darum bemüht, die realen Probleme ihrer Zeit zu erfassen. (Die NS-Kultur war demgegenüber nichts als eine Verschleierung der Realität.) Ob Brecht und Kafka mit ihren Unterwelten, Otto Dix mit seinen Bildern, die die tödlichen Sünden der Großstadt zeigten, oder sogar Schwitters mit seinen Collage-Gedichten aus Zeichen, die er auf der Straße fand – ihnen ging es doch allen darum, die Wahrheit des Lebens, wie sie es sahen, darzustellen. Letzten Endes war es diese radikale Ehrlichkeit und der Idealismus der Weimarer Kunst, was die Nationalsozialisten so aufbrachte. Dieselbe entschiedene intellektuelle Redlichkeit findet sich auch in dem Werk des Kölner Photographen August Sander wieder, aus dem Photos von deutschen Menschen auf den folgenden zwanzig Seiten abgebildet sind. Sander verbrachte Jahre damit, Landsleute aus allen gesellschaftlichen Schichten zu photographieren; auf seiner Suche nach Archetypen und Individuen sammelte er an die hunderttausend Aufnahmen, die er dann in der riesigen Sammlung *»Menschen des zwanzigsten Jahrhunderts«* veröffentlichte. Seine Photographien zeigen, wie kaum andere, was Thomas Mann »die Biederkeit, die Gläubigkeit, das Treue- und Ergebenheitsbedürfnis des deutschen Charakters«[21] nannte. Doch findet man in diesen Gesichtern auch eine große Spannung, die nicht damit zu erklären ist, daß die Menschen vor Sanders Kamera stillstehen mußten. Vermutlich war es die Unruhe, die in den zwanziger Jahren ständig das Leben in Deutschland begleitete. Sanders Bilder sagen jedenfalls – ohne Worte – Wichtiges über die sozialen und ökonomischen Spannungen der Zeit und über die psychische Dimension dessen aus, was man ›die deutsche Frage‹ nennen möchte. Sie hängt nicht nur mit der Unsicherheit der Nachkriegszeit zusammen, sondern auch mit der rigiden autoritären Erziehung und der deutschen Vorstellung von Tugend, die Nietzsche als »Dressur, Automatismus, ›Selbstverleugnung‹«[22] charakterisierte. Ein Psychoanalytiker würde als weiteren Grund dafür vielleicht sogar ein zu intensives Training regelmäßigen Stuhlgangs angeben. Obwohl Brecht, Barlach und Beckmann, Klee, Kafka und Kokoschka Vorschläge zu einer Lösung der Vielschichtigkeit dieser ›deutschen Frage‹ gemacht hatten, hatte schließlich Hitler die Möglichkeit, ihre verhängnisvolle ›Endlösung‹ zu verwirklichen.

Kinder in einem Kölner Arbeiterviertel (1927).

106

Straßenarbeiter (1931).

107

108

Der Kölner Notar Dr. Quinke (1924). [108]

Gerichtsdiener (1928). [109]

109

110

Grundbesitzer im Rheinland. [110]

Junge Bauern (1927). [111]

111

Kinder gratulieren einem Bauernpaar zur Silberhochzeit (1932).

112

113

Paul Normann, Sänger und Schauspieler (1926). [113]

Mechaniker (1929). [114]

114

115

Konditormeister (1928). [115]

Lehrer (1932). [116]

116

Drei Revolutionäre (Berlin 1928); in der Mitte Erich Mühsam, der am 10. Juli 1934 im KZ Oranienburg ermordet wurde. [117]

Straßenarbeiter im Ruhrgebiet (1928). [118]

Ein Radfahrerclub auf einem Landausflug (1926). [119]

117

118

119

Am Strand

1932, der letzte Sommer der Weimarer Republik: geselliges Leben und Strandmoden am Berliner Wannsee, gefilmt von Wilfried Basse.

120

Bunte Bühne

Josephine Baker [122] hielt mit ihren Tänzen Ende der zwanziger Jahre Berlin in Atem. Harry Graf Kessler beschreibt in seinem Tagebuch einen Auftritt der Baker in der Wohnung eines seiner Freunde am Pariser Platz: »[Ich] fand dort außer Reinhardt und Huldschinsky zwischen einem halben Dutzend nackter Mädchen auch Miß Baker, ebenfalls bis auf einen rosa Mullschurz völlig nackt, und die kleine Landshoff (eine Nichte von Sammy Fischer) als Junge im Smoking. Die Baker tanzte mit äußerster Groteskkunst und Stilreinheit, wie eine ägyptische oder archaische Figur, die Akrobatik treibt, ohne je aus ihrem Stil herauszufallen . . . Die nackten Mädchen lagen oder tänzelten zwischen den vier oder fünf Herren im Smoking herum, und die kleine Landshoff, die wirklich wie ein bildhübscher Junge aussieht, tanzte mit der Baker moderne Jazztänze zum Grammophon.«
Schnappschüsse aus einem Berliner Nachtlokal [121].

1929 versuchten Bertolt Brecht und Kurt Weill mit *»Aufstieg und Fall der Stadt Mahagonny«* den Triumph der *»Dreigroschenoper«*, des größten Theatererfolgs der zwanziger Jahre, zu wiederholen. Aber *»Mahagonny«* war dieser Erfolg nicht beschieden. Die *»Mahagonny«*-Schallplatten wurden mit Werbeetiketten für die Ernst-Josef-Aufricht-Produktion der Oper im Berliner Theater am Kurfürstendamm versehen [123].

121
122
123

124

Mensch und Maschine

Fritz Langs »*Metropolis*« aus dem Jahre 1926 ist eine der großen Sozialutopien der Filmgeschichte. In einer ungeheuren, von Technikern und Robotern beherrschten Stadt rebellieren die Arbeiter in ihrer unterirdischen Welt gegen die Technokratie der Erfinder und Ingenieure. Der Mensch triumphiert über die Maschine, und ein gewaltiger Wassereinbruch zerstört die Stadt [126].
Die »Moloch-Maschine« als monumentales Symbol der Knechtung des Menschen durch die Technik [124].
Fritz Lang bei einer Probe mit Heinrich George und Brigitte Helm; darunter die geprobte Szene im fertigen Film [125].

125

126

Film

Nach dem Ersten Weltkrieg wurde Deutschland zum führenden Filmland. Ernst Lubitsch entwickelte die Filmkomödie und den historischen Großfilm, Robert Wiene brachte mit *»Das Kabinett des Dr. Caligari«* (1919) expressionistischen Stil in den deutschen Stummfilm, wie überhaupt der Expressionismus eine starke Anziehungskraft auf Regisseure und Schauspieler (Conrad Veidt und Werner Krauss im *»Kabinett des Dr. Caligari«* [131]) ausübte. Fritz Lang hatte vor *»Metropolis«* Stoffe aus der Märchen- und Sagenwelt verfilmt (Paul Richter als Siegfried in *»Die Nibelungen«*, 1923/24 [127]). Daneben entstand eine typisch deutsche Filmgattung, der Kammerspielfilm. Regisseure wie G. W. Pabst *(»Dreigroschenoper«*, 1931, Rudolf Forster als Mackie Messer und ein Szenenfoto [132]) und Gerhard Lamprecht *(»Die Unehelichen«*, 1926) wendeten sich zeitbezogenen sozialkritischen Filmthemen zu, der realistischen Spiegelung des Lebens, die zu letzten Höhepunkten des deutschen Stummfilms führten.

127
128

129
130

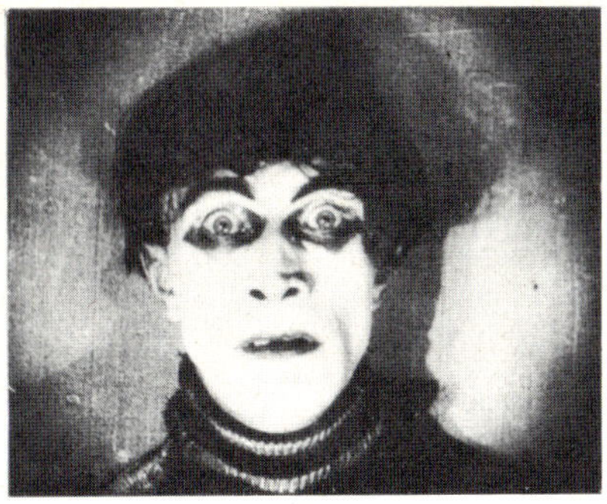

131

132

133
134

Peter Lorre in *»M – Eine Stadt sucht einen Mörder«* und eines seiner Opfer [128] (Fritz Lang, 1931). Asta Nielsen als Lulu in *»Erdgeist«* (Leopold Jessner, 1923) [129]. Zwei Photomontagen werben für *»Berlin, die Sinfonie der Großstadt«* (Walther Ruttmann, 1927) [130]. Marlene Dietrich und Emil Jannings in *»Der blaue Engel«* (Joseph von Sternberg, 1930) [133], Dorothea Wieck und Hertha Thiele in *»Mädchen in Uniform«* (Leontine Sagan, 1931) [134]. Trinkszene aus *»Die da unten«* (Victor Jason, 1926) [135]. Der Filmstar Lil Dagover [136].

135

136

Mode

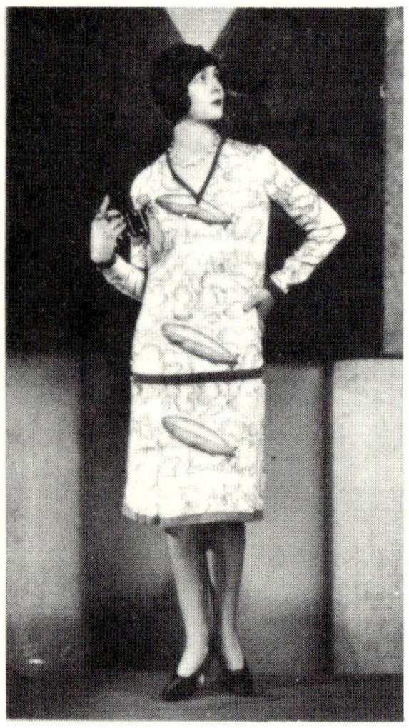

137
138

139

140
141

142

Das Zeppelinkleid aus dem Jahre 1928 [137].
Das Warenhaus Tietz zeigt die ersten in Amerika hergestellten Kleider, die per Zeppelin nach Berlin transportiert worden waren [138].
Eine Sommermodenschau – gut besucht – bei F. V. Grünfeld 1929 in Berlin [139].
Modenschau auf der Avus, 1930 [140].
Modell von Marianne Amthor (1921) [141].
Berliner Straßenszene auf dem Höhepunkt der Cloche-(Glockenhut)-Mode, 1926 [142].

Berliner Szenen

143

144

145

Der französische Außenminister Aristide Briand wird in Berlin (1926) erwartet: Journalisten und Wochenschaukameras sind bereit [143].

Maskierte Volkstänzer treten in einem Außenbezirk von Berlin auf, und eine Gruppe von »Schneemännern« tollt durchs Stadtzentrum [145]. Gespräche: Max Liebermann, der Präsident der Abteilung Malerei der Preußischen Akademie der Künste, und Heinrich Mann, Präsident der Abteilung Dichtung; zwei Marktfrauen, aufgenommen in einem der Arbeiter-

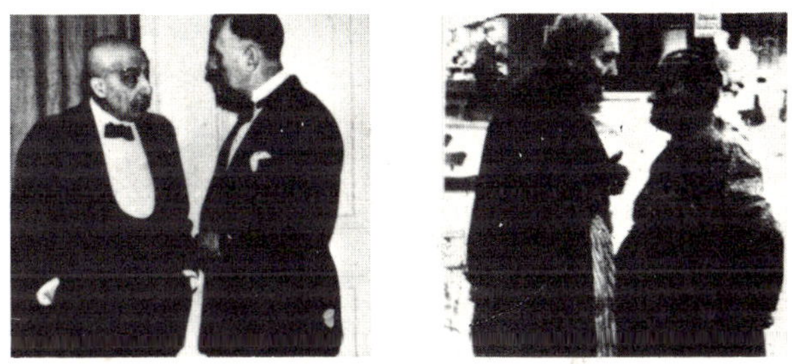

146

147

viertel Berlins [146]. Auf dem jährlich veranstalteten Presseball in einem der repräsentativen Berliner Hotels trafen sich deutsche Journalisten, Auslandskorrespondenten und Regierungsbeamte [144]. Heinrich Zille, berühmt durch seine teils humoristischen, teils satirisch-anklagenden Darstellungen des Berliner proletarischen Milieus, ist Gast auf einem Empfang anläßlich der Premiere des Films *»Die da unten«* [147], der nach Motiven von ihm gedreht wurde.

Repräsentanten einer Epoche

148
149
150

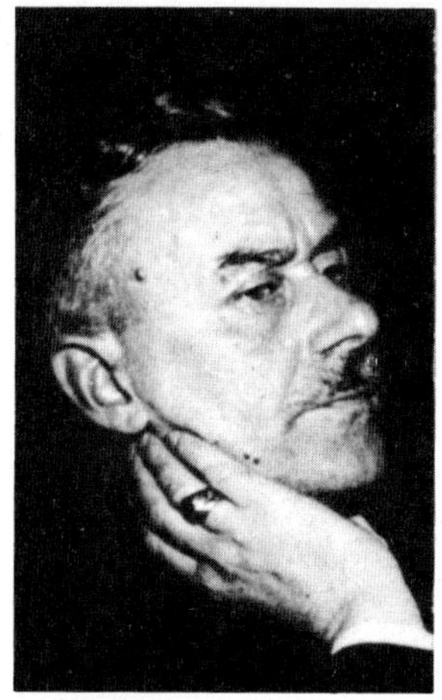

151
152
153
154

155
156
157
158

159
160
161
162

163
164

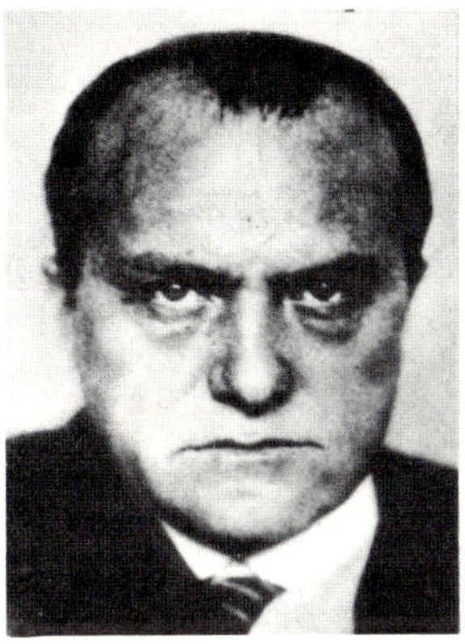

165
166
167

Stefan George [148], Thomas
Mann [149], Stefan Zweig
[150], Ernst Cassirer [151], 168
Georg Kaiser [152], Alfred 169
Neumann [153], Franz Werfel
[154], Kurt Tucholsky [155],
Else Lasker-Schüler [156],
Ernst Toller [157], Walter
Benjamin [158], Erwin Piscator [159], Bertolt Brecht [160],
Kurt Weill [161], Lotte Lenya
[162], Otto Dix mit seiner
Frau [163], Käthe Kollwitz
[164], Max Beckmann [165],
Paul Klee [166], Max Pechstein [167], Oskar Kokoschka
[168], George Grosz [169],
Arnold Schönberg [170], 170
Erich Mendelsohn [171], Wal- 171
ter Gropius [172]. 172

Das Bauhaus

173
174

Das Staatliche Bauhaus Weimar wurde 1919 von Walter Gropius gegründet. 1925 siedelte es als »Hochschule für Gestaltung« nach Dessau über, 1932 wurde es dort von der ersten nationalsozialistischen Länderregierung geschlossen. Für kurze Zeit in Berlin weitergeführt, wurde es 1933 geschlossen.
Das Bauhausemblem, 1923 von Oskar Schlemmer entworfen [173].
Der Titelumschlag eines Katalogs zu einer Ausstellung mit Arbeiten von Gropius, entworfen von Moholy-Nagy, zeigt das Hauptgebäude der Hochschule in Dessau [174].
Wassily Kandinsky, Nina Klee, Georg Muche, Paul Klee und Walter Gropius (v. l. n. r.), aufgenommen 1926 in Dessau [175].
Ludwig Mies van der Rohe hatte 1930 als letzter Direktor des Bauhauses die Leitung übernommen [176].
Der deutsche Pavillon auf der Welt-
175 ausstellung Barcelona 1929 [177].

176
177

Eine Photomontage von Iwao Yamawaki illustriert die Schließung des Bauhauses in Dessau, 1932 [178].

Oskar Schlemmers *»Bauhaus Treppe«* aus seiner Bauhaus-Zeit hängt jetzt im New Yorker Museum of Modern Art an einer ähnlichen Treppe [179].

»Licht-Raum Modulator«, Mobile von Laszlo Moholy-Nagy [180].

Bauhausausstellung in Berlin, 1931: Musikzimmer mit der von Kandinsky entworfenen Keramikwand [181].

178
179

180
181

182

183

184

185

186

Die Photos auf dieser Seite [182–185] belegen den Fortschritt in der Stadtplanung und im kommunalen Wohnungsbau durch Architekten wie Gropius und Mendelsohn. Der Entwurf für das Verwaltungsgebäude der Deutschen Shell in Berlin stammt von Emil Fahrenkamp [186].

187

Paul Citroens Collage »*Metropolis*« entstand am Weimarer Bauhaus.

Dada

Dada ist die Revolte der Ungläubigen gegen den Unglauben.
Dada ist die Sehnsucht nach Glauben.
Dada ist der Ekel vor der albernen verstandesmäßigen Erklärung der Welt.
Hans Arp

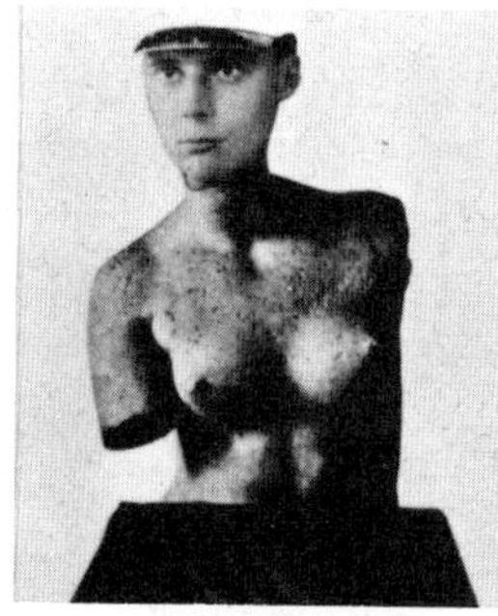

188
189
190

DADA
ALMANACH
IM AUFTRAG DES ZENTRALAMTS DER DEUTSCHEN DADA-BEWEGUNG HERAUSGEGEBEN VON
RICHARD HUELSENBECK
MIT BILDERN
ERICH REISS VERLAG / BERLIN W 62

Die literarisch-künstlerische revolutionäre Bewegung des Dadaismus wollte als Protest gegen den Ersten Weltkrieg und die moderne Zivilisation die gesamte »bürgerliche« Kultur abbauen, der Lächerlichkeit überantworten, um nach »Wegräumen des Schuttes« von Grund auf neu bauen zu können. Die respektlos retuschierte Beethoven-Maske auf dem Dada-Almanach von Richard Huelsenbeck [191] drückt das treffend aus. 1922 treffen sich in Weimar Dadaisten und Konstruktivisten [188]: Tristan Tzara (1), Nelly van Doesburg (2), Theo van Doesburg (3), El Lissitzkij (4) und Laszlo Moholy-Nagy (5). Die Photomontage [189] ist das *»Selbstporträt«* von Johannes T. Baargeld. Kurt Schwitters lädt zu einem MERZ-Vortragsabend ein [190]. George Grosz und John Heartfield auf der I. Internationalen Dada-Messe, Berlin, 1920 [192].

191
192

Christian Schad *»Selbstporträt«*, 1927.

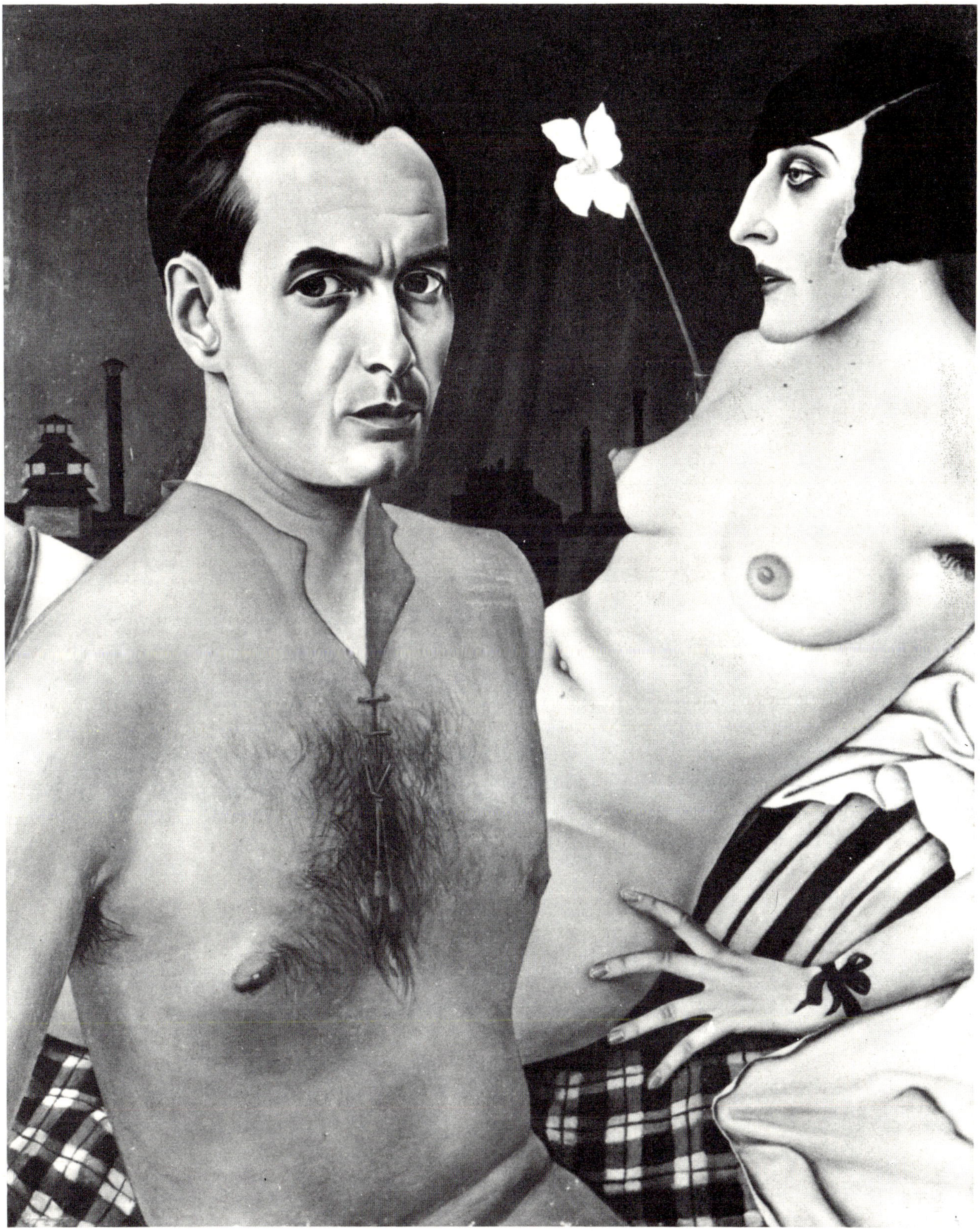

193

Theater und Musik

194

195

Die zwanziger Jahre brachten Berlin ein ungewöhnlich reiches Theaterleben; an Berliner Theatern wirkten Regisseure wie Leopold Jessner, Jürgen Fehling, Ludwig Berger, Berthold Viertel, Bühnenbildner wie Caspar Neher, Rochus Gliese, Traugott Müller, Schauspieler wie Albert Bassermann, Fritz Kortner, Werner Krauss, Paul Wegener, Emil Jannings, Heinrich George, Agnes Straub, Käthe Dorsch, Elisabeth Bergner, Lucie Mannheim und Käthe Gold. Politische und sozialkritische Stücke standen im Vordergrund der Spielpläne. Erwin Piscators »Politisches Theater« und Bertolt Brechts »Episches Theater« wollten mit veränderten Spielweisen das kritische Bewußtsein des Zuschauers wecken. Aber auch die Provinzbühnen verzeichneten rege Aktivitäten. Am Dessauer Bauhaus inszenierte 1924 Oskar Schlemmer *»Meta oder Die Pantomime der Szenen«* [195].
Erich Engel inszenierte Frank Wedekinds *»Lulu«* 1926 am Berliner Staatlichen Schauspielhaus; in den Hauptrollen Gerda Müller und Lucie Höflich, Bühnenbilder von Caspar Neher [194].
Fritzi Massary, die berühmteste Operettendiva ihrer Zeit, als *»Madame Pompadour«* am Berliner Theater (1922) [196].
Bertolt Brechts erstes Bühnenstück *»Trommeln in der Nacht«* wurde 1922 von Max Reinhardt am Deutschen Theater in Berlin inszeniert mit Alexander Granach, Heinrich George, Paul Graetz [197].
Georg Kaisers *»Nebeneinander«* in der Inszenierung von Berthold Viertel (1923 mit der Truppe im Lustspielhaus Berlin); die Bühnenbilder hatte George Grosz entworfen [198].

196
197

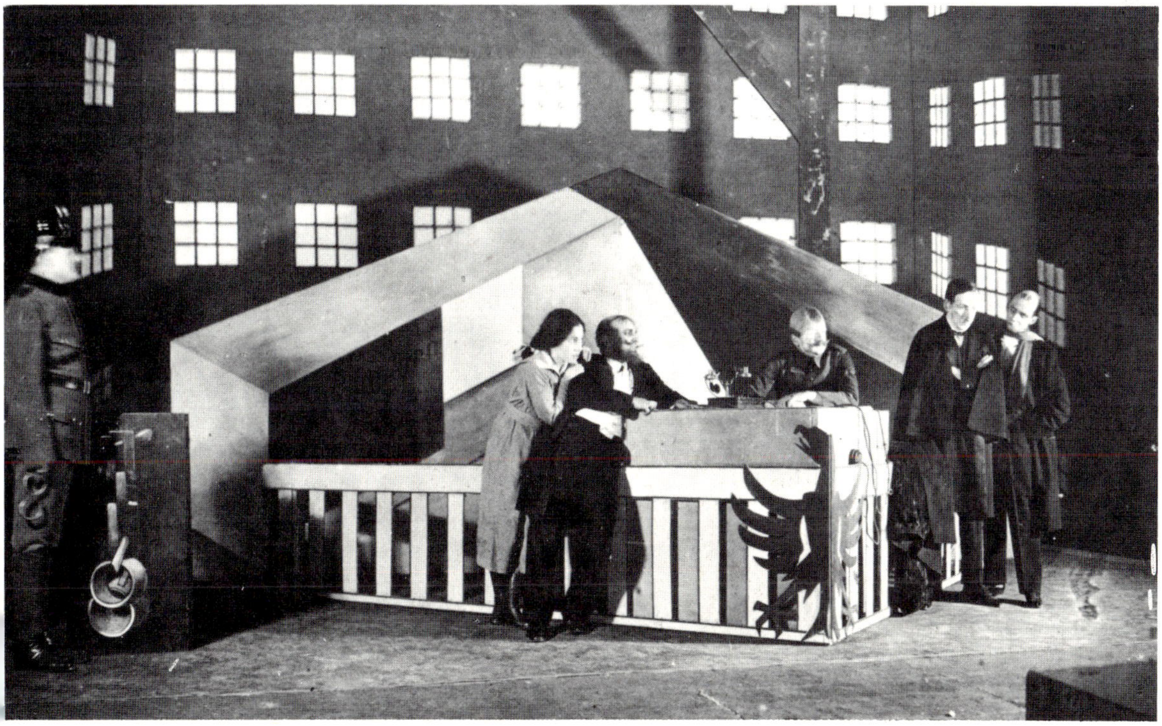

198

Theodor Däubler, Gerhart Hauptmann, Margarete Hauptmann [199].

Der Cellist Emanuel Feuermann, der jüngste Professor, der je am Kölner Konservatorium unterrichtet hat [200].

Fünf der führenden Dirigenten, die in den zwanziger Jahren in Berlin wirkten: Bruno Walter, Arturo Toscanini, Erich Kleiber, Otto Klemperer und Wilhelm Furtwängler (v. l. n. r.) [201]. Durch sie konnte Berlin auch zur anerkannten Hauptstadt im Musikleben der deutschsprachigen Welt werden.

199

200

201

Der Theaterkritiker Alfred Kerr, eine der einflußreichsten Persönlichkeiten der Berliner Theaterwelt [202]. Alfred Döblin, der im Nebenberuf als Facharzt für Nervenkrankheiten in Berlin tätig war, in seinem Sprechzimmer [203]. Paul Hindemith, bedeutendster Komponist der musikalischen Avantgarde der zwanziger Jahre [204]. Richard Strauss mit der Sopranistin Elisabeth Rethberg auf einem Bankett in Dresden anläßlich der Uraufführung seiner Oper *»Die ägyptische Helena«*, 1928 [205]. Max Reinhardt bei einer Probe im Großen Schauspielhaus in Berlin [206].

202
203

204
205
206

Wissenschaft

Trotz der politischen und wirtschaftlichen Schwierigkeiten der Weimarer Republik war eine spektakuläre Entwicklung auf den meisten wissenschaftlichen Gebieten zu verzeichnen. In der Physik und Chemie, der Astronomie, Mathematik und Biologie zogen die deutschen Universitäten und Forschungsinstitute bedeutende Lehrer und begabte Studenten an – von denen viele später vom Intellektuellenhaß des NS-Regimes ins Exil getrieben wurden.

Ein Chirurgensymposion in Berlin wird von Ferdinand Sauerbruch (rechts vom Bett) abgehalten; das Photo stammt von Erich Salomon [207].

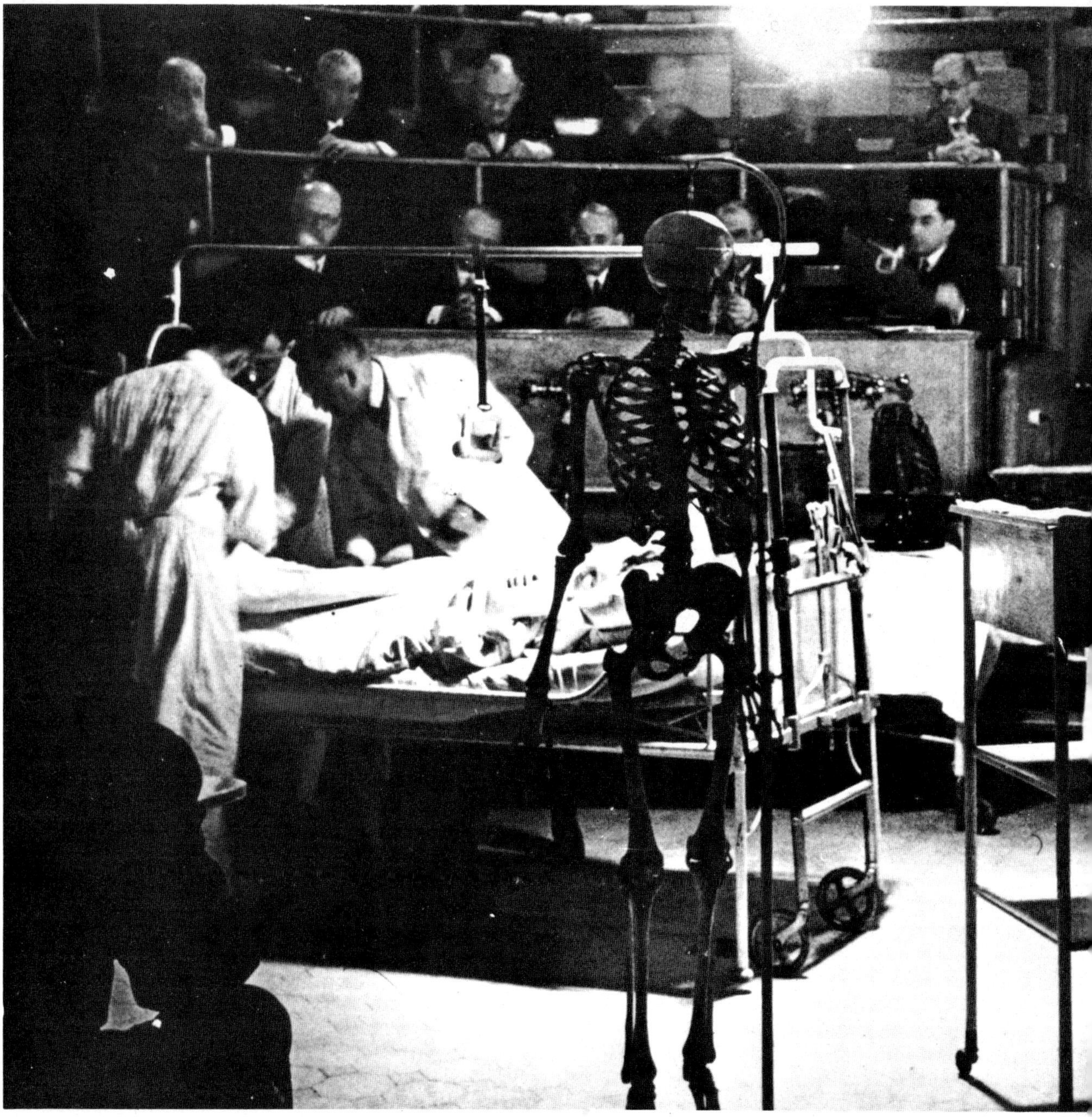

207

Auf einer anderen Aufnahme von Erich Salomon, dem Künstler der Leica-Kamera, sind (von links nach rechts) Max Planck, der britische Premierminister Ramsey Macdonald, Albert Einstein, der deutsche Finanzminister Hermann Dietrich, Geheimrat Schmitz vom IG-Farben-Konzern und Reichsaußenminister Julius Curtius versammelt [208].

Professor Wilhelm His, Direktor der Ersten Medizinischen Klinik Berlin, im Gespräch mit Anatomiestudenten [209].

Erlesene Zuhörerschaft auf einer medizinischen Tagung in Berlin [210].

208

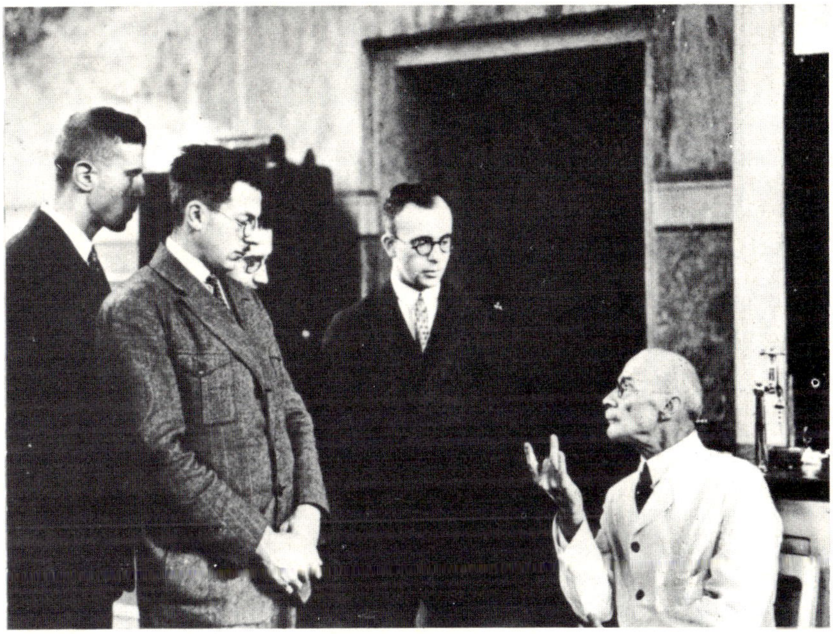

209

210

Justiz

Die politische Rechtsprechung in der Weimarer Republik war eine der düsteren Seiten der Republik. Der Hochverratsparagraph wurde rücksichtslos auf linke Anhänger der Republik angewendet (George Grosz illustriert das in seiner Zeichnung [211]), während Anhänger der Rechten, die die Republik zu stürzen versuchten, entweder straffrei ausgingen oder mit leichten Strafen davonkamen, wie zum Beispiel Adolf Hitler.

Das bemerkenswerte Photo aus dem Gerichtssaal [212] wurde während eines Strafprozesses in Berlin von Erich Salomon aufgenommen. Vier der prominentesten Rechtsanwälte der Stadt waren aufgeboten worden, um eine Gruppe von Berufsverbrechern zu verteidigen, die unter dem Namen »Immertreu-Bande« bekannt war. Dr. Erich Frey hat sich gerade vom Verteidigertisch erhoben. Erich Salomon war bewußt zu spät gekommen und hatte deshalb nicht gehört, wie zu Beginn der Sitzung verkündet worden war: »Wer photographiert, wird mit drei Tagen Haft bestraft.«

211
212

213

3 Das häßliche Entlein

»Mir fällt zu Hitler nichts ein.«[1]
Karl Kraus

Als Adolf Hitler im Oktober 1919 auf einer politischen Versammlung in einem Kellerraum des Münchner Hofbräuhauses sprach, waren nach seinen eigenen Angaben 111 Menschen anwesend. Das Programm sah eine Redezeit von zwanzig Minuten vor, aber er sprach eine halbe Stunde. Das Ergebnis war für Hitler wie für seine Zuhörer eine Offenbarung. » . . . und was ich früher, ohne es irgendwie zu wissen, einfach innerlich gefühlt hatte, wurde nun durch die Wirklichkeit bewiesen: ich konnte reden! Nach dreißig Minuten waren die Menschen in dem kleinen Raum elektrisiert, und die Begeisterung äußerte sich zunächst darin, daß mein Appell an die Opferwilligkeit der Anwesenden zur Spende von dreihundert Mark führte.«[2]

Das war der Start des ungewöhnlichsten Emporkömmlings in der Geschichte der deutschen Politik. Während der nächsten zehn Jahre schaffte es dieser österreichische Gefreite allein aufgrund seiner demagogischen Ausstrahlung, immer mehr Menschen aus allen gesellschaftlichen Schichten in seinen Bann zu ziehen. 1923 brachte er mehrere tausend Männer dazu, in einem aussichtslosen Putsch gegen die bayerische Regierung ihr Leben zu wagen. Zu Festungshaft verurteilt, aber bereits nach sieben Monaten wieder freigelassen, kehrte er – nicht unangefochten – als Führer der radikalen Rechten in die nationale Politik zurück.

Deutschland mußte das beunruhigende Schauspiel eines zukünftigen Diktators erleben, der Nihilismus und Zerstörung unverhüllt zum Programm erhoben hatte und für ein Regierungsamt gewählt werden wollte. 1928 hatte die Nationalsozialistische Deutsche Arbeiterpartei bei den Reichstagswahlen nur zwölf der 600 Reichstagssitze erhalten, doch bereits in den Wahlen im September 1930 gewann die NSDAP fast 6,5 Millionen Stimmen und wurde mit 107 Abgeordneten die zweitstärkste Partei im Reichstag. Hitler hatte in einer Rede am 27. Juli 1930 geschworen, » . . . daß in diesen Wahlen Demokratie mit den Waffen der Demokratie zerstört werden muß«[3]. Seine Partei hatte sich mit den Worten angepriesen: »Wir werden das jetzige parlamentarische Regime der Feinde unseres Volkes auf legale Weise mit legalen Mitteln besiegen durch die Klarheit unserer Idee.«[4]

Zwei Jahre später erhielt die NSDAP bereits 37 % aller Stimmen und 230 Sitze: Von da an war es nur noch eine Frage von Monaten, bis Hitler zum Reichskanzler der Republik, die er zu zerstören geschworen hatte, ernannt wurde. Vielleicht war dieser Aufstieg aber nicht in dem Maße von der ›Vorsehung‹ geplant gewesen, wie Hitler es gern geglaubt hätte; dennoch grenzte es fast an ein Wunder, wie der frühere Postkartenmaler zum Beherrscher Deutschlands wurde. »Daß Deutschland in der Stunde seiner größten Not einen Hitler hervorbringen kann, zeugt von seiner Stärke«[5], schrieb der mystische Rassist und Schwiegersohn Richard Wagners, Houston Stewart Chamberlain. An diesem Erfolg haftete etwas Unheimliches, was Thomas

Energie hinaushämmerte, wurde trocken und schrill und schnappte immer häufiger über. Sein Gesicht war über und über mit Schweiß bedeckt; eine Haarsträhne fiel ihm immer wieder in die Stirn, so oft er sie auch zurückstrich. Er sprach meist mit ernstem Gesichtsausdruck. Dabei verschränkte er seine Arme über der Brust und bot das eindrucksvolle Bild eines Mannes, der völlig kontrolliert ist. Doch schon einen Moment später schnellten die Arme in die Luft, die Hände flehten und drohten, zu Fäusten geballt klagten sie an und verurteilten . . .

Hitler hielt seine Zuhörer in atemlosen Bann. Dieser Mann gab ihren Gedanken, ihren Gefühlen und ihren Hoffnungen Ausdruck; ein neuer Prophet war gekommen – . . . «[14]

In dieser hysterischen Atmosphäre messianischer Versprechungen war die Aussage Goebbels' »Nicht Parteien können Deutschland retten, nur ein Mann – der unbekannte Soldat des Weltkriegs«[15], eine der wenigen Konstanten, die man unter den vielen Variablen in Hitlers Programm feststellen konnte. Die NSDAP hatte ein 25-Punkte-Programm veröffentlicht, das aber niemand sehr ernst nahm, am wenigsten Hitler selbst (als er an der Macht war, verwirklichte er fast keinen einzigen Punkt). Die Parteimitglieder sollten sich mit solchen Fragen ohnehin nicht befassen: »Für die große Zahl der Anhänger wird das Wesen unserer Bewegung weniger in Buchstaben unserer Leitsätze liegen, als vielmehr in dem Sinne, den wir ihnen zu geben imstande sind.«[16] In Fragen der Innenpolitik war die NS-Propaganda ziemlich unbestimmt. Sie versprach allen etwas – außer den Juden natürlich; das Beste, worauf sie im Fall einer Machtergreifung der Nationalsozialisten hoffen konnten, war ein schnelles Exil. *»Wenn das Judenblut vom Messer spritzt, dann geht's noch mal so gut«*[17], sang die SA bereits als Warnung.

»An dieser Partei ist nichts originell, nichts schöpferisch, es ist alles entlehnt« hatte Carl v. Ossietzky in der ›*Weltbühne*‹ geschrieben. »Sie hat kein eigenes geistiges Inventar, keine Idee, ihr Programm ist in aller Welt zusammengestoppelter Unsinn. Ihr äußerer Habitus und ihr Wortschatz stammt teils von Linksradikalen, teils von Mussolini, teils von dem erwachenden Ungarn. Nur die Vereinsparole ›Juda verrecke!‹ ist wohl in eigener Kultur gezogen. Diese Millionenpartei mit den fetten Industriegeldern hat bei ihren Ausflügen in den Geist immer nur die ärgsten und ältesten Klamotten aufgehäuft.«[18]

Über diesen verschwommenen geistigen Vorstellungen wurde die unheilvolle Konsequenz der Hitlerschen Außenpolitik leicht übersehen – und hier gerade lag die Zeitbombe versteckt: Hätte Hitler in seiner Außenpolitik nicht so falsch kalkuliert, hätte die Geschichte des ›Dritten Reiches‹ anders verlaufen können. Seine Politik mußte unvermeidlich zu einer bewaffneten Auseinandersetzung mit dem übrigen Europa führen: »Demgegenüber müssen wir Nationalsozialisten unverrückbar an unserem außenpolitischen Ziel festhalten, nämlich dem *deutschen Volk den ihm gebührenden Grund und Boden auf dieser Erde zu sichern«*[19] [Hervorhebung von Hitler], schrieb er im zweiten Band von *»Mein Kampf«*, der 1926 veröffentlicht wurde. Wo dieser Grund und Boden zu holen sei, hatte bereits der Alldeutsche Verband (s. o.) gesagt. »Wenn wir aber heute in Europa von neuem Grund und Boden reden, können wir in erster Linie nur an *Rußland* und die ihm untertanen Randstaaten denken.«[20] [Hervorhebung von Hitler.] Er schrieb, Deutschland

könne ohne Risiko gen Osten ziehen, denn Rußland sei »reif zum Zusammenbruch«[21] – diesen folgenschweren Fehler sollte er dann im Sommer 1941 machen. Aber damit ». . . auch uns in Zukunft den Boden und damit das Leben für unser Volk keine völkische Gnade zuweisen [wird], sondern nur die Gewalt eines siegreichen Schwertes«[22], wie er sich ausdrückte, mußte die Nation zunächst wieder bewaffnet und in ihrem Status als Weltmacht wiederhergestellt werden: *»Deutschland wird entweder Weltmacht oder überhaupt nicht sein.«*[23] [Hervorhebung von Hitler.] Um dies zu erreichen, benötigte er eine Revolution, aber eine, in der die Regierungsgewalt nur übernommen (wie ein moderner Revolutionär sagen würde), nicht aber der Staat zerschlagen würde. An dieser Bewegung müßte das ganze deutsche *Volk* teilnehmen. »Die Hauptidee des Nationalsozialismus zur Schaffung einer starken Rasse war, daß das ganze deutsche Volk in den Krieg einbezogen und für sein Überleben kämpfen muß. Wenn es untergeht, so geschieht das zu Recht. Die Erde hat keinen Platz für feige Völker.«[24]
In den Augen seiner linken Kritiker war Hitler ein Klassenfeind, der den Ausverkauf des ›Sozialismus‹ an die Reaktion betrieben hatte. Aber die Bewegung, die er anführte, war nicht so sehr eine Revolution von rechts als vielmehr eine Revolution aus der Vergangenheit – die besondere deutsche Revolution, die Heine mit so erstaunlicher Genauigkeit vorausgesagt hatte, mit ihrer Revolte gegen die Vernunft und gegen die Grenzen, die das Christentum gesetzt hatte. Trotz ihrer überwiegend kleinbürgerlichen Basis ging diese Bewegung über alle Klassen- und Konfessionsgrenzen hinweg, die bisher die deutsche Politik bestimmt hatten. Kaum jemand sah am Anfang diese Entwicklung so klar voraus wie der Schriftsteller und Revolutionär Ernst Toller, der wegen seiner Teilnahme an der kurzlebigen Münchner Räterepublik fünf Jahre in der Festung Niederschönefeld eingekerkert worden war. Natürlich hatte er keinen Einblick, was in den Münchener Bierkellern vor sich ging, aber er nahm Hitlers wachsenden Einfluß auf andere bedeutsame Weise wahr: Die Gefängniswärter schlossen sich den Nationalsozialisten an und malten bereits 1922 Hakenkreuze an die Mauern der Festung. In einem Brief an einen Freund im folgenden Jahr schätzte Toller den Nationalsozialismus als eine Flucht vor der Freiheit und dem psychologischen ›Unbehagen‹ an der Demokratie ein:
»Reaktion und Kleinbürgertum rufen heute mit der gleichen Inbrunst nach der Diktatur und meinen: einen Diktator mit unbeschränkter Machtfülle. Dieser Ruf ist Ausdruck einer seelischen Stimmung, die erschreckt, weil sie auch die Massen ergreift. (Man wartet in passiver Lethargie auf die Parole – ohne Parole wird weder gedacht noch gehandelt.) Der Wille zum Diktator ist der Wille zur Selbstentmannung, zur Knechtschaft, oder, wie man es heute gerne nennt, der Wille zur Gefolgschaft.
Ist dieses Phänomen eine Folge des Krieges? Erst lehrte man den Soldaten, nicht selbst zu denken, nicht selbst einen Entschluß zu fassen, am Ende war er damit zufrieden. Ein Führer trägt die Verantwortung, gibt die großen und kleinen Befehle, und alles geht seinen Gang. Es ist bequem, verantwortungslos zu leben, ja sogar bequem, verantwortungslos zu sterben.«[25]
Als Alternative zu der unerfreulichen Notwendigkeit, selber zu denken, bot Hitler den Deutschen ein Aktionsprogramm an, das an den latenten Militarismus einer Generation appellierte, die von den Rekrutenausbildern des

Kaisers im Marschieren gedrillt worden war. »Laßt die Sozialdemokraten den Massen ruhig von Frieden predigen«, sagte Hitler, »sie mögen damit einen gewissen Erfolg haben, bis dann plötzlich eine kleine einfache Militärkapelle vorbeizieht; dann erwacht der Mann aus seinem Traum, fühlt sich plötzlich wieder als Mitglied einer Nation, die marschiert, und reiht sich ein. Alles, was unser Volk braucht, ist dies eine Beispiel – eins, zwei, drei, wir marschieren los.«[26] Der Erfolg, den er beim Aufbau seiner paramilitärischen Braunhemden-Organisation hatte, zeigte bald einen Schneeballeffekt: Die Zehntausende von marschierenden SA-Männern beeindruckten nicht nur andere potentielle Mitmarschierer, sondern auch einige Großindustrielle, die allmählich in Hitler den »Löwenbändiger und Zirkusdirektor«[27] sahen, der mit seiner Peitsche die Massen in Schach halten würde.

Nachdem der Kohle- und Stahlmagnat Emil Kirdorf am Parteitag der NSDAP 1929 in Nürnberg teilgenommen hatte, schrieb er an Hitler: »Lieber Herr Hitler! . . . Wir werden niemals vergessen, wie überwältigt wir von der Feier zu Ehren der Gefallenen des Weltkriegs und der Fahnenweihe im Luitpoldshain gewesen sind, von den Parteiaufmärschen auf dem Hauptmarkt und den Tausenden und Abertausenden Ihrer Anhänger, die, die Augen voller Enthusiasmus, begeistert an Ihren Lippen hingen und Ihnen zujubelten. Der Anblick der endlosen Menge, die am Schluß des Aufmarsches Ihnen zujubelte und Ihnen die Hände entgegenstreckte, war geradezu überwältigend. In diesem Augenblick habe ich – verzweifelt über die Degeneriertheit der Massen und die Unfähigkeit der bürgerlichen Kreise, die Zukunft Deutschlands positiv zu gestalten – plötzlich verstanden, warum Sie unerschütterlich an die Erfüllung Ihrer selbstgestellten Aufgabe glauben und im Bewußtsein dieses Ziels auf Ihrem Weg voranschreiten, unabhängig davon, wieviele Opfer er von Ihnen und Ihren Anhängern fordert. Jeder, der in dieser Zeit, die von einer brutalen Zerstörung aller vaterländischen Tugenden bestimmt ist, derart viele nationalgesinnte und rassebewußte Gefolgsleute um sich scharen kann, die zu jedem Opfer bereit sind, darf mit voller Berechtigung an seinen Erfolg glauben.«[28]

Kirdorfs Brief zeigt eine bedeutende Veränderung von Hitlers Status in der politischen Szenerie: Der frühere ›Freibeuter‹ wurde *salonfähig.* Diesen grundlegenden Irrtum begingen viele der älteren Nationalisten – Männer wie Franz von Papen und Alfred Hugenberg –, die daran dachten, Adolf Hitler und seine Braunhemden für ihre eigenen Ziele einzusetzen. Statt dessen gebrauchte er sie so lange als Aushängeschild, bis er selbst mächtig genug war, ohne sie weiterzugehen. Hitler wäre vielleicht der Führer einer völkischen Splittergruppe geblieben, wenn der Weimarer Republik wirtschaftlicher Aufschwung beschieden gewesen wäre und die Sozialdemokraten ihre Fortschritte in Richtung zu einer Lösung der dringendsten Nachkriegsprobleme Deutschlands hätten stetig fortsetzen können. Doch die Weltwirtschaftskrise erwies sich als ein zu schwieriges Problem für die Koalition der gemäßigten Parteien; die SPD selbst war nie stark genug gewesen, um Deutschland ohne die Hilfe einiger sehr anfälliger Koalitionen regieren zu können.

In den frühen zwanziger Jahren hatte es bei solchen Reichstagskompromissen noch Staatsmänner wie den gemäßigten Außenminister Gustav Stresemann gegeben, der die Versöhnung zwischen Deutschland und Frankreich eingeleitet und die Verhandlungen zu Deutschlands Aufnahme in den Völkerbund geführt hatte. Aber die Sozialdemokraten waren 1925 nicht stark genug, die Wahl des Kandidaten der Rechten, Generalfeldmarschall von Hindenburg, zum Präsidenten der Republik zu verhindern. 1932 schien der 85jährige Generalfeldmarschall sogar der einzige Gegenkandidat Hitlers zu sein, auf den sich alle anderen Parteien einigen konnten; die Sozialdemokraten sahen sich – auf Grund ihrer Einschätzung » . . . und wer rettet uns vor Hitler? Nur Hindenburg!«[29] – gezwungen, Hindenburgs erfolgreiche Kandidatur zur Wiederwahl zu unterstützen. Inzwischen war die Zahl der Arbeitslosen auf sechs Millionen gestiegen, und die antidemokratischen Kräfte im Reichstag waren so stark geworden, daß die Sozialdemokraten und ihre Koalitionspartner keine arbeitsfähige Mehrheit mehr stellen konnten. Nach 1930 wurde die Republik nur noch mit dem Artikel 48 der Verfassung regiert, der dem Präsidenten uneingeschränkte Vollmachten erteilte. Ein Koalitionskabinett unter Kanzler Heinrich Brüning, einem Spitzenpolitiker der katholischen Zentrumspartei und aufrechten Verteidiger der Republik, regierte mit »Notverordnungen«, die von Hindenburg unterzeichnet waren. Nach einer Intrige unter seinen rechten Rivalen mußte Brüning im Mai 1932 zurücktreten. Das Gerangel um die Macht, das in den Kabinetten Franz von Papen und General Kurt von Schleicher folgte, war nur noch das letzte kurze Zwischenspiel vor dem Tod des demokratischen Deutschland. Inzwischen war nämlich Hitler, der Erzfeind der Republik, auch in Hindenburgs Augen genügend *salonfähig* geworden, um ihn zum Kanzler eines Koalitionskabinetts zu machen, in dem von Papen und Hugenberg mäßigend auf seine Politik einwirken sollten. Am Morgen des 30. Januar 1933 wurde Hitler von dem greisen Hindenburg offiziell und legal zum Reichskanzler ernannt. Ganz Deutschland wartete gespannt auf die weitere Entwicklung dieses schicksalhaften Emporkömmlings.

»Um die Mittagszeit verkünden Extrablätter Hitlers Ernennung zum Kanzler . . . Der Landstreicher, der Mensch, der es vor 1914 zu nichts gebracht hat, ›der unbekannte Soldat‹ des großen Krieges, der Redner der Münchener Brauhäuser der Nachkriegszeit, oft genug verspottet, der Anhänger einer Partei, die nur sieben Mitglieder zählte, ist an der Macht und mit ihm die Bewegung, die er ins Leben gerufen hat und die 13 Millionen Deutsche umfaßt. . . . Am Abend des 30. Januar organisieren die Nationalsozialisten anläßlich von Hitlers Sieg einen Fackelzug. In dichten Kolonnen, mit Musikkapellen, die militärische Weisen spielen, im dumpfen Wirbel ihrer großen Trommeln, tauchen sie aus den Tiefen des Tiergartens auf, ziehen unter der Siegesgöttin des Brandenburger Tores hindurch. Die Fackeln bilden einen einzigen Feuerstrom . . . [der] Feuerstrom zieht an der Französischen Botschaft vorüber, von wo ich seiner leuchtenden Spur mit den Blicken folge, das Herz bedrückt und von dunkler Vorahnung erfüllt. Er schwenkt in die Wilhelmstraße ein und zieht unter den Fenstern des Reichskanzlerpalais vorüber.
Dort oben steht der Greis, auf seinen Stock gestützt, ergriffen von der Macht des Geschehens, das er selbst heraufbeschworen hat. An einem nahen Fenster steht Hitler, von Zurufen, einem Sturm der Begeisterung begrüßt. Und unaufhörlich wälzt sich der Strom von den Alleen des Tiergartens heran. Der Vorbeimarsch dauert bis Mitternacht, vollzieht sich in vollkommener Ordnung.«[30]

Privatarmee

Am 3. August 1921 wurde die SA gegründet, die Initialen bedeuteten ursprünglich Sport- oder auch Schutzabteilung. Im Juni 1921 waren die halbmilitärischen Einwohnerwehren und einen Monat später das Freikorps Oberland aufgelöst worden. Zahlreiche Angehörige dieser Verbände sammelten sich nun in der militärisch organisierten SA. Alle frühen Photos von Kampfübungen [214–218] zeigen die charakteristische Zusammensetzung von alten Haudegen und jungen Burschen.

214

215

216

217

218

219

220

Nationalsozialistische Kommandos besetzten zur Vorbereitung des Hitler-Putsches im November 1923 die Vororte von München [219, 221]. Sämtliche Waffen stammten aus den Arsenalen des Ersten Weltkriegs; ein Teil davon war in einem Franziskanerkloster gelagert worden.

Freikorps-Kommandeur Rossbach mit seinem Stab bei einer Übung für den November-Putsch [220].

Das Photo zeigt einen der ersten Märsche von Nationalsozialisten durch München, bei denen die Hakenkreuzfahne mitgeführt wurde [222].

221

222

Der Novemberputsch

223

224

1923 erreicht die allgemeine Unzufriedenheit in der deutschen Bevölkerung ihren Höhepunkt. Hitler glaubt jetzt den Augenblick gekommen, die Macht an sich zu reißen. Am 8. November 1923 ruft er im Münchner Bürgerbräukeller die »nationale Revolution und Diktatur« aus und ernennt sich zum Reichskanzler. Mit seinen Anhängern will er nach Berlin marschieren, um die Regierung abzulösen. Aber schon am nächsten Morgen gehen bayerische Landespolizei und Reichswehr gegen den Demonstrationszug der Nationalsozialisten an der Feldherrnhalle vor.

225

Bewaffnete Nationalsozialisten marschieren durch die Straßen Münchens [223].
SA-Männer treffen in München ein [225] und warten vor dem Bürgerbräu-Keller, in dem Hitler seine Konfrontation mit Gustav von Kahr, dem bayerischen Generalstaatskommissar und dem Landeskommandanten der Reichswehr in Bayern, von Lossow, inszenierte, auf ihren Einsatzbefehl [224].

Eduard Thöny rekonstruiert in einer Zeichnung die Szene vor der Feldherrnhalle, nachdem die Polizei die ersten Schüsse abgegeben hat: General Ludendorff geht aufrecht auf die Polizei zu und läßt sich mit großer Geste verhaften [226].

226

Hochverrat

227

228

229

Die Bayerische Staatsregierung beschuldigte den »Preußen« Ludendorff und seine Mitverschwörer des Hochverrats [227].
Am 24. Februar 1924 wurde ihnen der Prozeß gemacht; Hitler erhielt fünf Jahre Festungshaft, Ludendorff wurde freigesprochen. Die konservativen Richter verschafften aber den Putschisten einen Propagandaerfolg. Hitler (2) aufgenommen während des Prozesses [228].
Die Gruppenaufnahme zeigt die zehn Angeklagten und ihre Anwälte, in der Mitte Kriebel, Ludendorff und Hitler
[229]. Hitler wurde in der Festung 230
Landsberg a. L. [234] wie ein Ehren- 231
gast behandelt; er las (u. a. Nietzsche, Chamberlain, Ranke, Treitschke, Marx, Bismarck) und korrespondierte viel und schrieb an *»Mein Kampf«*. Häufig ging er im Anstaltsgarten spazieren [230]. Demonstrativ hängte er an die Wand seines Raumes einen Lorbeerkranz [232], (links von ihm Kriebel, hinter ihm sein Chauffeur Emil Maurice). Mithäftling Rudolf Heß und andere Putschisten verlassen Ende Dezember 1924 Landsberg [233].

232
233

234

Festschrift
mit amtlichem Programm
Plan der Stadt Weimar und deren Sehenswürdigkeiten
Erste Tagung
der
Nationalsozialistischen Freiheitsbewegung Großdeutschlands
in Weimar vom 15. bis 17. August 1924
Herausgegeben vom Generalsekretariat

235

Eine Abteilung der SA marschiert bei dem ersten Parteitag der wiedererstandenen NSDAP in Weimar im Juli 1926 an Hitler, Goebbels und Heß vorbei [236].

Im April desselben Jahres brachte der *›Simplicissimus‹* eine Zeichnung von Th. Th. Heine mit dem Titel *»Von Reichspräsident Friedrich Ebert geführt, zieht Hitler durch das Brandenburger Tor ein«*.
Aber bis zum Ende des Jahrzehnts mußten sich die Nationalsozialisten mit weniger triumphalen Kundgebungen begnügen, bei denen Hitler sich nie ohne SA-Schutz in der Öffentlichkeit zeigte [238].

236

237
238

Nach
14. Se
NSDAF
von 12
de dar
tei. Ihr
Legisla
Eröffnu
ber 1!
Erich S
schenfa
neten
Sitzunç
bels st
seinem
kehren
Braunh
flagran
darstel
zu den
in Uni
[269].

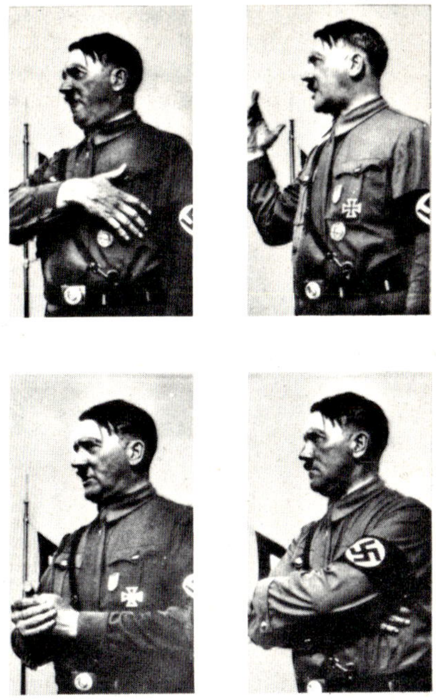

239

Adolf Hitler in einer Rede im Münchner Bürgerbräukeller am 27. Februar 1925 [239]:
»Das Ziel war damals klar und einfach: Kampf der Teufelsmacht, die Deutschland in dieses Elend hineingestürzt; Kampf dem Marxismus sowie dem geistigen Träger dieser Weltpest und Seuche, dem Juden. Kampf nicht nach ›bürgerlichem Muster, vorsichtig‹, damit er nicht zu wehe tut. Nein und nochmals nein!«

Julius Streicher (links von Hitler) [240], Gauleiter der NSDAP in Franken von 1920 bis 1940, Herausgeber des *›Stürmer‹* ab 1923, einer der brutalsten und bedenkenlosesten Propagandisten des Antisemitismus.

240

Die Reichen und die Armen

270
266

Die Wirtschaftskrise erreichte in Deutschland im Winter 1931/32 ihren Höhepunkt. Hunger und Armut griffen um sich [271]. Ende Oktober 1931 gab es 4,56 Millionen Arbeitslose, das heißt, auf 1000 Erwerbsfähige kamen 216 Arbeitslose, die ihre Zeit mit Nichtstun totschlagen mußten [273].

Th. Th. Heine: *»Sie tragen die Buchstaben der Firma – aber wer trägt den Geist?«* [270].

Karl Arnold: *»Deutschland, Deutschland über alles!«*
1914: »Meine Herren, das ganze Volk steht hinter uns! Wir haben die Macht! Wir sind das Vaterland! Darum: Se. Majestät, Hurra, hurra, hurra!«

1920: »Die anderen haben die Macht, was geht uns das Vaterland der anderen an? Sollen sie den Karren nur selber aus dem Dreck ziehen. Pröstchen!« [272].

26
271
272

273
274

O. Ottler: *»Drohnen«* »Für Sie wäre ich zum Äußersten fähig! – Um Gotteswillen, Fred, Sie wollen doch nicht arbeiten!« [274].

Wilhelm Schulz: *»Abbau der Preise«* »Wer will zuerst die Hand aus der Tasche des anderen ziehen?« [275]. 275

Konfrontation

276

277

Zwischen Demokratie und Terror: während der Wahlkämpfe für die sich überstürzenden Reichstagswahlen zogen Propagandatrupps der einzelnen Parteien durch Berlin und übersäten die Straßen mit Flugblättern [276/277], und Angehorige der ›Rotfront‹ lieferten sich Straßenschlachten mit der SA [278].

278

Kämpft gegen Hunger und Krieg!
WÄHLT THÄLMANN

HITLER

287
288

Continental
Schultheiss-Patzenhofer
Rettet mein
Preußen
BRECHT·ROTE·MACHT
DURCH·LISTE 8
13 MILLIONEN
SIND ERWACHT!
Preusse
AUCH DU
8

289

Arbeiter erwacht
Liste
Nationalsozialisten 2

Wählt Hitler!

Bei den Reichspräsidentenwahlen im April 1932 verhüllte eine Flut von Parolen die Tatsache, daß die Demokratie in Deutschland am Ende war. Hindenburg, auch von der SPD als Kandidat nominiert, wurde mit 53 % Stimmen gegen Hitler (36 %) und Thälmann (10 %) als Reichspräsident wiedergewählt [287/288].

Ein Wahlplakat für die Wahlen zum preußischen Landtag, April 1932, in dem die Nationalsozialisten bislang kaum vertreten waren, bemüht den Geist Friedrichs des Großen [289].

In einem verspäteten Versuch, sich gegen die SA zu verteidigen, gründeten die Sozialdemokraten paramilitärische Organisation unter dem Namen »Eiserne Front«. Ihr Symbol waren drei Pfeilspitzen; sie konnten aber keine Konkurrenz für das Hakenkreuz bilden [290].
Eine Delegation der britischen Labour-Party läßt die »Eiserne Front« hochleben [291].
Wahlplakate zu den Reichstagswahlen am 31. Juli 1932 [292].

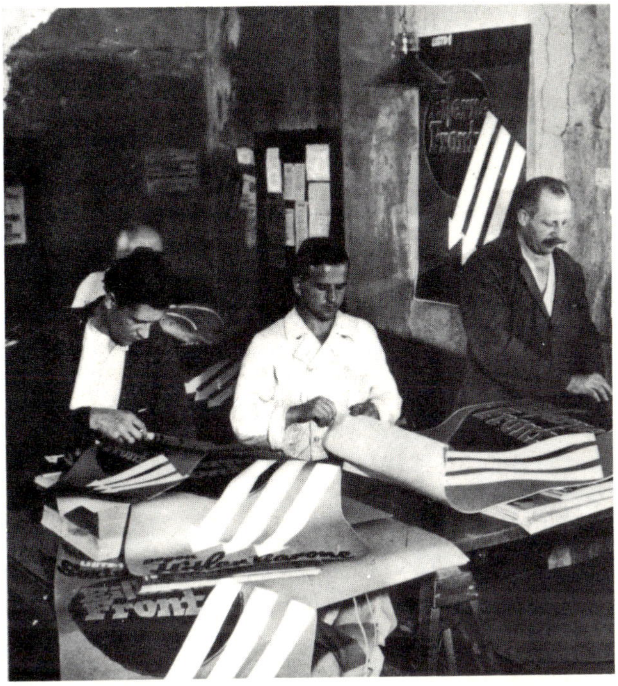

290
291

292

An der Schwelle zur Macht

293
294

Im April 1932 wurde die NSDAP die stärkste Partei im preußischen Landtag und war nun zusammen mit der KPD in der Lage, die traditionelle SPD-Regierung im größten der deutschen Länder abzulösen. Drei Monate später, bei den Reichstagswahlen am 31. Juli 1932, errangen die Nationalsozialisten 230 Mandate und waren damit auch im Reichstag die stärkste Partei.

Während seine schlagkräftigen SA-Kommandos ihre Terrormaßnahmen ausweiteten, präsentierte sich Hitler den Wählern als respektabler Kandidat der Mittelschicht [293–296].

Hitler, eingerahmt von Gregor Strasser (links), der später im Zusammenhang mit dem sogenannten Röhm-Putsch ermordet wurde, und Wilhelm Frick (rechts), dem späteren Reichsinnenminister und ›Reichsprotektor von Böhmen und Mähren‹, bei einer Sitzung der Reichstagsabgeordneten der NSDAP (1932) [297].

Wir Bauern misten aus
Wir wählen Liste:
2
National-Sozialisten

Wir bauen auf!
Unsere Bausteine:
Arbeit
Freiheit
Brot
Also:
National-Sozialisten
Liste
8
Baupläne der anderen:
Sozialabbau
Korruption
Terror
Hetze
Lüge

295
296

297

»Hitler über Deutschland«

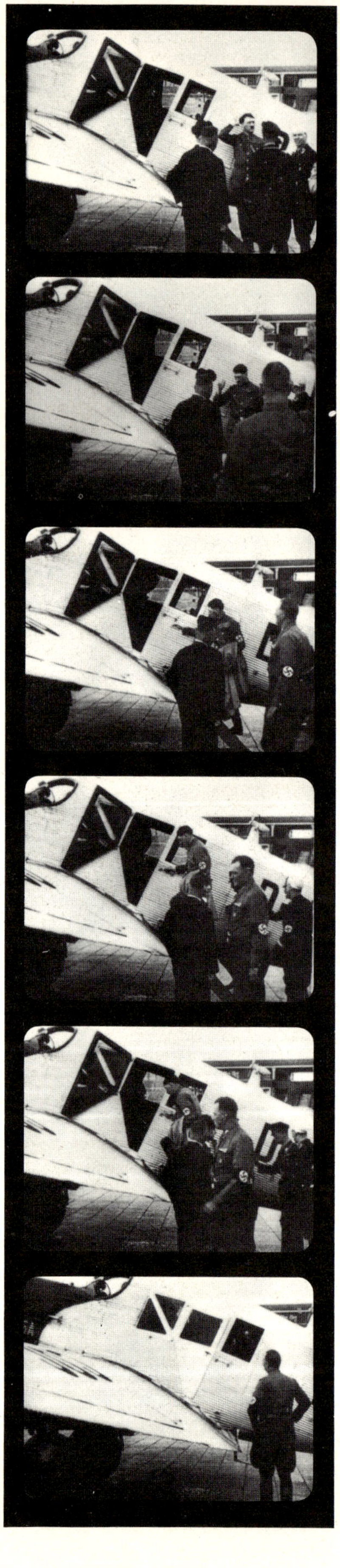

Für die Reichstagswahlen im Juli 1932 unternahm Hitler eine Wahlkampagne mit einer Ju 52, die als »Hitler über Deutschland« angekündigt wurde und ihre Wirkung auf die Wähler nicht verfehlte.

Die Bilder auf dieser und der folgenden Seite stammen aus Dokumentarfilmen, die über diese Wahlkampagne gedreht wurden. Neben Hitler sitzt in der Kabine des Flugzeugs Ernst (»Putzi«) Hanfstaengl, Auslandspressechef der NSDAP [300]. Hinter dem Autogramme erteilenden Hitler steht SS-Oberführer Flugkapitän Hans Baur, der bis zu dessen Tod sein Leibpilot blieb [303].

298
299
300

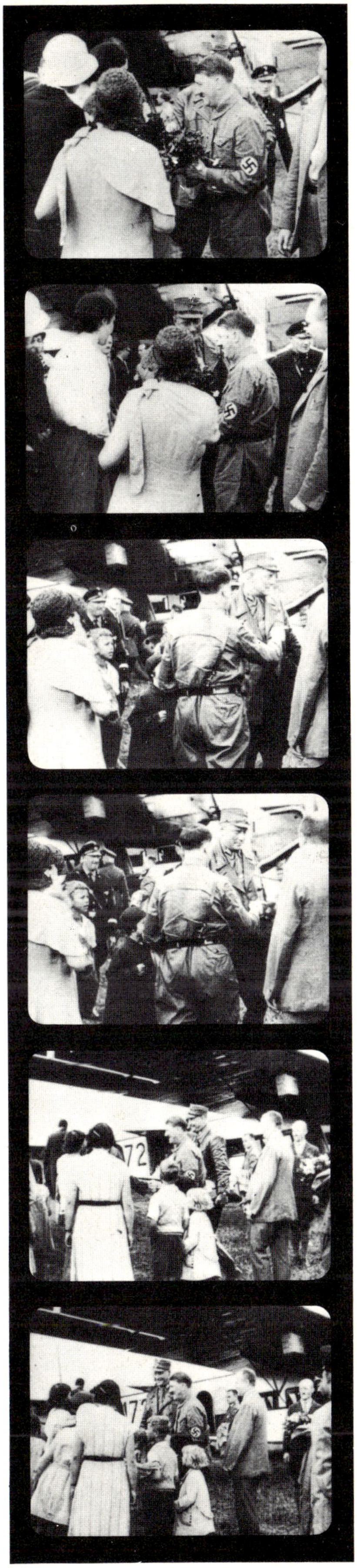

301
302
303

Hitler (mit »Putzi« Hanfstaengl [304]) ist sichtlich erschöpft von den Strapazen des Wahlkampfs von 1932. Trotz seines Erfolgs bei den Massen brachte das Ergebnis ihm nicht die Mehrheit, die er sich erhofft hatte.
»Die Trümmer der zerschmetterten bürgerlichen Parteien türmten sich jetzt unter Hitlers Füßen wie ein Berg«, schrieb Konrad Heiden. »Doch der Berg war weder fest noch hoch genug . . . Die Wahlen brachten dasselbe monotone Ergebnis, das sich seit Jahren wiederholt hatte: Die Mehrheit war *gegen* Hitler, aber *für* überhaupt nichts.«
Hitler in Köln [307], in Eberswalde [308] und in Berlin [309].

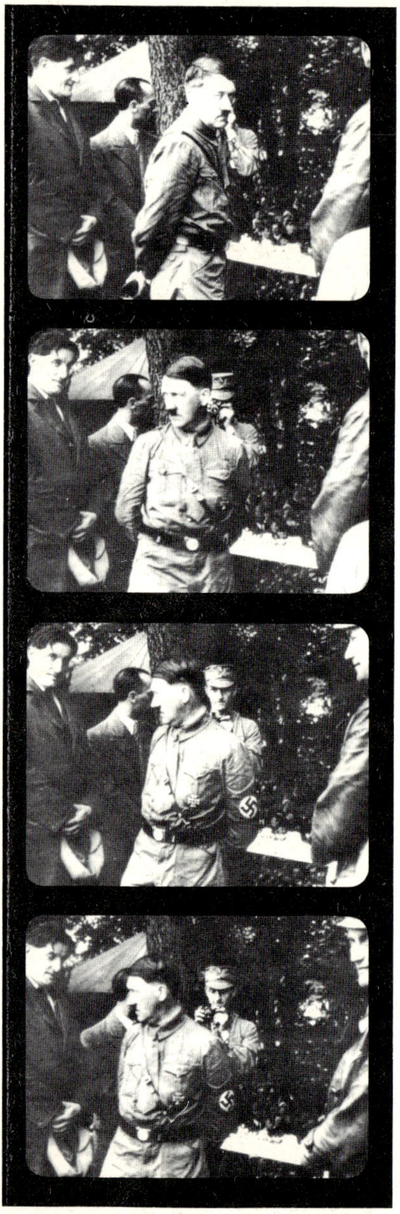

304
305
306

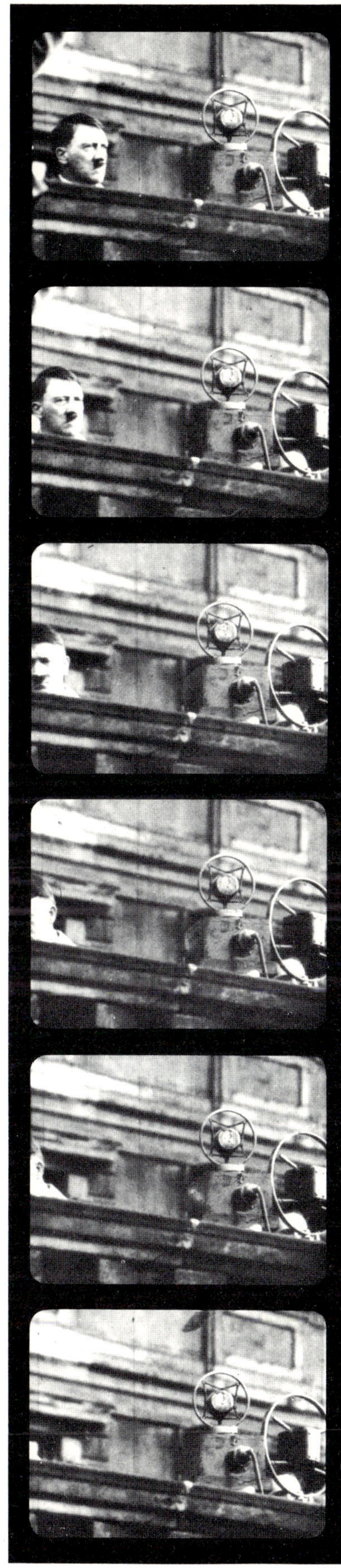

307
308
309

Berlin, 1932: Hitler spricht auf einer Massenkundgebung. Seine Reden mit ihrer emotionalen Argumentation, ihren Beschwörungen, »gutturalen Blitzen« und überzeugend einstudierten Wutausbrüchen hatten auf die Zuhörer eine hypnotische Wirkung. Er brachte es fertig, den Eindruck zu vermitteln, zugleich Opfer und Rächer zu sein, und daß es seine Mission sei, die Leiden und Entbehrungen einer ganzen Generation wiedergutzumachen. »Seine Worte treffen wie der Pfeil ins Schwarze«, schrieb Otto Strasser, »er berührt die offenen Wunden jedes einzelnen, setzt das Unterbewußtsein der Massen frei, bringt ihre geheimsten Erwartungen zum Ausdruck und sagt ihnen, was sie am liebsten hören wollen.«

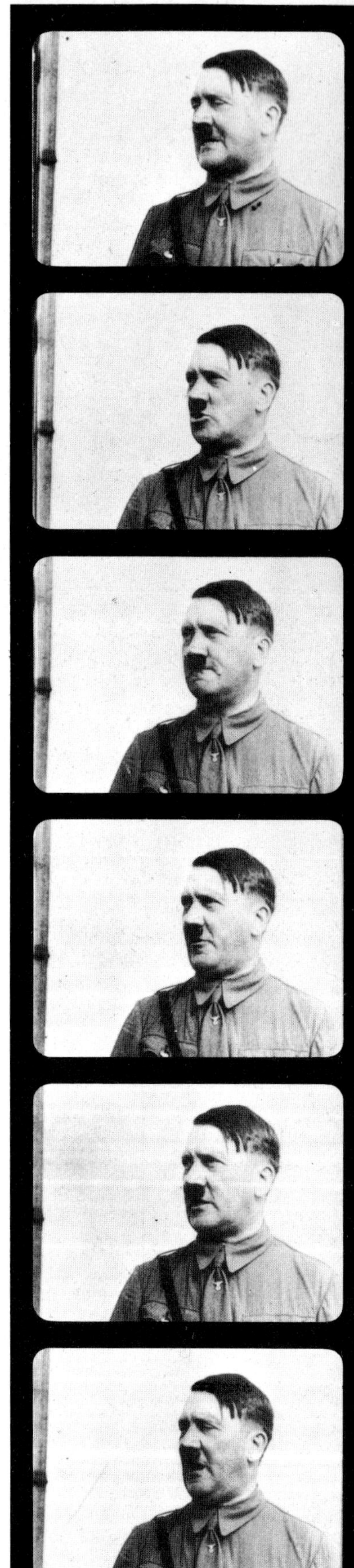

310

311

Hitler kommt an die Macht

312

313
314

30. Januar 1933: Kurz nach der Vereidigung Hitlers zum Reichskanzler posiert die Parteiführung der NSDAP für ein Siegesphoto [311]. (Von links nach rechts: Sauckel, Frick [sitzend], Kerrl, Goebbels, Hitler, Röhm, Göring, Darré, Himmler und Heß). Schon fünf Wochen später treiben SA-Männer Kommunisten, Sozialdemokraten und andere ›Staatsfeinde‹ zusammen. Ungefähr 40 000 SA-Männer werden in die Göring unterstellte Polizei Preußens übernommen, »zum Kampf gegen den roten Terror«, wie Goebbels sagte [312]. Eine große Menschenmenge umringt das Auto, in dem Hitler als neuernannter Reichskanzler das Reichspräsidentenpalais am Mittag des 30. Januar verläßt [315]. Am Abend erreicht ein triumphaler Fackelzug der SA durch das Brandenburger Tor vor dem Gebäude der Reichskanzlei in einer tumultartigen Demonstration der Bevölkerung Berlins seinen Höhepunkt [313]. Hitler steht am Fenster, den Arm zum »deutschen Gruß« ausgestreckt, der nun zur offiziellen Begrüßungsformel der Deutschen werden sollte [316]. Unter den eintreffenden Glückwunschtelegrammen waren Grüße von Hitlers ehemaligem Gefängniswärter in Landsberg, Lurker, und seinem Mitgefangenen Kriebel [317]. Am nächsten Morgen marschieren SA-Männer mit wehenden Hakenkreuzfahnen vor den Berliner Dom [314].

315

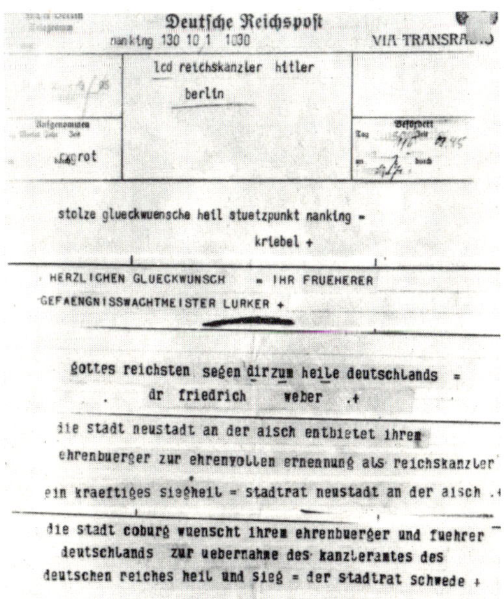

Deutsche Reichspost
nanking 130 10 1 1030 VIA TRANSRADIO

lcd reichskanzler hitler
berlin

stolze glueckwuensche heil stuetzpunkt nanking = kriebel +

HERZLICHEN GLUECKWUNSCH = IHR FRUEHERER GEFAENGNISWACHTMEISTER LURKER +

gottes reichsten segen dir zum heile deutschlands = dr friedrich weber .+

die stadt neustadt an der aisch entbietet ihrem ehrenbuerger zur ehrenvollen ernennung als reichskanzler ein kraeftiges siegheil = stadtrat neustadt an der aisch .+

die stadt coburg wuenscht ihrem ehrenbuerger und fuehrer deutschlands zur uebernahme des kanzleramtes des deutschen reiches heil und sieg = der stadtrat schwede +

316
317

318 

319 

Am Abend des 27. Februar 1933 stand das Reichstagsgebäude in Flammen [321]. Löschfahrzeuge treffen zu spät ein [322] und können nicht mehr verhindern, daß der Bau völlig ausbrennt [323]. Das Feuer war von einem jungen, holländischen Psychopathen, Marinus van der Lubbe, gelegt worden, den die Polizei noch am Tatort festnahm. Hitler bringt Hindenburg dazu, mit den Verordnungen »zum Schutz von Volk und Staat« und »gegen Verrat am deutschen Volk und hochverräterische Umtriebe« die rechtsstaatliche Ordnüng außer Kraft zu setzen. Kommunistische Abgeordnete und Funktionäre werden verhaftet, die kommunistische und sozialdemokratische Presse verboten.

Drei Tage vor dem Reichstagsbrand hatte die Polizei auf Befehl Görings kommunistische Parteibüros in Berlin durchsucht [319]. Später behauptete Göring, es seien Beweise für einen von den Kommunisten geplanten Aufstand gefunden worden, was sich die NS-Propaganda für die Reichstagswahlen am 5. März 1933 zunutze machte [318]. NS-Gegner glaubten, daß der Reichstagsbrand von einer terroristischen Gruppe der NSDAP ins Werk gesetzt worden sei, konnten ihre These jedoch nicht behaupten.

Sieben Monate nach dem Reichstagsbrand tritt in Leipzig das Reichsgericht zusammen, um van der Lubbe und seine angeblichen Mitverschwörer – Ernst Torgler, den Fraktionsführer der KPD im Reichstag, und drei bulgarische Kommunisten, die sich zufällig in Deutschland aufhielten – abzuurteilen. Van der Lubbe wurde zum Tode verurteilt und enthauptet; die anderen Angeklagten wurden freigesprochen. Unter den Zeugen der Anklage Göring [324] und Goebbels [320].

320

321
322
323

324

Georgi Dimitroff (im Hintergrund des Gerichtssaales) [325], einer der drei bulgarischen Kommunisten und späterer Ministerpräsident Bulgariens, provozierte während des Reichstagsbrand-Prozesses Göring (mit dem Rücken zur Kamera) in scharfen Kreuzverhören, bis Göring sich einmal dazu hinreißen ließ, den Bulgaren anzuschreien:
»Sie sind ein Gauner, der längst an den Galgen gehört.« Als der Gerichtspräsident anordnete, ihn abzuführen, fragte Dimitroff: »Haben Sie Angst wegen dieser Fragen, Herr Ministerpräsident?« Darauf Göring: »Sie werden Angst haben, wenn ich Sie erwische, wenn Sie hier aus dem Gefängnis 'raus sind, Sie Gauner, Sie.«

325

Als der Philosoph Martin Heidegger vom ›Willen zur völkischen Selbstverantwortung‹ sprach, meinte er damit etwas anderes als das, was mit dem Begriff ›Selbstbestimmung‹ ausgedrückt werden kann. Wie so vieles andere in dieser nebulosen Philosophie, war *Volk* ein beliebig dehnbarer Begriff. Der in den dreißiger Jahren endlos wiederholte Ruf ›Ein Volk, ein Reich, ein Führer‹, der von den meisten Ausländern als ein ziemlich harmloser Appell an die nationale Einheit verstanden worden sein mag, beinhaltete in Wirklichkeit bereits eine Aufforderung zum Kampf, denn *Volk* war nicht gleichbedeutend mit Nation – Teile davon lebten außerhalb der damaligen Grenzen Deutschlands, in Österreich, Elsaß-Lothringen, im Sudetenland, der Tschechoslowakei, in Teilen Dänemarks und Polens, sogar in Rußland und Rumänien, wo deutschsprachige Siedler bereits Vorposten für die unvermeidbare Ost-Expansion des *Volkes* gegründet hatten. Dieser ›eine Führer‹ hatte nun die historische Mission, all diese weitverstreuten *Volksgenossen* ins *Reich* heimzuholen und mit dem nötigen *Lebensraum* zu versorgen, den diese immens anwachsende Bevölkerung vermutlich in Zukunft benötigen würde.

»*Das Ausmaß und das Tempo der militärischen Auswertung unserer Kräfte können nicht groß und nicht schnell genug gewählt werden!* [Hervorhebung vom Verfasser.] Es ist ein Kapitalirrtum, zu glauben, daß über diese Punkte irgendein Verhandeln oder ein Abwägen stattfinden könnte mit anderen Lebensnotwendigkeiten. So sehr auch das gesamte Lebensbild eines Volkes ein ausgeglichenes sein soll, so sehr müssen doch in gewissen Zeiten einseitige Verschiebungen zuungunsten anderer, nicht so lebenswichtiger Aufgaben vorgenommen werden. *Wenn es uns nicht gelingt, in kürzester Frist die deutsche Wehrmacht in der Ausbildung, in der Aufstellung der Formationen, in der Ausrüstung und vor allem auch in der geistigen Erziehung zur ersten Armee der Welt zu entwickeln, wird Deutschland verloren sein!* [Hervorhebung vom Verfasser.] ... Es haben sich daher dieser Aufgabe alle anderen Wünsche bedingungslos unterzuordnen.

... Wir sind übervölkert und können uns auf der eigenen Grundlage nicht ernähren ... Die endgültige Lösung liegt in einer Erweiterung des Lebensraumes bzw. der Rohstoff- und Ernährungsbasis unseres Volkes ...

Ich stelle damit folgende Aufgabe:

I. Die deutsche Armee muß in 4 Jahren einsatzfähig sein.

II. Die deutsche Wirtschaft muß in 4 Jahren kriegsfähig sein!«[6]

Doch ehe das *Volk* einen neuen Krieg führen konnte, mußte es ideologisch vorbereitet und zu einem gehorsamen Instrument des (von den Nationalsozialisten positiv verstandenen) *totalen Staates* umgeformt werden. Der totale Staat war Wunschbild oder Alptraum, je nachdem, ob man sich durch alle gesellschaftlichen Bereiche und ineinandergeschachtelten Organisationen, die keinen Raum mehr für nicht-politische Aktivitäten ließen, geborgen oder eingeengt und bedrückt fühlte. Für den *kleinen Mann*, der nach sozialem Rang strebte, war der NS-Staat mit seinen Organisationen jedenfalls das Goldene Zeitalter; jedem bot er den richtigen Platz – fast jeder Deutsche männlichen Geschlechts war, sobald er marschieren konnte, dazu berechtigt, irgendeine Uniform zu tragen und damit zumindest auf Parteiversammlungen oder bei den sonntäglichen Spaziergängen im Park seinen sozialen Rang zu zeigen. Der totale Staat war in 32 Gaue aufgeteilt, an deren Spitze von Hitler ernannte Gauleiter standen; jeder Gau war noch einmal in Kreise aufgeteilt; diese Kreise gliederten sich wieder in Ortsgruppen, die aus mehreren Parteizellen bestanden. Neben dieser horizontalen Organisationsstruktur gab es eine vertikale, die mehr oder weniger nach Berufen aufgebaut war. So hatte das ›Nationalsozialistische Kraftfahrerkorps‹ für die Fahrer von Kraftfahrzeugen eine eigene Uniform und eine ganze Liste *völkischer* Grundregeln. In der nationalsozialistischen Studentenschaft mußten die Universitätsstudenten eine braune Uniform tragen und alte Parteilieder singen, wie z. B.:

»Wetzt die langen Messer an dem Bürgersteig,
daß sie besser flutschen in der Pfaffen Leib! . . .
Und kommt die Stunde der Vergeltung,
Stehn wir zu jedem Massenmord bereit!«[7]

Die Jugend wurde in der Hitlerjugend und dem Bund Deutscher Mädel erfaßt. Der Schulunterricht begann und endete mit dem Hitler-Gruß; jeden Klassenraum schmückte ein Hitler-Bild. Im Unterricht wurde er nicht nur mit den Helden aus der deutschen Geschichte, sondern sogar mit Jesus Christus gleichgesetzt. In der Diktatvorlage *»Jesus und Hitler«* einer Münchner Volksschule hieß es z. B.:

»Wie Jesus die Menschen von der Sünde und der Hölle befreite, so rettete Hitler das deutsche Volk vor dem Verderben. Jesus und Hitler wurden verfolgt, aber während Jesus gekreuzigt wurde, wurde Hitler zum Kanzler erhoben. Während die Jünger Jesu ihren Meister verleugneten und ihn im Stiche ließen, fielen die 16 Kameraden für ihren Führer. Die Apostel vollendeten das Werk ihres Herrn. Wir hoffen, daß Hitler sein Werk selbst zu Ende führen darf. Jesus baute für den Himmel, Hitler für die deutsche Erde.«[8]

Pflichtorganisationen gab es für Lehrer genauso wie für Rechtsanwälte und Ärzte, aber in allen waren natürlich nur Arier zugelassen. Journalisten und Künstler gehörten Kammern an, die vom NS-Propagandaministerium gebildet worden waren. Anstelle der verbotenen Gewerkschaften gab es die allumfassende ›Arbeitsfront‹, an deren Spitze der Alkoholiker Dr. Robert Ley stand: Eine ihrer Hauptaufgaben war es, die Erhöhung der Löhne zu verhindern, um auf diese Weise das Rüstungsprogramm zu finanzieren. Die ›Arbeitsfront‹ brachte dem Arbeiter zwar nicht mehr Lohn, dafür aber einige andere bemerkenswerte ›Wohltaten‹, besonders das Kraft-durch-Freude-Programm, das die Freizeit der Arbeiter mit parteikontrollierter Erholung ausfüllen sollte. KdF förderte Konzerte, Theatervorstellungen, Sportereignisse, Fortbildungskurse im Volksbildungswerk, Ferienprogramme und Reisen zu nationalsozialistischen Gedenkstätten. Ebenfalls von KdF unterstützt wurde der Volkswagen, der den Arbeitern in einem Voraus-Anzahlungsprogramm angeboten wurde: mehr als 336 000 Menschen zahlten für ihren Volkswagen im voraus und finanzierten so die Planung und die Produktionsanlagen – doch der Ausbruch des Krieges unterbrach das Programm; die Autos wurden nie geliefert. Eine Organisation mit konkreteren Auswirkungen war die Abteilung ›Schönheit der Arbeit‹ innerhalb des KdF, in der Albert Speer einige häßliche deutsche Fabriken verschönerte. Seine Bemühungen um die Verschönerung der Arbeit brachten ihm persönlich viel Freude:

»Wir beeinflußten zunächst die Fabrikbesitzer, ihre Betriebsräume neu herzurichten und Blumen in den Werkstätten aufzustellen. Unser Ehrgeiz blieb dabei nicht stehen: Fensterflächen sollten vergrößert, Kantinen eingerichtet werden; aus mancher Abfallecke entstand ein Sitzplatz für die Arbeitspause, statt des Asphalts wurden Rasenflächen angelegt.«[9]

Zu Speers Überraschung brachte Hitler, der sich sonst für alles, was mit Architektur zusammenhing, sehr interessierte, für diese ›sozialen‹ Probleme kaum Interesse auf. Diese Gleichgültigkeit ist jedoch kaum überraschend, denn seine ganze Aufmerksamkeit galt nicht der Wohlfahrt der Arbeiter, sondern den Möglichkeiten, die seine Macht ausdehnen und befestigen konnten. Speer war ihm deshalb auch viel wichtiger als Architekt der monumentalen Hauptstadt, die Hitler für sein neues Weltreich plante (Speer nannte es später »gebaute Megalomanie«[10]), und als Verantwortlicher für die ›Gestaltung‹ der gigantischen Parteitage, auf denen Hitler immer wieder seine unglaubliche Fähigkeit, Massen zu beeinflussen, bewies. Speer hatte schon öfters bei ähnlichen Gelegenheiten gezeigt, daß er imposante Flaggenaufmärsche inszenieren konnte. Aber mit der Idee des ›Lichtdoms‹, bei dem ein Ring von Flakscheinwerfern um die feierliche Versammlung aufgebaut war, stellte er alles Bisherige in den Schatten.

»Der Eindruck überbot bei weitem meine Phantasie. Die 130 scharf umrissenen Strahlen, in Abständen von nur zwölf Metern um das Feld gestellt, waren bis in sechs bis acht Kilometer Höhe sichtbar und verschwammen dort zu einer leuchtenden Fläche. So entstand der Eindruck eines riesigen Raumes, bei dem die einzelnen Strahlen wie gewaltige Pfeiler unendlich hoher Außenwände erschienen. Manchmal zog eine Wolke durch diesen Lichterkranz und verschaffte dem grandiosen Effekt ein Element surrealistischer Unwirklichkeit.«[11]

Unter diesem vielgerühmten Lichtdom versammelten sich etwa 180 000 mittlere und kleine Parteiführer während des alljährlichen Parteitages in Nürnberg, um von Hitler zu hören, daß die Partei die ›Repräsentantin ewiger Werte unseres Volkes‹ sei. (Speer hatte auch die Idee, die Parteifunktionäre, die mit ihren dicken Bäuchen keinen guten Eindruck mehr machen konnten, in der Dunkelheit aufmarschieren zu lassen.) Hans Frank, der Rechtsexperte der Partei, beschrieb diese Parteitage als eine Kette von erhebenden Ereignissen, bei denen nicht nur die alternden Funktionäre, sondern vor allem die Blüte der deutschen Jugend und Männer versammelt war. »Für acht Tage war die Stadt die Hauptstadt unseres Reiches geworden«[12], schrieb er, und die Kulturveranstaltungen, Grundsteinlegungen, Diplomatenempfänge, Sportkämpfe und Festaufführungen der *»Meistersinger von Nürnberg«* im Opernhaus machten die Woche zu einem Fest der Selbstbeweihräucherung.

Die Woche wurde mit einer Versammlung in der riesigen Kongreßhalle eingeleitet, auf der Hitler, Goebbels, Rosenberg und andere Minister sprachen. Seine Rede war, wie Frank schrieb, »ein steter Appell zum Glauben, Opfern, Handeln, Gehorchen und Vertrauen«[13]. Frank berichtet weiter:

»Einen weiteren großen Eindruck machte der große Appell des Reichsarbeitsdienstes, einer der sozial bedeutsamsten und allgemein anerkanntesten Schöpfungen Hitlers. Es war auch wirklich herrlich zu sehen, wie da hunderttausend Reichsarbeitsdienstmänner mit ihren blitzenden Spaten in tadelloser Ordnung und Haltung einmarschierten, froh, gebräunt, gesund,

ein erhebendes Bild kraftvollster Jugend ... Besonders geist- und gemütvoll war das geradezu künstlerische Programm, das bei dieser Gelegenheit in Musik, Liedern und Sprech-Chören abgewickelt wurde, und das alles einklang in den ewig menschlichen Rhythmus der ehrlichen Arbeit für die Gemeinschaft. 1938 bot auch der mittlerweile entwickelte weibliche Arbeitsdienst der sehr geschmackvoll uniformierten Arbeitsmaiden Proben seines geselligen Könnens in Lied, Spiel und Tanz. Dann sprach der Führer und feierte die Arbeit als höchsten Segen für Volk wie Mensch ...
Am letzten Tag fand dann noch die Wehrmacht Gelegenheit, im Stadion ihre Künste zu zeigen. Es wurden publikumsgeeignete soldatenspielerische Übungen vorgeführt... Reiten, knallen, stürmen und kämpfen, ein paar knatternde Panzer – und wenn dann zum Schluß irgendein Attrappendorf aus Holzleisten, bemalter Pappe und Leim in hellen Brand aufging, dann klatschte alles wie rasend Beifall. Es war zu schön, in der Tribüne sitzen und so etwas Gruseliges ansehen zu können. Merkwürdig: Den Krieg verabscheut jedes Volk, aber ›Kriegsspiele‹ schauen sich alle furchtbar gern an!«[14]
Der Höhepunkt des Parteitages war aber nach Franks Einschätzung der große SA-Aufmarsch im Luitpoldhain:
»200 000 SA-Männer füllten das riesige Oval, die in großen Tiefstaffelreihen mit ihren verschiedenfarbigen Mützen – jeder Gau hatte eine eigene Farbe – von oben, wo wir hinter dem Führer standen, aussahen wie leise bewegte, überdimensionierte Blumenfelder. In der Mitte war eine breite Längsgasse freigehalten, auf der dann der Führer, begleitet vom Stabschef der SA und vom Reichsführer SS, unter den Klängen des von Dr. Ernst Hanfstaengl komponierten sehr schönen Trauermarsches, allein zu dem am anderen Ende würdig als kleiner hellenischer Tempel errichteten Marmormonument zu Ehren der Weltkriegsgefallenen schritt. Der Führer trug Braunhemd ohne Blutorden und ohne Kopfbedeckung. Dort legte er einen Kranz nieder, und alles grüßte mit dem Hitlergruß, mit den alle Tribünen überfüllenden Besuchern etwa dreihunderttausend Menschen. Dann spielte die Kapelle, natürlich alles durch Lautsprecher übertragen, unser altes Sturmlied von Dietrich Eckart ... Der Führer ging festen Schrittes genau in der Mittelachse wieder den langen Weg zurück. Wenn er etwa das erste Drittel zurückgelegt hatte, begannen die Kapellen den berühmten Badenweiler-Marsch und von der Richtung des Ehrenmals, an dem eben der Führer den Kranz niedergelegt hatte, marschierten in federndem Paradeschritt, voran ihre Kapellen, die SS-Verbände, soweit sie als bewaffnete Einheiten galten wie etwa die ›Leibstandarte-SS Adolf Hitler‹ unter Sepp Dietrich, oder die ›Totenkopf-Standarten‹, hinter dem Führer in den langen Mittelraum ein, den sie zur Breite genau ausfüllten. Der Führer betrat dann wieder die Tribüne, und während alles sich ›rührte‹ ... sprach erst der Stabschef Lutze, worauf der Führer eine große Ansprache hielt. Diese Reden Hitlers zur SA behandelten die Spezialfragen des Parteikampfes und der Weltanschauung.«[15]
Diese Jahre kurz vor dem Krieg waren die Glanzzeit des ›Dritten Reiches‹; es schien, als könnte es Hitler gelingen, seine Versprechen zu halten und ein völlig neues Deutschland zu schaffen. Die sechs Millionen Arbeitslosen hatten längst in der Rüstungsindustrie oder in den wieder expandierenden Sektoren der privaten Wirtschaft Arbeit gefunden; das Betonband der Auto-

bahnen erreichte immer neue deutsche Gebiete; der erniedrigende Versailler Vertrag war zerrissen, und die deutsche Wehrmacht, vor kurzem noch ein Schatten ihrer selbst, wurde wieder als die gefährlichste Kriegsmaschine in Europa gefürchtet.
Die Olympischen Spiele von 1936 bedeuteten für Hitler die Krönung seines Triumphes und brachten ihm eine Flut von enthusiastischen Besuchern aus dem Ausland:
»Hitler hat sich Europa als eine außerordentliche Persönlichkeit aufgedrängt ...«, schrieb François-Poncet. »Sein Ansehen wuchs. Die Anziehungskraft, die von ihm ausging, wirkt auch über die Grenzen des Landes hinaus. Könige, Fürsten, berühmte Gäste kommen in die Hauptstadt, weniger vielleicht, um den bevorstehenden Sportwettkämpfen beizuwohnen, als um diesem für die Zukunft so bestimmenden Mann zu begegnen, der das Schicksal des Kontinents in den Händen zu halten schien, auch um dieses Deutschland zu sehen, das er mit unwiderstehlichem Zwang verändert und wiederbelebt hatte. Und alle Welt schien begeistert von der lückenlosen Organisation, der geschlossenen Ordnung und Disziplin ...«[16]
Vielleicht wären sie etwas weniger begeistert gewesen, hätten sie die Methoden, mit denen diese perfekte Disziplin erreicht wurde, näher betrachtet. Deutschland war zu einem unerträglichen und willkürlichen Polizeistaat geworden, in dem »Recht und Wille des Führers eines sind«[17], wie Göring 1934 im ›*Völkischen Beobachter*‹ schrieb. Zehntausende Menschen wurden von der SS in Lagern wie Dachau und Oranienburg mißhandelt, gefoltert und sogar zahlreiche Häftlinge ermordet; daß es solche Lager gab, wurde offen in der NS-Presse bekanntgegeben. Wie ein Reporter der ›*Coburger Zeitung*‹, der das Lager Dachau kurz nach der Eröffnung besuchte, berichtete, war es eine » ... Erziehungsstätte für alle, die – unabhängig von ihrer Rasse, ihrem Glauben oder ihrer gesellschaftlichen Stellung – nicht einsehen wollten, daß das Dritte Reich endgültig und unwiderruflich angebrochen ist«[18], und wo sie so lange gefangen gehalten würden, » ... obwohl in vielen Fällen diese wunderwirkende Dachau-Kur nicht helfen wird, bis unsere prächtigen SS-Männer auch ihnen ein Gefühl für Disziplin und Ordnung, Sauberkeit und Kameradschaft beigebracht haben. Die Suppenschüsseln stehen in ordentlichen Reihen und glänzen, als wären sie nagelneu; wenn ein Truppenführer vorbeigeht, stehen die Häftlinge stramm, die Hände fliegen an die Naht ihrer Uniformhosen, und keine Wimper zuckt (nur die Augen folgen ihm wie vorgeschrieben).«[19]
Die ›*Coburger Zeitung*‹ erwähnte auch die mit Maschinengewehren ausgerüsteten Wachttürme, den Hochspannungszaun, überließ aber den Rest der Vorstellung des Lesers. Die genaueren Einzelheiten der ›Behandlung‹ in Dachau verbreiteten sich unter der Hand so schnell, daß es bald einen deutschen Kinderreim gab: ›Lieber Gott, mach mich fromm, daß ich nicht nach Dachau komm!‹ Frühere Häftlinge, die aus Deutschland fliehen konnten, beschrieben und veröffentlichten ihre Erlebnisse und klärten so das übrige Europa über die wirklichen Zustände auf.
Einer von ihnen war Wolfgang Langhoff, Schauspieler, Anfang der Dreißig, der dreizehn Monate in zwei Konzentrationslagern verbringen mußte und nach seiner Flucht in die Schweiz das Buch *»Die Moorsoldaten«* schrieb. In einem Kapitel erzählt Langhoff die Geschichte von einem Mann, der nicht

›Heil Hitler‹ sagen wollte. Der Name dieses Mithäftlings war Frank oder Franke. Er gehörte einer religiösen protestantischen Sekte an, die glaubte, Gott habe ihnen verboten, Hitler zu ehren. »Die ›Ernsten Bibelforscher‹ waren Fanatiker und ihren inneren Geboten treu. Sie sagten es jedem, der es hören oder nicht hören wollte: ›Hitler hat sein Reich auf Blut gebaut.‹«[20] Franke war ungefähr vierzig Jahre alt. »Er redete nicht viel, er blickte jeden freundlich an. Er trug spärliches, leicht gewelltes Haar über einer glatten Stirn, hatte große, blaue Augen, rosige Backen, einen fraulichen Mund und ein ein wenig zu kleines, rundes Kinn ... Er fegte unermüdlich die Zelle und den Flur, holte Wasser und machte sich jedem nützlich.«[21]. Als die SS-Posten bemerkten, daß er nie den Arm zum Gruß erhob und ›Heil Hitler‹ sagte, bekam er eine Woche Einzelhaft in der ›Dunkelzelle‹.

»Er kam wieder. Mit blutunterlaufenen Augen. ›Sei vernünftig‹, sagten ihm die Kameraden. ›Was liegt schon an dem bißchen ›Heil Hitler!‹ Mach's so wie wir. Wir tun doch auch nur so.‹

Er schüttelte nur den Kopf. Am nächsten Tag fiel er wieder auf. Er kam in den Dunkelarrest. Vierzehn Tage. Wir erkannten ihn nicht mehr, als er zurückkam. Aber er erhob den Arm nicht zum Gruß.

Jetzt nahm sich der dicke Zimmermann vor, ihm den Gruß beizubringen. Mit fünf SS-Männern führten sie ihn auf den kleinen Hof.

›Arm hoch! Arm hoch! Arm hoch!‹

Der Kommandant sah zu.

›Arm hoch!‹

Krach, fallen sie über ihn her. Er stürzt in die vereisten Pfützen.

›Arm hoch! Heil Hitler! Heil Hitler! Wird's bald?!‹

Das geht so lange, bis er bewußtlos liegenbleibt.

Sein Blut gefriert auf dem harten Boden.

Wir beschwören ihn. Es hilft nichts. Sein Gesicht wird starr, es bekommt einen kindlich eigensinnigen Zug.

Er grüßt nicht. Wir sind verzweifelt.

Jetzt wird er von uns abgesondert. In die Zellen der Berufsverbrecher gelegt. Er bekommt ihre Kleidung an. Jeden Tag schleppt er im Laufschritt die Abortkübel. Seine Hände sind blutig vom Tragen. Er wechselt zwischen Arrest, Schlägen und Abortreinigung.

Wir nicken ihm zu, wenn wir ihn sehen. Wir flüstern ihm zu. Wir strecken den Arm aus und machen ihm den Gruß vor.

Die SS schließt Wetten ab.

›Wird er grüßen oder nicht?‹

Nach vielen Wochen kommt er wieder auf die Station. Er hält sich an der Wand fest. Schon im Flur begegnet ihm ein SS-Mann. Sein rechter Arm erhebt sich ungeschickt. Die blutverkrustete Hand streckt sich. Er flüstert:

›Heil Hitler‹«[22]

SA und »Röhm-Putsch«

Holzschnitt mit messianischer Botschaft Adolf Hitlers [332]. Die *»Deutsche Passion«*, ein Mysterienspiel von Richard Euringer, in dem SA-Männer als quasi biblische Jünger eines neuen deutschen Messias auftauchen, in der Sicht eines Masareel-Imitators [333]. Wandplakate werben

332 für den Dienst in der

333 SA [334].

334

Nach der ›Machtergreifung‹ startete die NSDAP eine massive Propagandakampagne, um das öffentliche Ansehen der SA aufzubessern. SA-Männer sollten die heroischen Pioniere von Recht und Ordnung im Lande sein (wie hier im Film *»Horst Westmar«* [335]). Hauptmann a. D., Ernst Röhm [336], Stabschef der SA, Hitlers Förderer aus den ersten Tagen der Partei, forderte, daß zumindest ein Teil seiner 4,5 Millionen starken Verbände in die Reichswehr übernommen würde. SA-Führer (vor ihrem Brigade-Hauptquartier in Berlin [337]) sollten Schlüsselpositionen erhalten. Doch die Berufsoffiziere verweigerten ihre Zustimmung zu Röhms Absichten. Hitler entschied sich für die Reichswehr und ließ Röhm und andere SA-Führer sowie den früheren Reichskanzler General Kurt von Schleicher am 30. Juni 1934, in der »Nacht der langen Messer«, verhaften und dann durch die SS ohne Prozeß erschießen.

335
336

337

Die Bücherverbrennungen

338

339

340

10. Mai 1933: Studenten und SA-Männer verbrennen vor der Berliner Staatsoper sogenannte »undeutsche Schriften« [338/341]. Die vom NS-Studentenbund angeführte »deutsche Studentenschaft« organisierte in allen Universitätsstädten solche Bücherverbrennungen als Teil ihres »Aufklärungsfeldzugs wider den undeutschen Geist«. Die Liste der geächteten Autoren wurde angeführt von Thomas und Heinrich Mann, Sigmund Freud, Karl Marx, Erich Kästner, Erich Maria Remarque und Carl von Ossietzky. Bei den Intellektuellen Europas erregte sie starken Protest.

Französische Karikatur [339]. Photomontage von John Heartfield [340].

341

Der Judenboykott

»Nur eine Generalprobe« nannte die NS-Presse die erste gegen jüdische Geschäfte und Büros gerichtete Aktion am 1. April 1933. Als Ausdruck der »Volkswut« und als Reaktion auf »übertriebene« Berichte über die Brutalität des NS-Regimes, die in ausländischen Zeitungen erschienen waren, wurde im ganzen Land dieser Boykott angeordnet. Deutsche Juden, so behauptete der *›Völkische Beobachter‹*, hätten die »abscheulichsten Lügen über ihre Mißhandlung« verbreitet. Bei den von der SA organisierten Demonstrationen wurden viele Juden öffentlich mißhandelt; so wurde in Kiel ein jüdischer Rechtsanwalt von einer Menschenmenge gelyncht, die gewaltsam in ein Polizeirevier eingedrungen war, in dem der Anwalt festgehalten wurde.
Die Aktion blieb allerdings ohne die erhoffte Wirkung. Die Juden wurden dann bald durch gesetzliche Maßnahmen, die das Ziel hatten, die »nichtarischen« Menschen von den »arischen« zu isolieren, und in den »Nürnberger Gesetzen« vom 15. September 1935 gipfelten, aus dem öffentlichen Leben, den sozialen und geschäftlichen Positionen verdrängt. Harry Graf Kessler vermerkte in seinem Tagebuch: »Dieser verbrecherische Wahnsinn hat alles vernichtet, was in vierzehn Jahren an Vertrauen und Ansehen für Deutschland wiedergewonnen worden war. Ich weiß nicht, ob man mit diesen strohdummen, bösartigen Menschen mehr Mitleid oder mehr Ekel empfindet.«

342 SA-Männer als Streikposten vor jüdischen Geschäften in Berlin [342, 343].

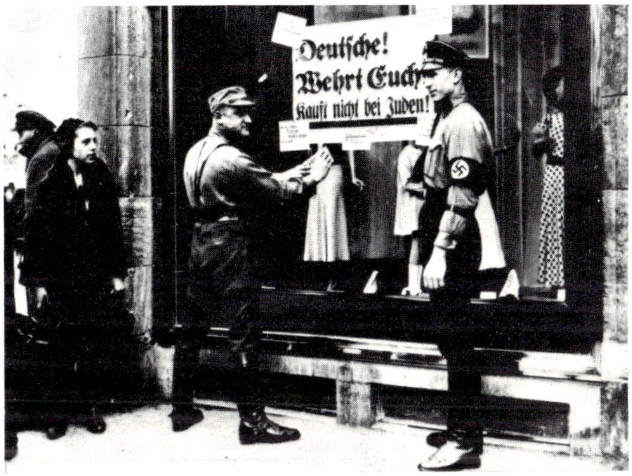

343

344

Dem jüdischen Rechtsanwalt, der durch München geführt wird und als Dr. Siegel identifiziert wurde, hat man den Kopf kahlgeschoren und die Hosenbeine abgeschnitten. Er muß ein Schild mit der Aufschrift tragen: »Ich werde mich nie mehr bei der Polizei beschweren« [344]. Er war zur Polizei gegangen, um sich gegen die Terrorakte der SA schützen zu lassen.

Die KZ entstehen

345

Im Frühjahr 1933 wurden von NS-Organisationen, besonders von der SA, Konzentrationslager in verlassenen Fabrikgebäuden, entlegenen Magazinen oder Kasernen eingerichtet. Diese Lager wurden jedoch zum größten Teil wieder aufgelöst. Ab 1934 dem ›Reichsführer SS‹, Heinrich Himmler, unterstellt, wurden die verbliebenen KZ, vor allem Oranienburg und Dachau, zu einem Terrorinstrument des NS-Staats ausgebaut. SS-Totenkopf-Verbände übernahmen die Bewachung der Lager [345]. Es entstanden weitere KZ in Deutschland und in den besetzten Gebieten; im März 1944 gab es 22 KZ mit 165 Arbeitslagern als »Außenlager der KZ«. Im Mai 1933 durfte ein NS-Photograph in Dachau Aufnahmen machen [346 bis 349]; die täglichen Mißhandlungen der Häftlinge sind allerdings nicht zu sehen. Ein Gestapo-Inspektor eines SA-Lagers in Berlin berichtete: »Die Verhöre begannen und endeten mit Schlägen. Ein Dutzend Aufseher hatten die Opfer im Abstand von einer Stunde mit Eisenstangen, Gummiknüppeln und Peitschen geschlagen . . .«

346

347

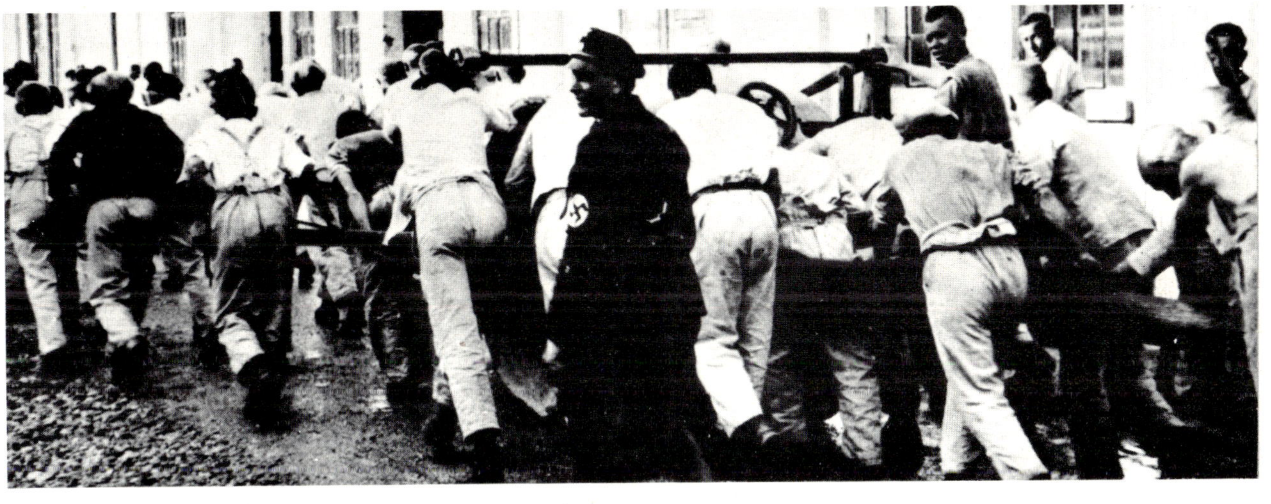

348

349

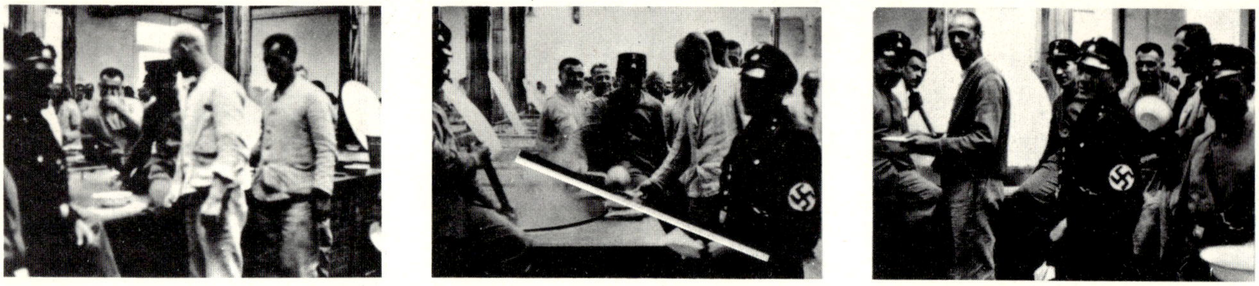

350

351

Ausbildung zum KZ-Schergen

352

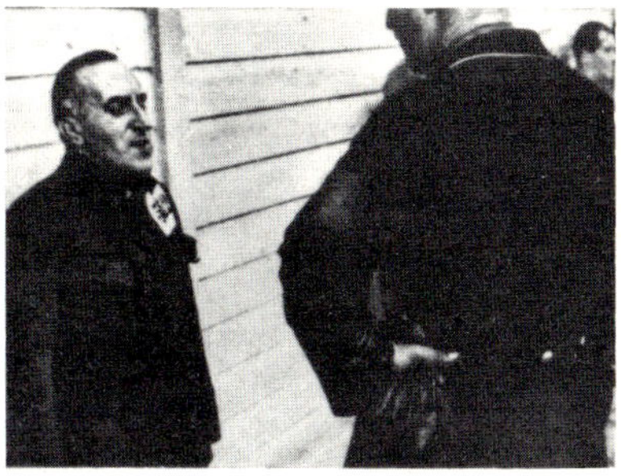

353

Himmler machte Dachau zum Prüfstand für KZ-Methoden der SS: zeitlich abgestufte Einzelhaft bei Brot und Wasser, 25 Stockhiebe, Erschießen oder Erhängen für Delikte wie Gespräche über Politik oder Befehlsverweigerung. Eine andere bevorzugte Form der Bestrafung war, Häftlinge an Pfählen aufzuhängen. »Die Arme auf dem Rücken zusammengebunden, wurde der Häftling an einem Pfahl aufgehangen, den er vorher eigenhändig in die Erde treiben mußte, wobei ihm die Arme verrenkt wurden«, sagte ein SS-Führer vor einem Nachkriegsgericht aus. Gewöhnlich blieb das Opfer eine halbe Stunde so hängen, um jedoch »ein Geständnis zu erzwingen, auch bis zu zwei Stunden«. Viele SS-Führer, die später die Vernichtungslager leiteten, erhielten ihre »Grundausbildung« in Dachau.

In der Nacht des Reichstagsbrands wurde Carl v. Ossietzky, einer der schärfsten Opponenten des Nationalsozialismus, verhaftet und in das KZ Oranienburg gebracht [353]. Ossietzky wurde während seiner dreijährigen Haft brutal zum Krüppel geschlagen. Als ihm 1936 der Friedensnobelpreis zuerkannt wurde (den er nicht annehmen durfte), befand er sich noch im KZ; er wurde dann in ein Krankenhaus nach Berlin überführt, wo er unter Aufsicht der Gestapo starb.

Protestschreie

Antifaschistische deutsche Schriftsteller und Künstler flüchteten nach Prag, Zürich, Paris und in andere Emigrantenzentren, wo sie eine Fülle von Material publizierten, das die Aufmerksamkeit der Weltöffentlichkeit auf die Vorgänge in den KZ lenken sollte. Typisch für diese frühen Anstrengungen, in der Kunst eine Protestbewegung ins Leben zu rufen, war ein expressionistischer Holzschnitt, der die Qualen der »Schutzhaft« darstellte [358].

354
355

John Heartfields Photomontage [354] bezieht sich auf die sadistische Methode der Gestapo, Ehefrauen vom Tod ihres Mannes durch Krankheit oder durch »Erschießen auf der Flucht« aus einem KZ zu unterrichten. Sie erhielten einen knappen Brief, der sie davon in Kenntnis setzte, daß ihnen die Urne mit der Asche des Toten gegen Erstattung des Portos zugehen würde.

356
357

Berichte über Folterungen und Mord in den KZ wie *»Hirne hinter Stacheldraht«* [355] wurden von der NS-Presse, obwohl nachweislich wahr, als »Greuelpropaganda« abgetan. Der *›Simplicissimus‹*, der sich der Parteilinie unterworfen hatte, brachte dazu Karikaturen von Ferdinand Spiegel [356] und E. Schilling [357].

358

Das Werk eines gotischen Bildhauers inspirierte John Heartfield zu seiner stärksten antifaschistischen Anklage, einer Photomontage aus dem Jahre 1934: *»Wie im Mittelalter – so im Dritten Reich«*. Obwohl Heartfields Photomontage aus seinem Prager Exil nach Deutschland geschmuggelt wurde, erreichten Darstellungen wie diese niemals die breite Masse, für die sie bestimmt
359 waren.

360

361
362

»Der Marsch ins Grab« – eine der prophetischen Lithographien, mit der A. Paul Weber Ernst Niekischs Schrift *»Hitler – ein deutsches Verhängnis«* aus dem Jahre 1923 illustriert hat [360].
Klingers Buch *»Volk in Ketten«* wurde 1934 von einem antifaschistischen Exilverlag in Karlsbad veröffentlicht [361].
»Frauen unterm Beil«, ebenfalls in Prag veröffentlicht, karikiert Joseph Goebbels' Ausspruch: »Im Dritten Reich wird die deutsche Frau endlich den ihr zustehenden Platz finden!« [362]
Diese und andere Karikaturen wurden für die Verbreitung durch den antifaschistischen Widerstand in Deutschland und für den Verkauf überall in Europa gedruckt.

Volksaufklärung

363

Joseph Goebbels spricht 1936 auf einer Kundgebung zur Feier des 10. Jahrestags seiner Ernennung zum Gauleiter von Berlin [363/364]. Goebbels, der talentierteste Redner unter Hitlers Paladinen, stellte die moderne Kommunikationstechnik in den Dienst von Hitlers Programm. »Die Diktatur Hitlers«, sagte Albert Speer in Nürnberg aus, »war die erste Diktatur eines Industriestaates dieser Zeit moderner Technik, eine Diktatur, die sich zur Beherrschung des eigenen Volkes der technischen Mittel in vollkommener Weise bediente . . . Durch Mittel der Technik, wie Rundfunk und Lautsprecher, konnten 80 Millionen Menschen dem Willen eines einzelnen hörig gemacht werden.«

364

Paul Klee, der kurz nach der Machtübernahme in die Schweiz emigriert war, karikierte Hitler in einer Federzeichnung mit dem Titel *»Ein Stammtischler«* [365].
John Heartfield, *»Ich führe Euch herrlichen Pleiten entgegen!«*, veröffentlicht in Prag [366].
Roger Roy, *»Der Friedensengel breitet vor Kanonen die Flügel aus«* – ein Kommentar zu Hitlers Reden zur Außenpolitik [367].
Goebbels als Anführer einer Mordtruppe der SA und als endloser »Tag- und Nacht-Sender«: zwei Karikaturen, veröffentlich in der antifaschistischen Widerstandsbewegung außerhalb Deutschlands [368, 370].
Eine andere im Ausland erschienene Karikatur aus dem Jahr 1934 zeigt SA-Taktiken: Schlägertrupps werden bei Parteiaufmärschen eingesetzt, um spontanen Enthusiasmus der Menschen zu erzeugen [369].
Das entsprach jedoch nicht der Wirklichkeit. Die Menschenmengen, die sich zu den Aufmärschen nationalsozialistischer Formationen drängten, brauchten niemals zu »Heil Hitler!« und »Sieg Heil!« auf diese Weise gezwungen zu werden.

365
366

367
368

369
370

371

Dank dem billigen Volksempfänger von RM 35,– stieg die Zahl der Rundfunkteilnehmer in Deutschland von 4½ Millionen im Jahre 1933 auf 16 Millionen im Jahre 1942; außerdem wurden dort, wo keine privaten Empfänger vorhanden waren, Hörgemeinschaften eingerichtet. Die Bilder auf dieser Seite sollten zeigen, daß der Reichsrundfunk für jeden etwas zu bieten hatte – für BDM-Mädchen und Hitlerjungen [372/373], für Soldaten der Wehrmacht [374], für die Landbevölkerung [375]. Hitler, hier aufgenommen bei einer frühen Rundfunkansprache [376], machte sich das Medium rasch zunutze. Das Plakat des Reichspropagandaministeriums [371] übertrieb ausnahmsweise einmal nicht.

372

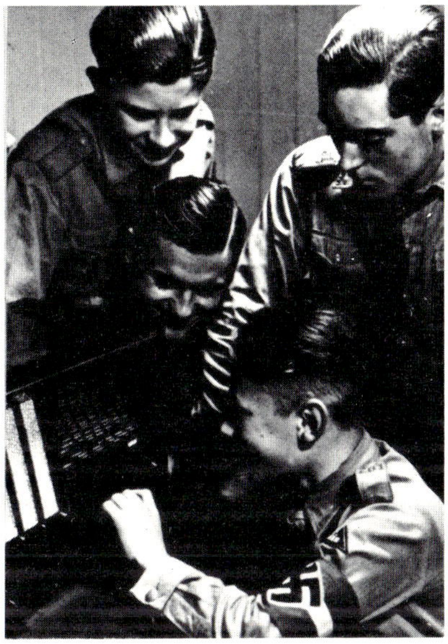

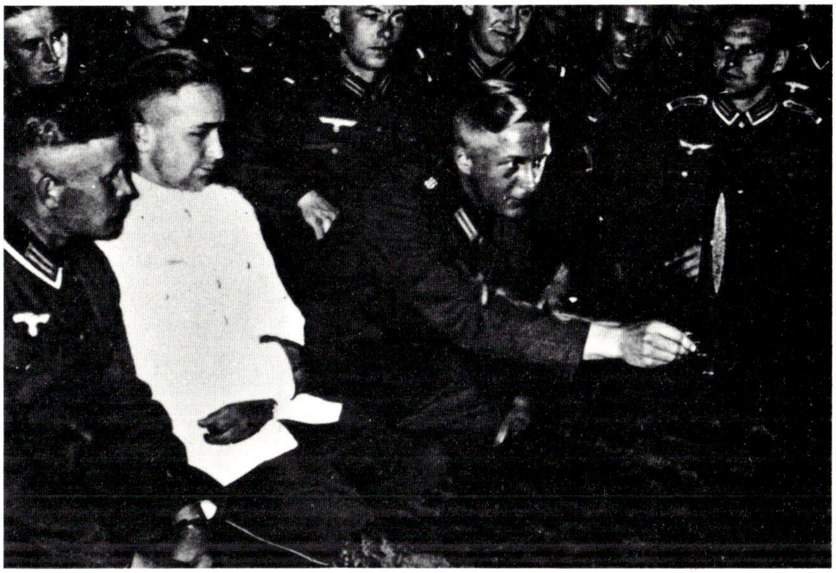

373
374

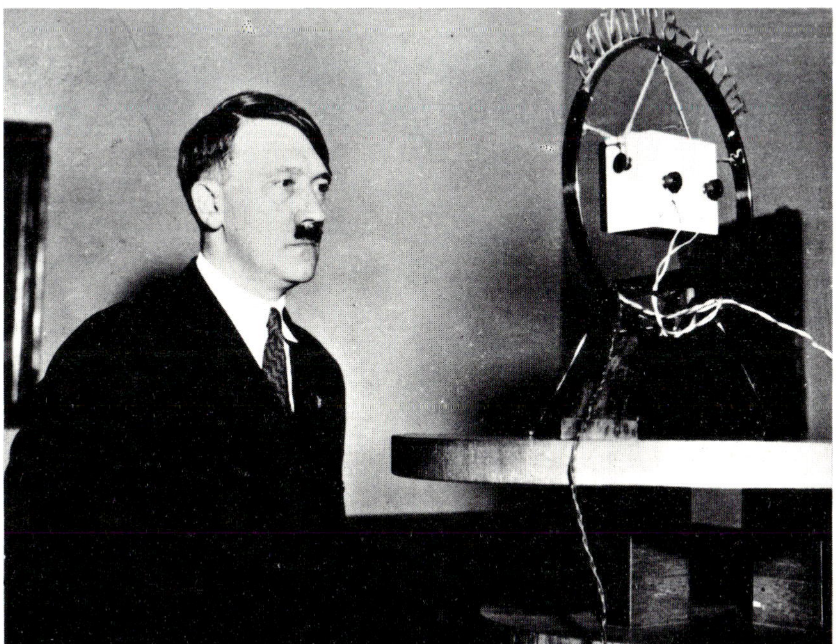

375
376

Arbeitsdienst

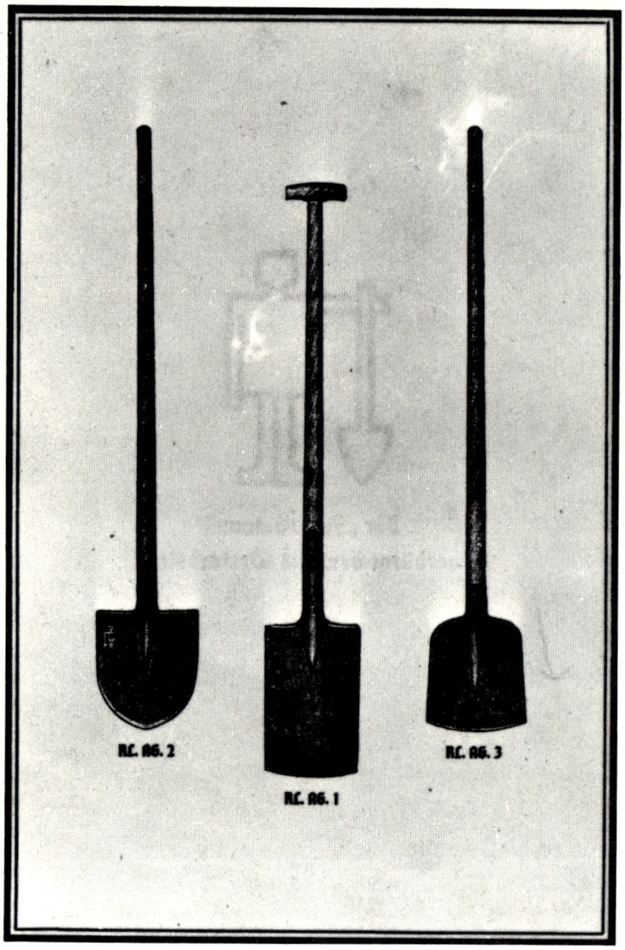

394

395
396

Drei Spaten waren im Handbuch des Reichsarbeitsdiensts abgebildet: Werkzeug und Symbol dieser Organisation [394].
»Arbeitsdienstkunst« verherrlichte das Ideal der Arbeit im Dienst des Volkes [395, 396, 399].
100 000 Arbeitsdienstmänner marschierten im »Heer der Arbeit« in den Aufmärschen der Reichsparteitage [397].

Szenen aus einem Propagandafilm für den Reichsarbeitsdienst [398]. Adolf Hitler beim ersten Spatenstich [401], mit dem er den Bau des ersten Streckenabschnitts der Reichsautobahnen – München-Landesgrenze – freigab.

397

398

399
400
401

Wie weiland Münchhausen am eigenen Schopf aus dem Sumpf zieht sich der deutsche Arbeiter an den eigenen Stiefellatschen aus der wirtschaftlichen Misere, meint der *›Simplicissimus‹*.

Die Zukunft gehört euch

Die Postkarte »Ein Kinderblick« [402] war typisch für die vielen Aufnahmen, die die »Vaterfigur« Hitler zeigten (wie auch in Malbüchern [403]) und in der NS-Propaganda eine große Rolle spielten. In diesem Fall wurde später bekannt, daß der Enkel eines Rabbiners »dem Führer in die Augen geblickt hatte«.

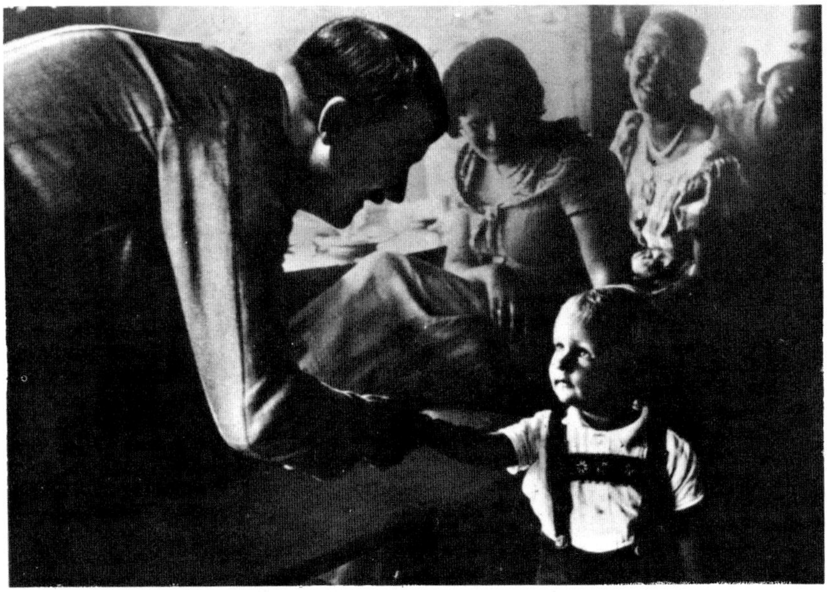

402

Mein Führer!

(Das Kind spricht:)

Ich kenne dich wohl und habe dich lieb
wie Vater und Mutter.
Ich will dir immer gehorsam sein
wie Vater und Mutter.
Und wenn ich groß bin, helfe ich dir
wie Vater und Mutter,
Und freuen sollst du dich an mir
wie Vater und Mutter!

403

1934: Ein vorbildliches deutsches Ehepaar mit seinem kleinen Sohn, der bereits wie der Vater die Uniform des Nationalsozialistischen Kraftfahrerkorps (NSKK) trägt und den »deutschen Gruß« erlernt [404].

Reichsjugendführer Baldur von Schirach zeigt Hitler das Modell einer Jugendherberge für die Hitlerjugend (1937) [407].

404
405

406

Eine der Hauptaufgaben des Reichsjugendführers war es, die Jugendbewegungen außerhalb der HJ »gleichzuschalten«, in die Staatsjugend zu »überführen« [406] und paramilitärisch ausbilden zu lassen [405].

407

408

»Von der Jugend hängt die Zukunft des deutschen Volkes ab«, erklärte das Hitlerjugendgesetz vom 1. Dezember 1936. »Die gesamte deutsche Jugend muß deshalb auf ihre künftigen Pflichten vorbereitet werden....

§ 1. Die gesamte deutsche Jugend innerhalb des Reichsgebietes ist in der Hitlerjugend zusammengefaßt.

§ 2. Die gesamte deutsche Jugend ist außer im Elternhaus und Schule in der Hitlerjugend körperlich, geistig und sittlich im Geiste des Nationalsozialismus zum Dienst am Volk und zur Volksgemeinschaft zu erziehen....«

Aufruf zur Spende für den Bau von Jugendherbergen [408].

Ausschnitte aus Propagandafilmen der späten dreißiger Jahre [409].

409

Weltanschauliche Schulung

410

411

412

413
414

Pimpfe leisten den Treueeid auf die Hitlerjugend [410].
»Pimpf im Dienst«, das offizielle Handbuch der Pimpfe des »Deutschen Jungvolks in der HJ« (Jungen von zehn bis vierzehn Jahren) [412].
Laut Parteipropaganda vereinte sich jung und alt in bedingungsloser Hingabe zu Adolf Hitler [411].
Für Kinder begann die weltanschauliche Schulung im Kindergarten mit Malbüchern und Ausschneidebögen [413, 415].
Das Kinderbuch *»Der Giftpilz«* wurde vom ›*Stürmer*‹ veröffentlicht [414].

415

Frauen

Landdienst der HJ
Gebiet Westfalen (9)
Gruppe Offelten 9/59
Weltanschauliche Frage
der männlichen und weiblichen Jugend
Reichskampf 1937

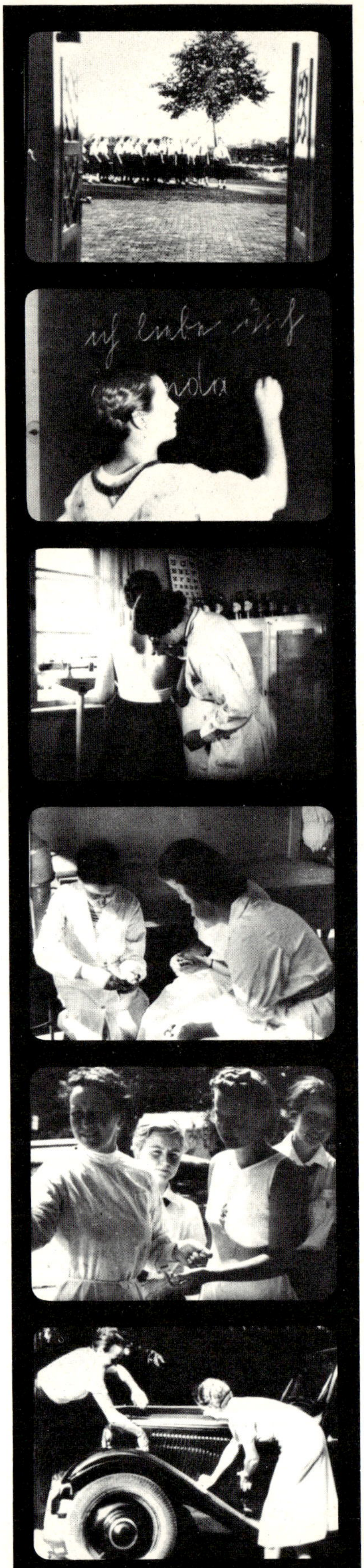

Jedes Kind, das geboren werde, so erklärte Hitler, sei »eine Schlacht, die sie [die Frau] besteht für Sein oder Nichtsein ihres Volkes«. Die Nationalsozialisten lehnten die Rechte ab, die die Frauen in der Weimarer Republik errungen hatten und drängten sie aus den Berufen. Die Frau sollte keine Konkurrentin für den Mann im Beruf sein, sondern Kinder in die Welt setzen. Die Mutter, so hieß es, garantiere die »Verewigung des Volkes«. Geburtenfreudigkeit wurde mit dem Mutterkreuz belohnt: in Bronze für mehr als vier, in Silber für mehr als sechs, in Gold für mehr als acht Kinder.

Ein Lehrfilm der Hitlerjugend [416] zeigt die Tätigkeiten, die für eine junge deutsche Frau als angemessen betrachtet wurden – Laufen, Marschieren, weltanschauliche Schulung, Kochen, Backen, Kinderpflege, Nähen und Saubermachen. (»Die deutsche Frau raucht nicht!«). Im Zuge der Wiederaufrüstung mußten die Frauen aber wieder in die Berufe zurückkehren.

BDM-Mädchen beim täglichen Waldlauf [417].
Gertrud Scholtz-Klink, Führerin der NS-Frauenschaft [418].

417

418

Von Stadt zu Stadt

419

Hitler am Fenster seines Salonwagens, den er bei seinen häufigen Fahrten zwischen Berlin und München benutzte [419].

Anfangs wurde der Wagen an die fahrplanmäßigen Züge angekoppelt, später hatte Hitler einen eigenen Sonderzug. »Dieser Zug sowie die beiden Flugzeuge, die zu seiner Verfügung standen, begleiteten uns stets«, berichtete sein ehemaliger Diener Karl Wilhelm Krause. »Wenn wir mit dem Auto reisten, mußten uns Zug und Flugzeug immer folgen.«
Bei einem Besuch in Düsseldorf besichtigt Hitler ein Brückenmodell für das wachsende Autobahnnetz [420] (die Aufnahme entstand 1937). Rechts von ihm Reichsminister für Bewaffnung und Munition, Fritz Todt, und ganz rechts Albert Speer.

420

421

422

Erstaunlich geringe Sicherheitsmaßnahmen wurden ergriffen, wenn Hitler im offenen Wagen fuhr. Er benutzte stets einen Mercedes-Benz [423]. Der erste Hausherr des Reiches freut sich über ein Speiseservice für 48 Personen, ein Geschenk des ungarischen Reichsverwesers Nikolaus Horthy [421]. Hitler bei einem Essen für 1200 ›alte Kämpfer‹ am Weihnachtsabend des Jahres 1935 in München [422].

423

Der Lichtdom

Hitler spricht auf dem »Parteitag der Ehre« 1936 in Nürnberg. Rings um das Aufmarschgelände stehen die von der Luftwaffe ausgeliehenen Flakscheinwerfer, mit denen Albert Speer seinen »Lichtdom« [424] schuf. Nach dem Besuch des Parteitags, schreibt William Shirer, »konnte [man] erkennen, daß Hitler . . . eine im

424

deutschen Volk seit langem aufgestaute dynamische Kraft von unberechenbaren Ausmaßen entfesselt hatte«.
Ein Fackelzug der Hitlerjugend beendet eine Parteikundgebung in Landsberg a. L. im Jahre 1938 [425].

425

Der Marsch zur Feldherrnhalle

Jährlich wurde im Gedenken an die sechzehn ›Blutopfer der Bewegung‹, die der November-Putsch 1923 gefordert hatte, der historische »Marsch auf die Feldherrnhalle« in München von den ›alten Kämpfern‹ schweigend wiederholt. Anschließend wurden an den ehernen Sarkophagen in den Ehrentempeln am »Königlichen Platz« Kränze niedergelegt [426].
Hitler und die ›Träger der Blutorden‹ mit der ›Blutfahne‹ vor dem »Mahnmal« an der Feldherrnhalle; vorn Julius Streicher [427].

426

427

»Sieg Heil«

Bilder vom Massenenthusiasmus bei Aufmärschen und Kundgebungen in Köln und Nürnberg, Wien und Berlin. Durch Musikkapellen und Sprechchöre »Sieg Heil!« oder »Wir wollen unseren Führer sehn!« eingestimmt, putschte sich die Menschenmenge häufig bis zur Massenhysterie auf. Mit der Zeit wurden die Parteipropagandisten im Umgang mit Menschenmengen so erfahren, daß ein Berliner Begrüßungskomitee für einen hochdekorierten Soldaten beispielsweise »NS-Jubel dritte Stufe« anordnen konnte.

428

429

2. SONDERHEFT
PREIS 1 MARK
Berliner Illustrirte Zeitung
LUDWIG HOHLWEIN
MÜNCHEN
RICHT
und Bild
„Die 16 olympischen Tage“

430

431

432

433

Die Olympischen Spiele 1936 in Berlin waren Anlaß für eine gewaltige NS-Propagandakampagne: Hitler (mit Goebbels und Göring) [433] nahm reges Interesse an den Erfolgen der deutschen Olympia-Mannschaft, obgleich die Triumphe des schwarzen US-Läufers Jesse Owens [432] ein peinlicher Gegenbeweis für die Theorie von der Überlegenheit der arischen Rasse waren. Bilder aus Leni Riefenstahls Dokumentarfilm über die Spiele [431].

434

Wiederaufrüstung

Die »Wiederwehrhaftmachung« beherrschte die gewaltige Propagandaausstellung der NSDAP »Gebt uns vier Jahre Zeit!«, 1937, in Berlin. Schaustücke der Luftwaffe und Artillerie waren unter anderem vor einer überdimensionalen Photomontage aufgestellt, die eine disziplinierte Jugend zeigte, entschlossen, im nächsten Krieg für das ›Dritte Reich‹ zu kämpfen [434].
Schnappschüsse von einem Manöver der »jungen Wehrmacht« [435].

435

Manöver

»Die Durchführung des Rüstungsprogramms nach Tempo und Ausmaß ist *die* Aufgabe der deutschen Politik«, schrieb Hjalmar Schacht am 3. Mai 1935 in einer persönlichen Denkschrift für Hitler. Die Wiederaufrüstung war für Hitler die vordringlichste Aufgabe. Am 17. Dezember 1936 erklärte Göring in einer geheimen Rede vor Industriellen und hohen Beamten, daß die Wiederaufrüstung ohne jede Beschränkung vorgenommen würde. »Es gäbe nur Sieg oder Untergang . . .«, heißt es im Protokoll. »Wir stünden in einer Zeit, in der sich die letzten Auseinandersetzungen ankündigten. Wir stehen bereits in der Mobilmachung und im Krieg, es wird nur noch nicht geschossen.«

436

437

Hitler inspiziert im August 1935 die ersten, in Deutschland gebauten U-Boote (was eine Verletzung des Versailler Vertrags darstellte) [436] und den Kreuzer »Schleswig-Holstein«. Am Tag der deutschen Wehrmacht, 1935, ziehen hier die ersten Einheiten der neuen motorisierten Artillerie an ihm vorüber [437]. Die Filmausschnitte zeigen Hitler mit seinen Generalen bei Manövern des Heeres und der noch in den Anfängen der Aufrüstung steckenden Luftwaffe [438].

438

Volkswagen und Autobahnen

439

Obgleich ein Autobahnnetz schon in der Weimarer Republik geplant worden war und 1932 in der Strecke Bonn—Köln seine erste Realisierung erfahren hatte, konnte sich Hitler das Verdienst zuschreiben, seinen Bau in großem Stil begonnen zu haben. 1934 steht in Oberbayern einer der ersten Bauabschnitte kurz vor der Fertigstellung [439]. Am 26. Mai 1938 wurde der Grundstein für das Volkswagenwerk gelegt [440, 441]. 28 Gemeinden in der Nähe von Fallersleben wurden zu einem Industriezentrum zusammengefaßt, das den für Hitler charakteristischen Namen Wolfsburg erhielt. In seiner Rede zur Grundsteinlegung versprach Hitler, die Motorisierungsprobleme Deutschlands zu lösen. Wagen und Werk sollten ein »Symbol der nationalsozialistischen Volksgemeinschaft« darstellen.

440

441

Kirche und Staat

442

Der ›*Simplicissimus*‹ vom 16. Juli 1933 bringt auf dem Titelblatt Olaf Gulbranssons Kommentar zur Auflösung der katholischen Zentrumspartei. Gottes Hand greift herab und gebietet dem Zug der Priester Einhalt, die Wahlplakate tragen [442]. Protestanten und Katholiken konnten nicht neutral bleiben, das NS-Regime verfolgte sie und zwang sie, mit ihm zusammenzuarbeiten – das Hakenkreuz auf dem Weihnachtsbaum überstrahlt Kreuz und Hirten [443].
Ein Teil der protestantischen Landeskirchen war auf die Linie des von den Nationalsozialisten favorisierten Reichsbischofs Ludwig Müller (genannt »Reibi«) eingeschwenkt, eifrigster Führer der Glaubensbewegung »Deutsche Christen«, die von fanatischen Nationalsozialisten 1932 gegründet worden war.
John Heartfield karikierte ihn: *»Der Reichsbischof richtet das Christentum aus«:* »He, der Mann da, das Kruzifix etwas weiter nach rechts!« [445].
Wahlplakat für die Reichstagsneuwahl am 12. November 1933, mit dem noch zögernde Katholiken für Hitler gewonnen werden sollten [446].
92 % der Wahlberechtigten gaben ihre Stimmen für die einzige Liste ab (auf der außer den NSDAP-Mitgliedern noch Hugenberg und ein halbes Dutzend Parteilose standen). Gleichzeitig fand der Volksentscheid über den Austritt Deutschlands aus dem Völkerbund statt, den 95 % der befragten Bevölkerung billigten.
Eine antifaschistische Karikaturenfolge stellt die Entwicklung der deutschen Kirche dar – vom orthodoxen Luthertum über die nordisch-mythologische Phase bis zum SA-Kasernenstil. [444].

443
444

Das Justizwesen des Dritten Reiches wird auf das NS-Regime eingeschworen [447]. Im Oktober 1936 geloben Richter und Angestellte der Berliner Gerichte Hitler die Treue und bekunden ihre Einsatzbereitschaft tur dle »nationalsozialistische Revolution«. Als Symbol für ihre Gleichschaltung tragen sie fortan den »Hoheitsadler« auf der Richterrobe.

445
446

447

»Lebensraum«

Hitler dankt am Morgen des 15. Januar 1935 Gauleiter Bürckel für den »Saarsieg« [449]. In einer Volksabstimmung haben sich 90 % der Bevölkerung des Saarlandes für den Anschluß entschieden.

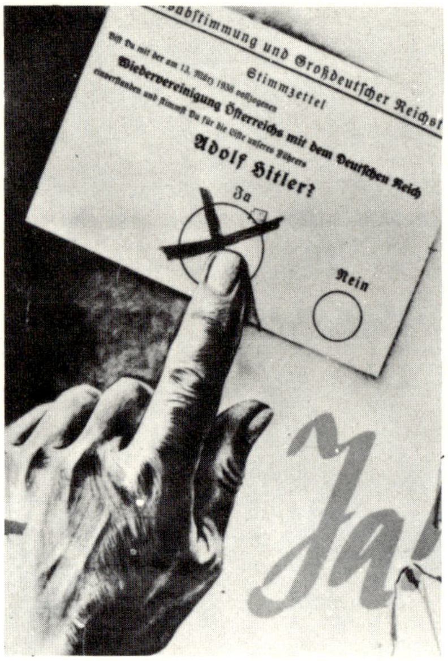

448
449

450

Am 11./12. März 1938 überschreiten deutsche Truppen die österreichische Grenze [451].
Wahlplakate für die Volksabstimmung in Österreich am 10. April 1938 [448]. 99,73 % Österreicher stimmten mit »Ja«.

Vom 1. bis 10. Oktober 1938 besetzt die deutsche Wehrmacht (hier die Stadt Policka) [450] in Konsequenz des Münchner Abkommens das Sudetenland. Am 23. September 1938 fand in Bad Godesberg die zweite Krisenkonferenz zwischen Chamberlain und Hitler statt [452]. Ein halbes Jahr später bricht Hitler das Münchner Abkommen: deutsche Soldaten in Prag im März 1939 [453].

451

452
453

Achse Berlin-Rom

454

Wochenschauaufnahmen vom Münchner Staatsbesuch Mussolinis im September 1937 [457]. Mussolini in Karinhall im Gespräch mit Göring; links von ihm Reichsminister Hans Frank und Emmy Göring [455]. Im Mai 1939, während seines Staatsbesuchs in Italien, besichtigt Hitler mit Prinz Colonna das Colosseum in Rom [454]. Die *»Anti-Marx-Brothers«* – ein holländischer Beitrag zu dem Bündnis, nachdem Mussolini am 6. November 1937 den ›Antikomintern-Pakt‹ unterzeichnet hatte. [456].

455
456

457

Kraft durch Freude
Reisesparkarte
Kraft durch Freude
Kraft durch Freude
Reisesparkarte
von Axster-Heudtlaß
Auch Du kannst jetzt reisen!
Besorge Dir noch heute eine Reisesparkarte der NSG Kraft durch Freude. Der KdF-Wart Deines Betriebes und folgende Stellen geben sie kostenlos aus: Bank der Deutschen Arbeit alle öffentlichen Sparkassen Genossenschaftskassen (DGV und Raiffeisen) Thüringische Staatsbank

471

472

Arische Idealphysiognomien, u. a. Blätter von Just [475] und Willrich [474, 477].

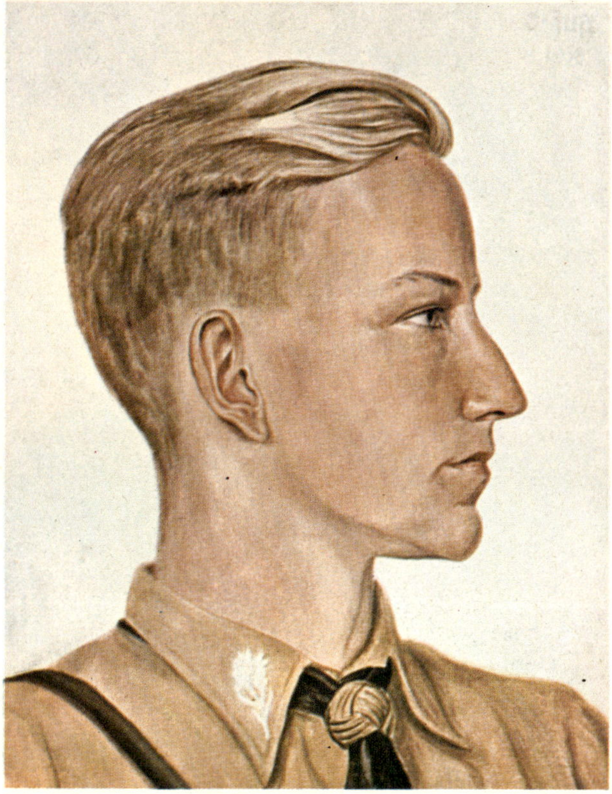

473
474

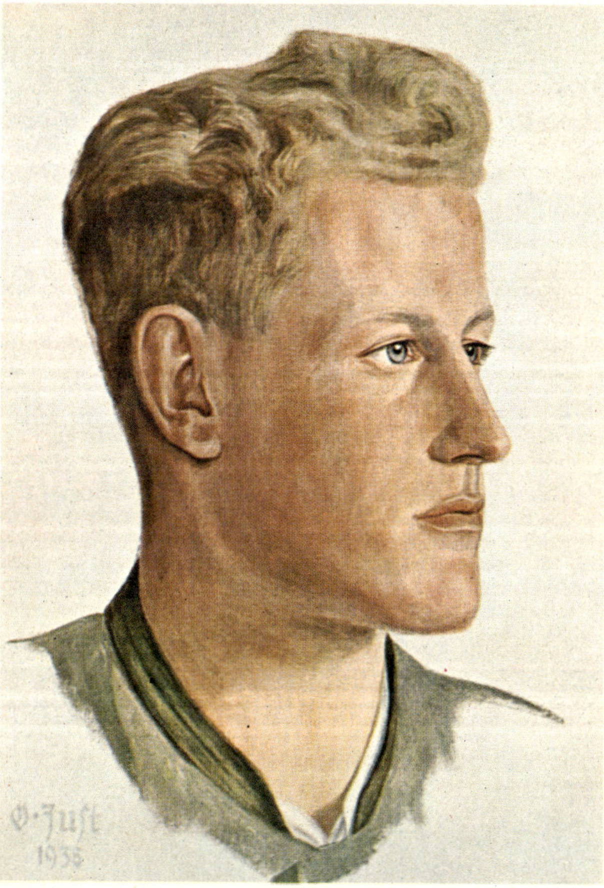

475
476

477

Schreibers rassenkundliche Ansch

Bearbeitet vo

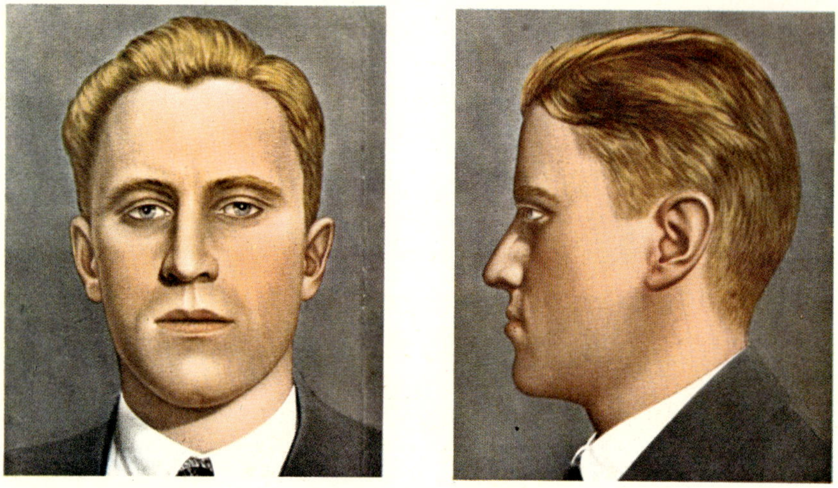

Nordisch

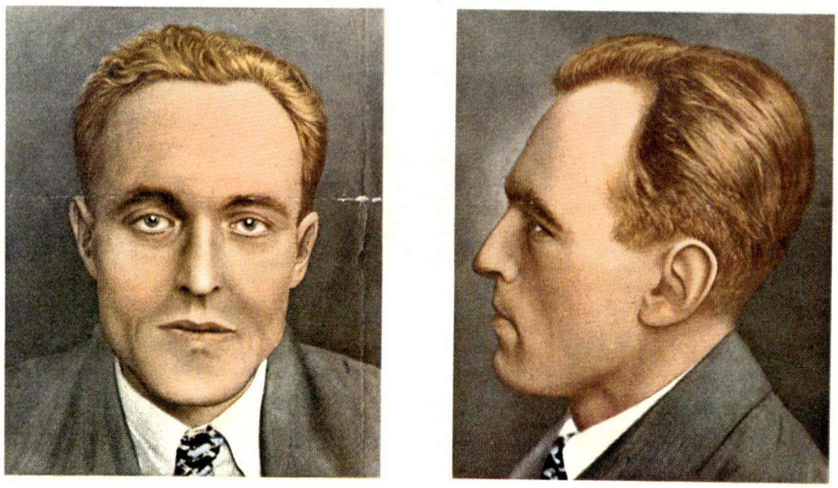

Fälisch

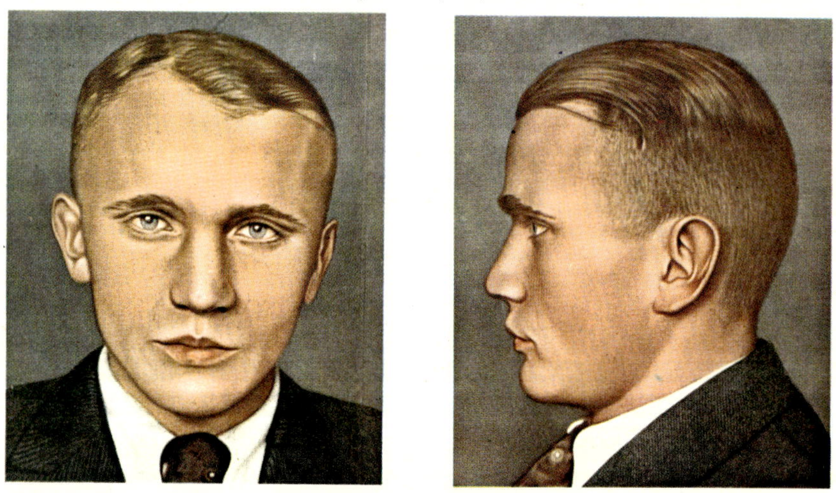

Ostbaltisch

ngstafel: Deutsche Rassenköpfe

: Alfred Eydt

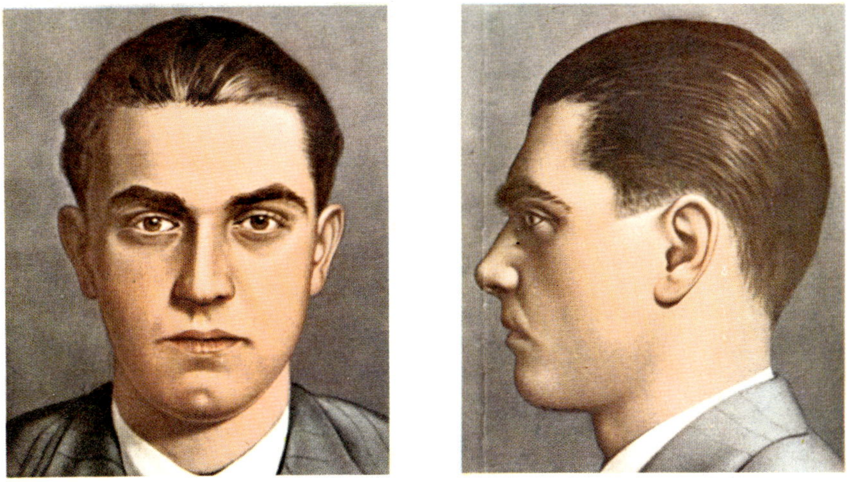

Westisch

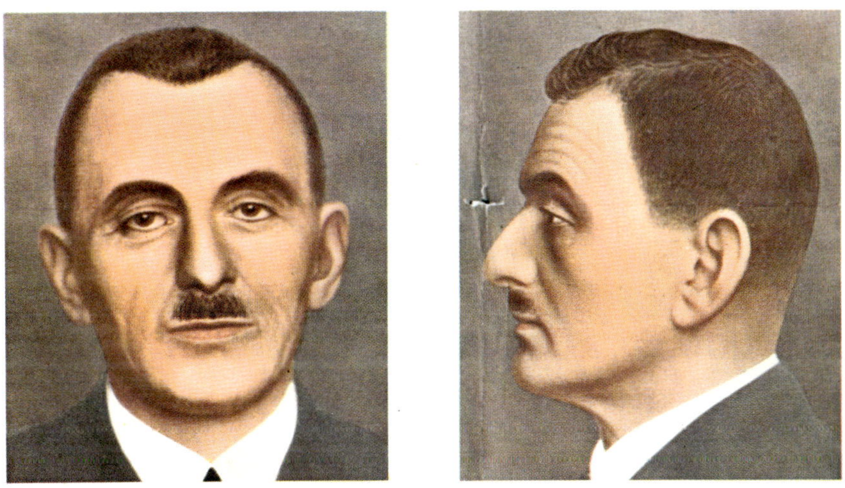

Dinarisch

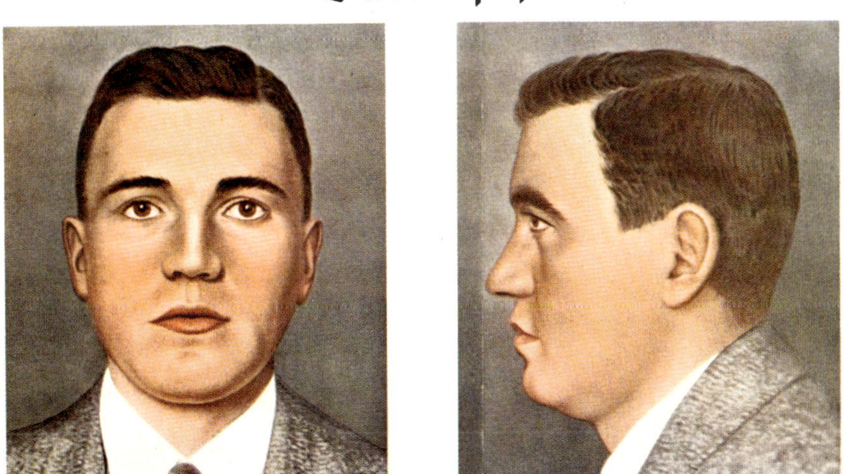

Ostisch

Wie der reinrassige Arier aussehen sollte: Teutonische Typen für den Schulgebrauch, zusammengestellt von Dr. Alfred Eydt. Diese Kategorien sind fiktiv und in der wissenschaftlichen Anthropologie nicht vertreten: Nordisch, Fälisch (in Westfalen), Ostbaltisch, Westisch (im Rheinland), Dinarisch (in Österreich), Ostisch (baltische Gebiete).

478

479 Vier Seiten aus dem von Julius Streicher herausgegebenen Kinderbuch *»Trau keinem Fuchs auf grüner Heid'«*. In der Einleitung wird der stolze, blonde Arier, »der arbeiten und kämpfen kann«, dem häßlichen, schwarzen Juden gegenübergestellt, »dem größten Schuft im ganzen Reich« [479].

480 Die Schule ist aus. Jüdische Kinder und auch ein jüdischer Lehrer werden verjagt, damit »Zucht und Ordnung« richtig gelehrt werden können [480].

Julius Streicher bekommt von seinen jungen Bewunderern zum Dank dafür, daß er sie gelehrt hat, was es bedeutet, »ein Jude zu sein und ein Deutscher zu sein«, einen Blumenstrauß [481]. 481

Die Juden werden ins Exil geschickt, während ein fröhlicher arischer Junge ein Abschiedslied auf dem Akkordeon spielt [482].

482

Dienstmarken 1934: Hakenkreuze feiern das NS-Regime [483].

483

484
485
486

Luftpostmarken 1935 [484]. Trauermarke 1934 zum Tode von Hindenburg [485].

Das Saarland als leuchtender Kohleklumpen (1934) und die Briefmarke, die zum Anschluß des Saarlands an das Reich erschien (1935) [486]. Deutsche bei der Arbeit, eine Serie aus dem Jahre 1934 [487].

487

Ein Pimpf bläst zum »Welttreffen der H.J.«, 1935, auf [488]. Eine Eisenbahn-Serie, 1935 [489], und eine Serie, die der NS-Monumentalarchitektur gewidmet war [490].

488

489
490

Briefmarken aus den Jahren 1936 bis 1938 [491].

491

492

Sondermarken zum Geburtstag Hitlers, 1937 und 1938 [492]. Serie zu den Olympischen Spielen 1936 [493].

Hitler, der prophetische Führer, auf einer Wohlfahrtsmarke [494]. Postkarte zum Bückeburger Erntedankfest, 1938 [496].

493
494

Sondermarken Breslau, 1938 [495].

495
496

539

497

Der Krieg in Agfacolor; Bilder aus dem Zweiten Weltkrieg, wie sie von der Wehrmacht und vom Propagandaministerium für die »Heimatfront« freigegeben wurden [497].

Hitlers Arbeitszimmer in der Reichskanzlei nach der Eroberung Berlins durch die Rote Armee, Mai 1945 [498].

498

499

5 Kulturpolitik

»Das war ein Vorspiel nur; dort, wo man Bücher verbrennt, verbrennt man auch am Ende Menschen.«[1]
Heinrich Heine

Im Mai 1939, weniger als vier Monate vor Hitlers Überfall auf Polen, versteigerte eine Kunstgalerie in Luzern 125 Kunstwerke, die das NS-Propagandaministerium aus deutschen Museen entfernt hatte, um zu verhindern, daß sie den ›Willen des deutschen Volkes zur Kultur‹ (was immer das sein mag) noch länger korrumpierten. Viele dieser beschlagnahmten Werke waren von deutschen Expressionisten gemalt; die meisten von ihnen lebten noch. Der Auktionskatalog enthielt aber auch Maler, die wie Gauguin und van Gogh schon lange tot waren und deren Vergehen in Hitlers Augen darin bestand, zu kräftige Farben benutzt und die Formen der Natur verzerrt zu haben.
Ein Selbstporträt van Goghs aus der Münchner Staatsgalerie, heute im Fogg Museum in Harvard, erzielte wie erwartet den höchsten Preis: 175 000 Schweizer Franken. Ein Tahiti-Bild von Gauguin wurde für 80 000 Franken vom Museum in Lüttich erworben, zusammen mit James Ensors *»Masken und Tod«* und dem Bildnis der Familie Soler, das der ›heimatlose Weltbürger‹ Pablo Picasso 1903 gemalt hatte – zwei Harlekine aus seiner ›Blauen Periode‹ wechselten ebenfalls auf dieser Auktion ihre Besitzer. Ein großes Schweizer Museum, das Kunstmuseum in Basel, hatte bereits vorher seine Absicht erklärt, »diese Stücke guter künstlerischer Kultur in eine bessere und freiere Zeit hinüberzuretten«[2]. Es konnte Werke von Paul Klee, Oskar Schlemmer, André Derain und Marc Chagall ersteigern. Chagalls Bild eines russischen Rabbiners war vom Propagandaministerium wegen aller drei offiziell möglichen Gründe auf die Liste gesetzt worden: wegen des Stils, des Motivs und der Person des Malers. Auch viele andere öffentliche und private Kunstsammlungen ließen sich nicht davon abschrecken, daß diese Bilder von ihren früheren Besitzern für ›unerwünscht‹ erklärt worden waren, und erstanden zu günstigen Preisen Meisterwerke, unter anderem von Braque, Modigliani, Vlaminck, Matisse, Beckmann, Barlach, Dix, Nolde, Kirchner und Kokoschka. In der internationalen Welt der Kunstsammler fanden diese verfemten Werke natürlich sofort ihre Käufer.
Die Bilder waren vorher Eigentum der Museen von Berlin, Köln, Essen, Bremen, Wuppertal, Mannheim gewesen. Während der Weimarer Republik waren ihre Kuratoren oft viel moderner eingestellt als die im übrigen Europa. Als dann die Nationalsozialisten an die Macht kamen, wurden diese der modernen Kunst aufgeschlossen gegenüberstehenden Direktoren sofort durch zuverlässige ›Parteigenossen‹ ersetzt. Deren Ansichten über Kunst waren in einer Organisation mit dem fragwürdigen Namen ›Kampfbund für die Deutsche Kultur‹ geschult worden, an dessen Spitze Hitlers Chefideologe Alfred Rosenberg stand. Direktor des berühmten Essener Folkwang Museums wurde zum Beispiel der Dr. phil. und SS-Sturmbannführer Klaus Graf Baudissin. Sein wichtigster Beitrag zur Kunstgeschichte bestand in der These: »Die vollkommenste Form, das herrlichste Gebilde,

das im Ablauf der letzten Epoche geschaffen wurde, erstand nicht in den Ateliers unserer Künstler und nicht für unsere Kunstausstellungen«, sondern es war »der Stahlhelm, den die stürmenden grauen Kolonnen trugen«[3].
Graf Baudissin gehörte auch einer Kommission von Experten an, die ›unerwünschte‹ Kunstwerke aufstöberte und in ein Berliner Warenhaus bringen ließ, in dem Goebbels schließlich über 12 000 Werke sogenannter ›entarteter Kunst‹ stapelte; 10 Prozent davon waren Ölgemälde, der Rest Skulpturen, Zeichnungen, Drucke und Aquarelle. Von diesen waren nur einige der berühmtesten Stücke zur Auktion nach Luzern geschickt worden, wo sie dem NS-Regime eine halbe Million Mark in dringend benötigter ausländischer Währung einbrachten. Andere wurden privat von Generalfeldmarschall Göring requiriert. Er machte nicht viel Aufhebens davon, ob etwas ›entartet‹ war oder nicht, besonders, wenn es sich dabei um van Goghs und Cézannes handelte. Er war bekannt dafür, daß er Bilder gegen Wandteppiche eintauschte, die dann als weitere Kunstwerke sein Jagdschloß Karinhall zierten. Einige Bilder, darunter vierzehn von Edvard Munch, die nach Oslo gingen, wurden zu Spottpreisen an private Kunsthändler verkauft; eine Straßenszene von Kirchner etwa für 160 Dollar, eine Landschaft von Beckmann für 20 Dollar, ein Nolde-Aquarell für 10 Dollar, usw.
Die ›Kommission zur Verwertung der beschlagnahmten Werke entarteter Kunst‹ hatte 1939 noch über 5000 Werke. Auf das Drängen ihres Direktors Dr. Franz Hofmann und auf persönliche Anordnung von Goebbels hin wurden diese Bilder und Skulpturen am 20. März 1939 unter den pflichtbewußten Augen der Berliner Feuerwehr feierlich verbrannt.
In der Geschichte der Kunst hat es schon andere große ›Freudenfeuer‹ gegeben, doch fanden diese meistens mitten im Krieg statt, etwa als in alter Zeit die Barbaren von ihren Bergen kamen und Städte mit höherer Zivilisation wie Rom, Delhi oder Konstantinopel plünderten. In neueren Zeiten gibt es aber wohl nichts Vergleichbares zu dem Vorgehen der NS-Regierung, die in Friedenszeiten Kunstschätze des eigenen Landes aus rein ideologischen Erwägungen in Massen brandschatzte. Während der berüchtigten Bücherverbrennungen von 1933 hatten die Nationalsozialisten bereits die deutschen Bibliotheksbestände stark dezimiert. Allgemein wurde dies nur als ein symbolischer Akt angesehen, obwohl zur selben Zeit tonnenweise ›unerwünschte‹ Literatur eingeäschert wurde. Darunter befanden sich nicht nur die Gesammelten Werke von Sigmund Freud und Karl Marx, sondern auch Erich Kästners *»Emil und die Detektive«* und Erich Maria Remarques *»Im Westen nichts Neues«*.
Bücherverbrennungen wurden am 10. Mai 1933 in allen größeren Städten und Universitätsstädten von Studenten in Braunhemden, die ›gegen den undeutschen Geist angetreten waren‹, vorgenommen und von Professoren und Rektoren ihrer Universitäten geleitet; in München sogar vom bayerischen Kultusminister persönlich. In Berlin beschrieb Goebbels, während Studenten Bücher in die Flammen warfen, die Aktion vor der Menge und den Kameras der Wochenschauen als »eine Handlung, die vor aller Welt dokumentieren soll: hier sinkt die geistige Grundlage der Novemberrepublik zu Boden. Aus diesen Trümmern wird sich siegreich erheben der Phönix eines neuen Geistes . . . Das Alte liegt in den Flammen. Das Neue wird aus der Flamme unseres eigenen Herzens wiederemporsteigen.«[4]

Im folgenden Jahr wurden die Bücherverbote organisiert. Über 4000 Titel waren von mehr als 40 verschiedenen Regierungsstellen auf die schwarze Liste gesetzt worden. An der nun anstehenden Aufgabe, allgemeine Kriterien für solche Verbote zu entwickeln, beteiligten sich die findigsten Bürokratenköpfe Deutschlands. Dr. Wolfgang Hermann erklärte den Bibliothekaren in seinen *»Richtlinien zur Säuberung der Volksbüchereien«*[5], schwarze Listen seien ›*literaturpolitische*‹ Waffen im Kampf gegen den wahren Feind: ›Asphaltliteratur‹ und ›Kulturbolschewismus‹.

»Die . . . gesperrten Bücher sind am praktischsten in drei Gruppen einzuteilen: Gruppe 1 fällt der Vernichtung (Autodafé) anheim, z. B. Remarque. Gruppe 2 kommt in den Giftschrank (z. B. Lenin). Gruppe 3 enthält die zweifelhaften Fälle, die eingehend zu prüfen sind, ob später zu Gruppe 1 oder 2 gehörig (z. B. Traven).«[6]

Dieser Hang, Kunstwerke und Literatur zunächst zu klassifizieren und dann zu zerstören, machte den eigentlichen Kern der nationalsozialistischen Kulturpolitik aus. Psychologisch gesehen waren die Bücherverbrennungen die erste Probe für Auschwitz. Sie setzten sich in Polen fort, als Bücher, Bilder, Denkmäler und ganze Paläste im Namen der kulturellen Überlegenheit Deutschlands zerstört wurden. Und schließlich in Frankreich, wenn auch viel geheimer. Dort hatte Rosenbergs ›Kampfbund‹ die Aufgabe, jüdische und herrenlose Kunstwerke aufzustöbern. Mit fünf- bis sechshundert Bildern u. a. von Miró, Picabia, Klee, Max Ernst, Picasso, Léger machten sie dann im Garten neben dem Jeu de Paume-Museum des Louvre ihr Freudenfeuer.

Verglichen mit den anderen Verbrechen in der Geschichte des Nationalsozialismus mögen diese Vorfälle relativ harmlos erscheinen. In den Überlegungen der »kleinen Männer mit den starken Körpern, Stiernacken, gestutzten Haaren, dicken Bäuchen, braunen Uniformen und schweren Stiefeln«[7], wie William Shirer 600 Abgeordnete der NSDAP in seinem Berliner Tagebuch von 1936 lebhaft beschreibt, nahmen Fragen der Kunst und Kultur sicherlich keinen bedeutenden Platz ein. Aber für Hitler und einige seiner engsten Mitarbeiter gehörte die *Kulturpolitik* zu den wichtigsten Aufgaben. Ihrer Meinung nach wurde die ›Jahrhundertschlacht der *Weltanschauungen*‹ im Bereich der Künste ausgetragen; dem Feind durfte also hier keine Entfaltungsmöglichkeit gelassen werden. Die Nationalsozialisten machten sich deshalb auch neben all ihren anderen Zielen ernsthaft und entschlossen an den Versuch, eine neue Kultur für Deutschland zu schaffen, eine Kultur, die insbesondere die Nation dabei unterstützen sollte, die vorherrschende Macht in Europa zu werden.

Aus der sicheren Perspektive der siebziger Jahre ist es für uns heute leicht, die Ergebnisse dieser Kulturpolitik als eine lächerliche Mischung aus Bosheit und Unfähigkeit abzutun. Die Tatsache aber bleibt, daß die nationalsozialistischen Kulturvorstellungen vor vierzig Jahren nicht nur von den »specknackigen, kurzgeschorenen und braungekleideten Jasagern«[8], die Shirer im Reichstag beobachtet hatte, begeistert aufgenommen wurden, sondern gerade auch von Künstlern und Intellektuellen, von Schriftstellern, wie zum Beispiel Gottfried Benn, der die Herrschaft der Nationalsozialisten zu Beginn für kurze Zeit begrüßt hatte, weil »eine herrschaftliche Rasse nur aus fruchtbaren und gewaltsamen Anfängen emporwachsen kann«[9].

Von Anfang an hatte Hitler immer wieder darauf hingewiesen, daß sein Programm nichts weniger als eine ›gewaltige kulturelle Revolution für Deutschland‹ bedeutete, die eine »neue künstlerische Renaissance des arischen Menschen«[10] mit sich bringen würde. Am 23. März 1933, in einer seiner ersten größeren Reden als Reichskanzler, kündigte er als vordringliche Aufgabe an, den Einfluß der ›pazifistisch-internationalistischen Demokratien‹ auszuschalten und einen neuen Geist germanischen Heldentums in die Kunst zu bringen: »Blut und Rasse werden wieder zur Quelle der künstlerischen Intuition werden.«[11]

In einer Rede auf der Kulturtagung der NSDAP am 1. September desselben Jahres erklärte Hitler, daß »die Erreichung der politischen Macht nur die Voraussetzung für den Beginn der Erfüllung ihrer eigentlichen Mission« sei. Die nationalsozialistische Weltanschauung würde notwendigerweise zu einem neuen »Ausgangspunkt für die Stellungnahme zu allen Erscheinungen und Vorgängen des Lebens«[12] werden und neue Formen in der Kunst hervorbringen. Griechen und Römer, die arischen Völker des Altertums, hätten die stilistischen Vorbilder geschaffen, an denen die heutigen arischen Künstler neu anknüpfen könnten. Jedes politisch heroische Zeitalter hätte sich in echten kulturellen Leistungen ausgedrückt, genau wie sie unter den Nationalsozialisten wieder hervorgebracht würden. Das vergangene System habe seinen Ausdruck gefunden in dem »kubistisch-dadaistischen Primitivitätskult«[13] von Scharlatanen und in einer Architektur von Flachköpfen (er meint das Bauhaus), die in ärztliche Verwahrung oder ins Gefängnis gehörten. »Die Kunst ist eine erhabene und zum Fanatismus verpflichtende Mission«[14], mahnte er. Die deutschen Künstler müßten sich der Aufgabe bewußt sein, »die stolzeste Verteidigung des deutschen Volkes mit zu übernehmen durch die deutsche Kunst«[15].

Hitlers Vorstellungen von deutscher Kultur waren neu eigentlich nur in ihrer Vehemenz und Heftigkeit. Was bei Hegel eine gedankliche Konstruktion gewesen war, daß nämlich »die germanischen Völker ... die Fähigkeit in sich haben, die Träger des höheren Prinzips des Geistes zu sein«[16]; bei Nietzsche ein visionäres Ideal, die Vorstellung von einem Übermenschen, der die willenlose Masse beherrscht; eine ›private‹ Wahnvorstellung bei Richard Wagner, der Schmähschriften gegen die Juden verfaßte und sich gleichzeitig um Hermann Levi als Dirigenten für die *»Parsifal«*-Premiere bemühte, wurde bei Hitler zu einem weitreichenden politischen Programm. Mit der begeisterten Einseitigkeit eines Psychopathen betrachtete Hitler die Welt durch das verzerrte Prisma seiner rassistischen Wahnvorstellungen und seines kleinbürgerlichen Geschmacks; alles, was er las oder im Theater sah, verstärkte nur seine Vorurteile.

»Sie müssen übrigens den Parsifal ganz anders verstehen, als er so gemeinhin interpretiert wird [erklärte er einmal Hermann Rauschning] ... Hinter der abgeschmackten, christlich aufgeputzten äußeren Fabel mit ihrem Karfreitagszauber erscheint etwas ganz anderes als der eigentliche Gegenstand dieses tiefsinnigen Dramas. Nicht die Christlich-Schopenhauersche Mitgliedsreligion wird verherrlicht, sondern das reine, adlige Blut, das in seiner Reinheit zu hüten und zu verherrlichen sich die Bruderschaft der Wissenden zusammengefunden hat. Da leidet der König an dem unheilbaren Siechtum, dem verdorbenen Blut ... Wir alle leiden an dem Siechtum des gemischten, verdorbenen Blutes. Wie können wir uns reinigen und sühnen?«[17]

Für die Kunstwerke seines Jahrhunderts hatte Hitler weder Interesse noch Verständnis. Daß Deutschland gerade seine große expressionistische Renaissance erlebt hatte, war ihm völlig entgangen oder rief nur grenzenlosen Haß in ihm hervor. Die außergewöhnlich fruchtbare Kultur der Weimarer Zeit wurde von den Nationalsozialisten verbannt. Ein anderer Diktator hätte vielleicht versucht, eine solche Gruppe von Künstlern und Intellektuellen – wenn auch nur als Aushängeschild – für seine Sache zu gewinnen, für Hitler aber waren Klee, Hindemith, Brecht und all die anderen, ob Juden oder nicht, ›Kulturbolschewisten‹ und deshalb seiner Verachtung gewiß. Es schien, als hätten die Nationalsozialisten kaum den Tag erwarten können, an dem sie über den Staatsapparat verfügen und ihre Werke zerstören konnten. Als die NSDAP 1930 nach dem Wahlsieg bei den thüringischen Landtagswahlen zum erstenmal Regierungsgewalt besaß, feierte sie ihren Sieg mit der Zerstörung von Oskar Schlemmers hervorragenden Wandgemälden und Reliefs in einem der früheren Weimarer Bauhaus-Gebäude. Schlemmer war ein sensibler Mann. Traurig notierte er in seinem Tagebuch:
»Das Furchtbare, die Kulturreaktion, liegt darin, daß es sich hier nicht um die Verfolgung von Werken politischer Tendenz handelt, sondern um rein künstlerische, ästhetische Werke, die, lediglich weil sie neuartig, andersartig, eigenwillig sind, gleichgesetzt werden mit ›Bolschewismus‹. Gerade beim Bildersturm im Weimarer Museum wurden Künstler betroffen, an deren echtestem Deutsch der Gesinnung und Empfindung kein Zweifel bestehen kann.«[18]
Einige Expressionisten, die in ihrem Patriotismus Aspekte von Hitlers Programm bewunderten, versuchten zunächst, sich mit den Nationalsozialisten zu arrangieren. Emil Nolde war sogar in den ersten Jahren Parteimitglied geworden und dachte nun, daß er als ›alter Kämpfer‹ ein Anrecht auf eine besondere Behandlung habe. Aber auch seine Werke wurden wie die anderen der Lächerlichkeit preisgegeben und beschlagnahmt; er selbst sogar später mit einem ›*Berufsausübungsverbot*‹ belegt (was ihn aber nicht daran hinderte, während des Krieges heimlich einige seiner besten Bilder zu malen). Als die Preußische Akademie den armen Ernst Ludwig Kirchner, dessen Nerven schon im Ersten Weltkrieg stark zerrüttet worden waren, zum Austritt drängte, schrieb er voller Naivität an deren Präsident: »Ich bin weder Jude noch Sozialdemokrat noch sonst politisch tätig gewesen, und ich habe auch sonst ein reines Gewissen.«[19] Als man ihn trotzdem ausschloß, schrieb er: »Ich bin doch kein Feind. Wenn ich gesund wäre, würde ich ja so gern mitarbeiten am Aufbau einer neuen deutschen Kunst. Ich habe ja mein ganzes Leben hindurch daran gearbeitet und bin oft genug dafür angefeindet worden ... das wird man früher oder später einmal einsehen.«[20] Doch solche Beteuerungen konnten die amtlichen Stellen nicht beeindrucken. Über sechshundert Werke von ihm wurden aus den öffentlichen Kunstsammlungen entfernt, einige davon auf der Ausstellung ›Entartete Kunst‹ 1937 in München gezeigt. Als er die dauernden Schmähungen nicht mehr ertragen konnte, zerstörte er 1938 in Davos in einem Anfall von Wahnsinn einige seiner Bilder und beging anschließend Selbstmord.
Zu Beginn der ›Kultursäuberung‹ hatten ein paar nachdenkliche Mitglieder der nationalsozialistischen Studentenschaft ihre Vorgesetzten davon zu überzeugen versucht, daß der Expressionismus zu den größten deutschen

Leistungen gehöre. Da unter den führenden Künstlern keiner jüdischer Abstammung sei, sollte ihre Kunst geehrt statt gebrandmarkt werden. Habe Mussolini in Italien nicht die Futuristen genauso eingeschätzt und sie gefördert? Diese Bewegung für eine »modernistische, totale nationalsozialistiche Revolution«[21] konnte zunächst einige Erfolge verzeichnen; Goebbels soll sogar ein oder zwei Bilder von Nolde in seiner Wohnung aufgehängt haben. Doch bereits 1934 wurde sie auf dem Parteitag in Nürnberg im Keim erstickt. Völlig außer sich warnte Hitler vor den »Kunstverderbern« und »dem ganzen Kulturgestotter« von Kubisten, Futuristen, Dadaisten usw., das »weder rassisch begründet noch völkisch erträglich«[22] sei.

Zu dieser Zeit befanden sich nur noch wenige der großen ›Kunstverderber‹ in Deutschland; sie waren über die ganze Welt verstreut. »Praktisch jeder, der in der Weltmeinung als Vertreter der deutschen Kultur vor 1933 galt, ist heute Flüchtling«[23], schrieb Dorothy Thompson. Juden und Modernisten wurden aus der Akademie ausgeschlossen, von Lehrstühlen verjagt, aus allen öffentlichen Anstalten entlassen, manchmal sogar verhaftet und in Konzentrationslager gebracht. Der expressionistische Dichter Erich Mühsam wurde im berüchtigten Lager von Oranienburg gefoltert und ermordet – ein frühes Beispiel für die SS-Techniken, die später in den Vernichtungslagern alltäglich praktiziert werden sollten. Dem pazifistischen Schriftsteller Carl von Ossietzky wurde der Friedensnobelpreis verliehen, als er bereits im KZ war. Ein Vertreter des Roten Kreuzes, der sich nach seinem Befinden erkundigen sollte, berichtete, daß die SS-Wachtposten ihm »ein zitterndes, totenblasses Etwas« gezeigt hatten, »ein Wesen, das gefühllos zu sein schien, ein Auge geschwollen, die Zähne anscheinend eingeschlagen; er schleppte ein gebrochenes, schlecht ausgeheiltes Bein nach. Ich ging ihm entgegen, reichte ihm die Hand, die er nicht ergriff.«[24] Durch die Verleihung des Friedensnobelpreises war Ossietzky international zu berühmt geworden, als daß man ihn hätte weiter in Haft halten oder heimlich ermorden können; stattdessen wurde er in ein öffentliches Krankenhaus eingeliefert, wo er 1938 unter Gestapoaufsicht starb.

Die meisten anderen hatten mehr Glück. Paul Klee war in die Schweiz gegangen, nachdem er von einem seiner talentiertesten Schüler an der Düsseldorfer Kunstakademie denunziert worden war. Er hatte heimlich an einem Zyklus von zweihundert Zeichnungen gearbeitet, die die Brutalität der Nationalsozialisten darstellen sollten. Eine Hausdurchsuchung bei Klee förderte die Zeichnungen nicht zutage, und da er sie auch nicht hinausschmuggeln konnte, sind sie wahrscheinlich verschollen. Bertolt Brecht verließ das Land nach dem Reichstagsbrand und schrieb im Exil seine aphoristischen Gedichte und einige seiner besten Theaterstücke: *»Mutter Courage«*, *»Galileo Galilei«* und *»Der gute Mensch von Sezuan«*. Thomas Mann war wie Albert Einstein gerade auf einer Vortragsreise im Ausland, als die Nationalsozialisten an die Macht kamen; beide kehrten nicht zurück. Heinrich Mann trat als Präsident der Abteilung für Dichtung in der Preußischen Akademie der Künste zurück, blieb aber weiter in Berlin, bis ihn der französische Botschafter auf einer Party warnte, »den Pariser Platz zu überqueren«. Mann verstand den Hinweis und stieg, ohne sich Zeit für das Packen seiner Sachen zu lassen, in den nächsten Zug nach Paris. Walter Benjamin ging nach Ibiza, dann nach Paris, wo er seine umfangreiche, aber nicht beendete Studie über das Frankreich des 19. Jahrhunderts schrieb; während der Besetzung Frankreichs durch die deutschen Truppen wurde er von der Gestapo verfolgt, und als ihm jeder Ausweg durch die spanische Polizei versperrt war, beging er an der Grenze in den Pyrenäen Selbstmord.

Viele Emigranten wählten ihren Exilort nicht weit genug von Deutschland entfernt. Kurt Schwitters floh von Hannover nach Norwegen – von wo er nach dem Überfall auf Oslo 1940 wieder fliehen mußte. In zwei Monaten schlug er sich nach dem noch unbesetzten arktischen Norden durch. Von dort gelangte er mit einem Eisbrecher nach England. Als Angehöriger eines feindlichen Staates wurde er interniert und erst nach mehr als einem Jahr freigelassen. Auch Max Beckmann wurde von der deutschen Invasion eingeholt, nachdem er bereits drei Jahre in Amsterdam gelebt hatte. Am 4. Mai 1940 begann er ein neues Heft seiner Tagebücher »... im Stadium der vollkommensten Unsicherheit über meine Existenz und den Zustand unseres Planeten. Chaos und Unordnung, wohin man blickt ... Amerika wartet auf mich mit einem Job in Chikago, und das hiesige amerikanische Consulat gibt mir kein Visum ... Bei alledem den Kopf hochzuhalten ist nicht einfach, und es ist eigentlich ein Wunder, daß ich überhaupt noch existiere.«[25]

Während ein Jude an seiner Stelle in die Vernichtungslager ›heimgeholt‹ worden wäre, durfte Beckmann bis zum Ende des Krieges weiter in Amsterdam leben und unbehelligt malen. Nach dem Krieg konnte er endlich nach Amerika gehen. Es ging jedoch nicht nur darum, die eigene Haut zu retten. Für alle war es ein traumatisches Erlebnis, die Ohnmacht der Kunst gegenüber der nackten Gewalt zu spüren und hilflos mit anzusehen, wie eine Kultur zerstört wurde, die zum großen Teil von ihnen selbst mit geschaffen worden war. Daß sie dem Zwang und der Gewalt nachgeben mußten, verletzte sie zutiefst. »Wie unrecht, wie schäbig, erbärmlich ist es, hier wegzulaufen und seine persönliche Sicherheit zu suchen. Verflucht, daß man in diese Lage gekommen ist, fliehen zu müssen, fliehen, abermals fliehen. Welch schändliches, unwürdiges Los. Wer hat mich dahin gebracht.«[26] Die meisten verließen Deutschland nur zögernd, ungläubig dem gegenüber, was in Deutschland geschah.

Tucholsky, ›der Heine des 20. Jahrhunderts‹, der die Schwächen der Weimarer Republik mit seinen beißenden Pamphleten und Satiren unerbittlich bekämpft hatte, verstummte im Exil mehr und mehr. »Man kann nicht schreiben, wo man nur noch verachtet«[27], schrieb er einem Freund kurz vor seinem Selbstmord in Schweden. Anders Thomas Mann, der einfach nicht länger schweigen konnte, wie noch zu Beginn seines Exils: »Ich meinte ... das Recht auf ein Schweigen verdient zu haben, das es mir ermöglichen würde, etwas mir herzlich Wichtiges, den Kontakt mit meinem innerdeutschen Publikum, aufrechtzuerhalten«, schrieb er aus der Schweiz, als ihm die Universität Bonn seinen Ehrendoktortitel 1937 aberkannte. »So meine Vorsätze. Sie waren undurchführbar. Ich hätte nicht leben, nicht arbeiten können, ich wäre erstickt ... ohne von Zeit zu Zeit meiner unergründlichen Abscheu vor dem, was zu Hause in elenden Worten und elenden Taten geschah, unverhohlenen Ausdruck zu geben.«[28]

Die Künstler, die die innere Emigration gewählt hatten, weil sie ihre Heimat nicht verlassen konnten oder wollten, hatten schwere Zeiten zu bestehen. Ernst Barlach, der immer als der ›deutscheste‹ Bildhauer gegolten hatte, bis er für *volksfremd* erklärt wurde, wies standhaft jeden Gedanken an Auswanderung von sich. Er fühlte sich zu tief mit dem Boden Mecklenburgs verwachsen. »Ich werde auf meinem Posten bleiben, welche Konsequenzen auch immer das haben mag«[29], sagte er zu dem örtlichen Beamten. Dafür machten sie ihm das Leben so schwer, daß er bald ein Gefangener in seinem eigenen Haus war. Wenige Jahre, bevor er 1938 an einem Herzleiden starb, das sich durch die ständigen Belästigungen verschlimmert hatte, hatte er bereits einem Freund geschrieben: »Die frisch geordnete Weltepoche bekommt mir nicht, mein Kahn sinkt und sinkt immer rapider, die Zeit ist abzusehen, wo ich ersaufe; ... ich bin nicht national aufgeputzt, unvölkisch frisiert, Lärm erschreckt mich; ... «[30]

Für diejenigen, die gewillt waren, mit den Nationalsozialisten zusammenzuarbeiten – und das war die große Mehrheit derer, die geblieben waren –, übernahm Goebbels freudig die Rolle des »guten Schutzpatrons der deutschen Kunst und Kultur auf allen Gebieten«[31]. Jeder Künstler mußte Mitglied in einer der sechs Kammern – Reichsschrifttumskammer, Reichspressekammer, Reichsrundfunkkammer, Reichstheaterkammer, Reichsmusikkammer, Reichskammer der bildenden Künste – sein, die in der Reichskulturkammer zusammengefaßt waren. Wer nicht Mitglied war, wurde mit Berufsverbot belegt. In der Reichskammer der bildenden Künste gab es allein 42 000 ›Kunstarbeiter‹, darunter 14 000 geprüfte Maler, 3000 Bildhauer und 15 000 Architekten – alle, zumindest der Theorie nach, im Einsatz für die »totale Mobilmachung des deutschen Menschen«[32].

Der erste sichtbare Beweis für diese Theorie, daß die Kunst die Fortsetzung der Politik mit anderen Mitteln sei, war 1937 die feierliche Eröffnung des ›Hauses der deutschen Kunst‹ in München. In der ersten Ausstellung gab es 900 von Hitler selbst ausgewählte Werke zu sehen, die von dem ›gesunden Zustand des heutigen Deutschland‹ zeugen sollten. Den größten Eindruck der Ausstellung machten die polierten Skulpturen von Arno Breker, die riesigen Statuen von Professor Josef Thorak und die ›Nackten‹ von Hitlers Lieblingsmaler Adolf Ziegler, der auch Präsident der ›Reichskammer der bildenden Künste‹ war. Nirgends gab es den Beweis für die Kreativität des Nationalsozialismus, die Gottfried Benn als die leidenschaftliche Alternative zum Rationalismus begrüßt hatte: das »mythische Kollektiv« des anthropologisch Tieferen, »diese überirdische Macht der Welt, mächtiger als das Eisen, mächtiger als das Licht, immer in der Rufweite der Größe und im Flügelschlagen einer transzendenten Tat«[33].

Göring kaufte, stahl, beschlagnahmte und tauschte Kunstwerke im Wert von über einer Million Mark für seine private Kunstsammlung, die er bereits zu Beginn des Krieges stolz als die beste Deutschlands bezeichnen konnte. Die letzten vier Monate des Krieges verbrachte er vergeblich damit, neue Verstecke für seine riesige Sammlung zu finden; während das Reich zusammenbrach, verfügte er immer noch über einen privaten Zug, mit dem er seine Beute in einen Eisenbahntunnel bei Berchtesgaden bringen ließ.

Daß ein solches Kulturkonzept zum Scheitern verurteilt ist, hätten die Nationalsozialisten von Anfang an wissen können, wenn sie nur ihren Nietzsche etwas sorgfältiger gelesen hätten, der in der *»Götzendämmerung«* schrieb: »Die Cultur und der Staat – man betrüge sich hierüber nicht – sind Antagonisten: ›Cultur-Staat‹ ist bloß eine moderne Idee.«[34]

Fritz Erlers Porträt von Adolf Hitler, das zu den Glanzstücken der »Großen Deutschen Kunstausstellung«, 1939, in München gehörte. 500

501

Am 27. Juli 1937 wurde in München zur gleichen Zeit, da im »Haus der Deutschen Kunst« die »Große Deutsche Kunstausstellung« vorbereitet wurde, in der nur ein paar hundert Meter entfernten Galeriestraße die große Ausstellung »entarteter Kunst« eröffnet. Hitler und Goebbels werden durch die Ausstellung geführt [502]; rechts von Hitler Professor Adolf Ziegler, Präsident der Reichskammer der bildenden Künstler, davor im hellen Anzug Heinrich Hoffmann. Hitler, aufgenommen bei einem Rundgang durch die Ausstellung, vor Bildern von Erich Heckel und Ernst Ludwig Kirchner [506].

Im Februar 1938 wanderte die Ausstellung »Entartete Kunst« von München nach Berlin [503].

Eine Seite aus dem Ausstellungskatalog, die Dix und Kirchner der Verhöhnung des Heldischen bezichtigt [504]. Das Ziel der Veranstaltung: »Sie will am Beginn eines neuen Zeitalters für das deutsche Volk an Hand von Originaldokumenten allgemein Einblick geben in das grauenhafte Schlußkapitel des Kulturzerfalls der letzten Jahrzehnte vor der großen Wende.« Dieses Ziel hatten auch die Ausstellungen »entarteter Kunst« in den vorangegangenen Jahren (hier die Ankündigung einer solchen Ausstellung in München 1936) [501]. Die Exponate dieser Ausstellungen stammten aus den etwa 12 000 graphischen Blättern und ca. 5000 Gemälden, die damals aus Museen und öffentlichen Sammlungen in Deutschland als »entartet« beschlagnahmt und entfernt worden waren.

Bücher wie *»Kunst und Rasse«* (1928) und *»Kunst aus Blut und Boden«* (1934) von Paul Schultze-Naumburg »galten der Erneuerung des Kunstlebens aus den Kräften des Volkstums«. In einem dieser Bücher behandelte er die moderne Kunst unter den Rubriken Geisteskrankheiten und rassische Herkunft der Künstler [505].

502

503

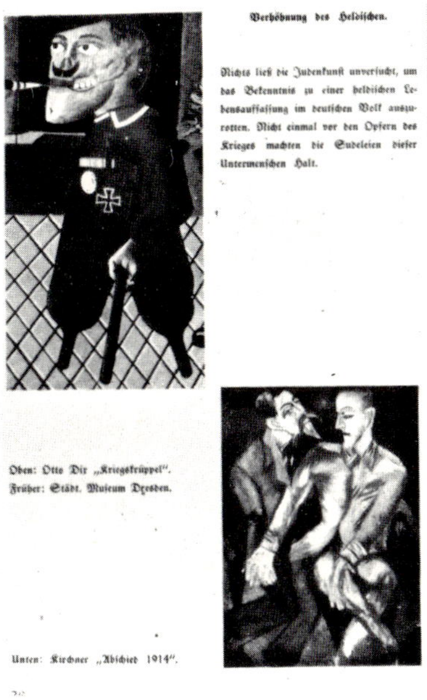

Verhöhnung des Heldischen.

Nichts ließ die Judenkunst unversucht, um das Bekenntnis zu einer heldischen Lebensauffassung im deutschen Volk auszurotten. Nicht einmal vor den Opfern des Krieges machten die Sudeleien dieser Untermenschen Halt.

Oben: Otto Dix „Kriegskrüppel". Früher: Städt. Museum Dresden.

Unten: Kirchner „Abschied 1914".

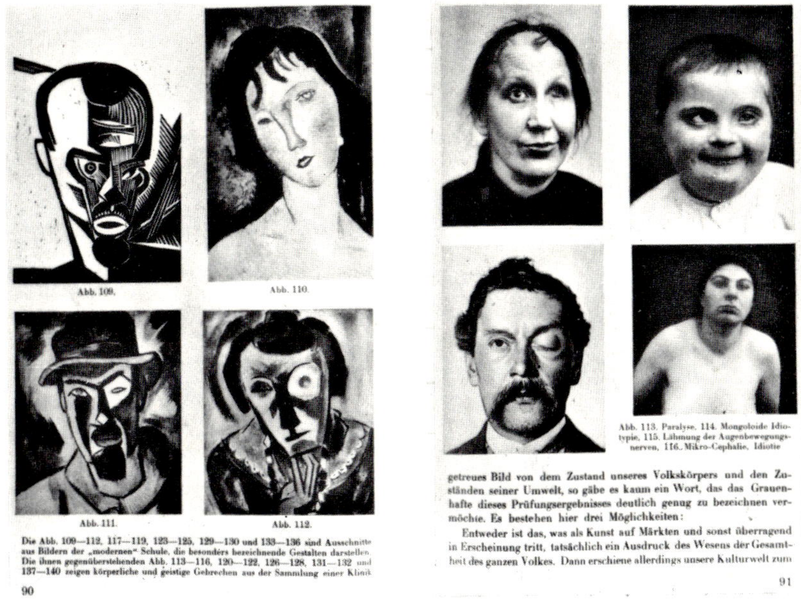

Abb. 109. Abb. 110.

Abb. 111. Abb. 112.

Die Abb. 109—112, 117—119, 123—125, 129—130 und 133—136 sind Ausschnitte aus Bildern der „modernen" Schule, die besonders bezeichnende Gestalten darstellen. Die ihnen gegenüberstehenden Abb. 113—116, 120—122, 126—128, 131—132 und 137—140 zeigen körperliche und geistige Gebrechen aus der Sammlung einer Klinik

90

Abb. 113. Paralyse, 114. Mongoloide Idiotypie, 115. Lähmung der Augenbewegungsnerven, 116. Mikro-Cephalie, Idiotie

getreues Bild von dem Zustand unseres Volkskörpers und den Zuständen seiner Umwelt, so gäbe es kaum ein Wort, das das Grauenhafte dieses Prüfungsergebnisses deutlich genug zu bezeichnen vermöchte. Es bestehen hier drei Möglichkeiten:

Entweder ist das, was als Kunst auf Märkten und sonst überragend in Erscheinung tritt, tatsächlich ein Ausdruck des Wesens der Gesamtheit des ganzen Volkes. Dann erschiene allerdings unsere Kulturwelt zum

91

504
505

506

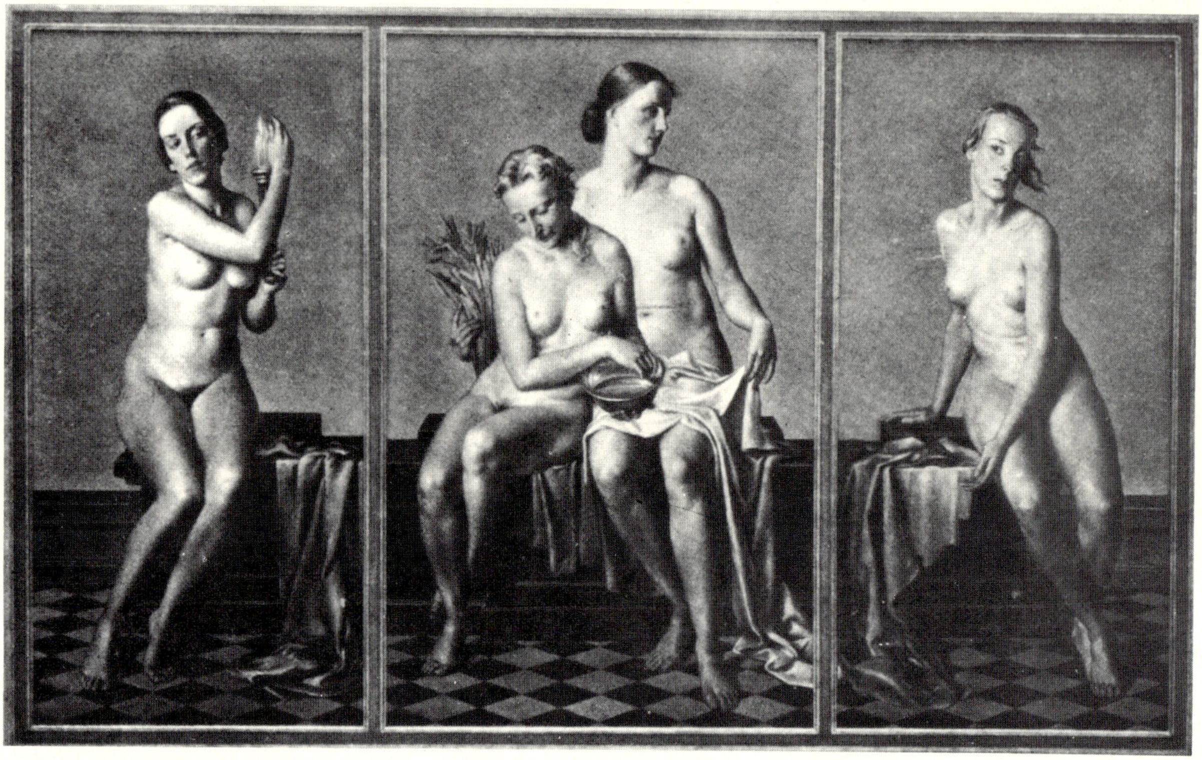

507

508

Nationalsozialistischer Realismus

Adolf Ziegler, der die persönliche Gunst Hitlers genoß, kam mit seiner Malweise dem NS-Schönheitsideal am nächsten; das Triptychon *»Die vier Elemente«* [507] und *»Das Urteil des Paris«* [508].
Hitler (begleitet von Goebbels und Himmler) bei einem Rundgang durch die »Große Deutsche Kunstausstellung« im »Haus der Deutschen Kunst«, München 1937 [509]; er hatte selber die Auswahl beaufsichtigt. Die Gruppe vor dem *»Prometheus«* des Monumentalplastikers Arno Breker [510].

509
510

Die Aufgabe des Bildhauers im ›Dritten Reich‹ bestand laut Hitler darin, »die Seele eines Volkes freizulegen ... sie in Stein sprechen zu lassen«. Hitlers Lieblingsbildhauer Arno Breker, ein Schüler von Maillol, wurde weiten Kreisen durch seine Kolossalstatuen heroischer Männer bekannt, mit denen er zum Beispiel die Neue Reichskanzlei

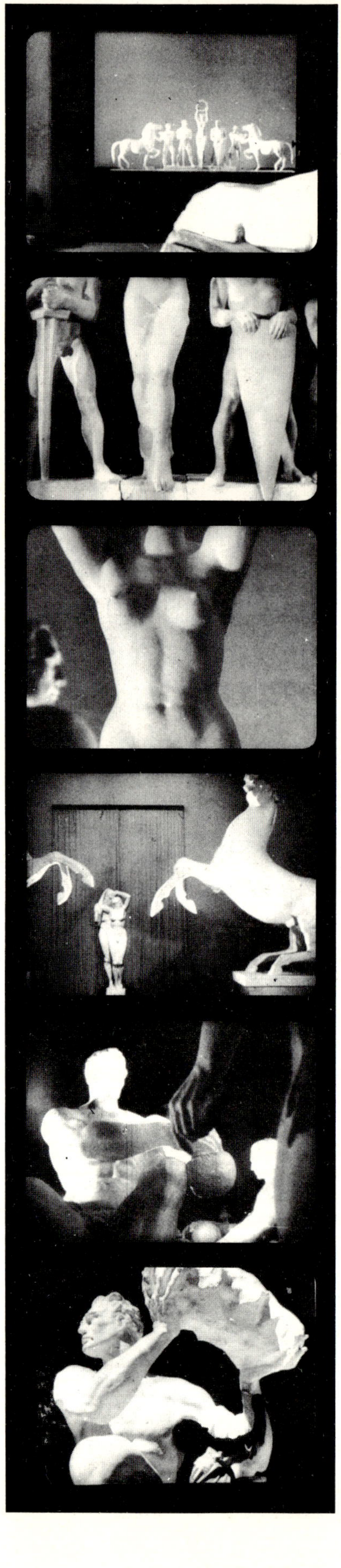

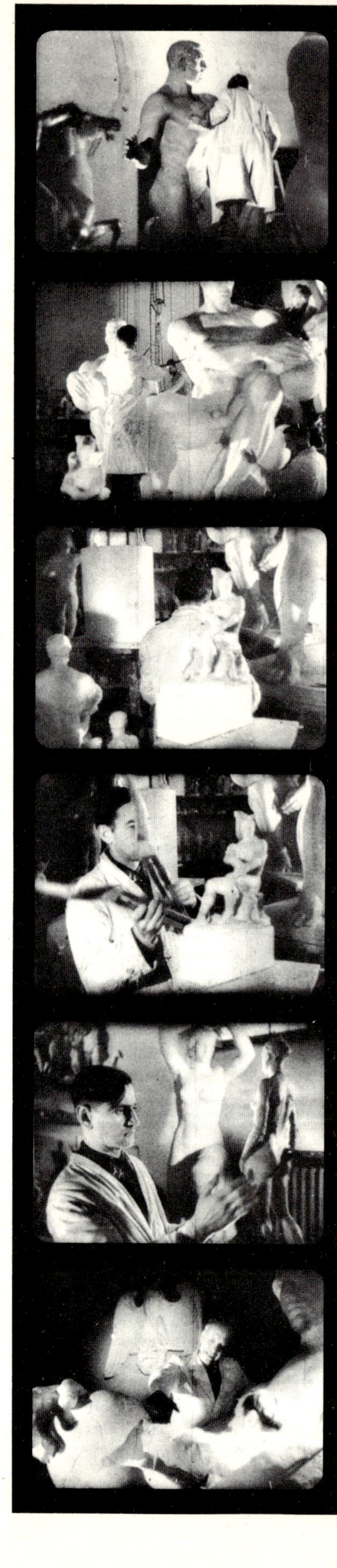

(Schwertkämpferrelief [511]) und die Tribüne des Zeppelinfeldes ausstattete. Rivale in Hitlers Gunst war der Großplastiker Adolf Thorak. Seine Mitarbeiter vergrößerten kleine Modelle zu riesigen Monumenten, in denen die Staatsideologie vom unwiderstehlichen nordisch-deutschen Menschen Triumphe feierte; sie sollten an Autobahnen und öffentlichen Bauten aufgestellt werden. Bronze-»*Oskar*« von Arno Breker [512].

511
512

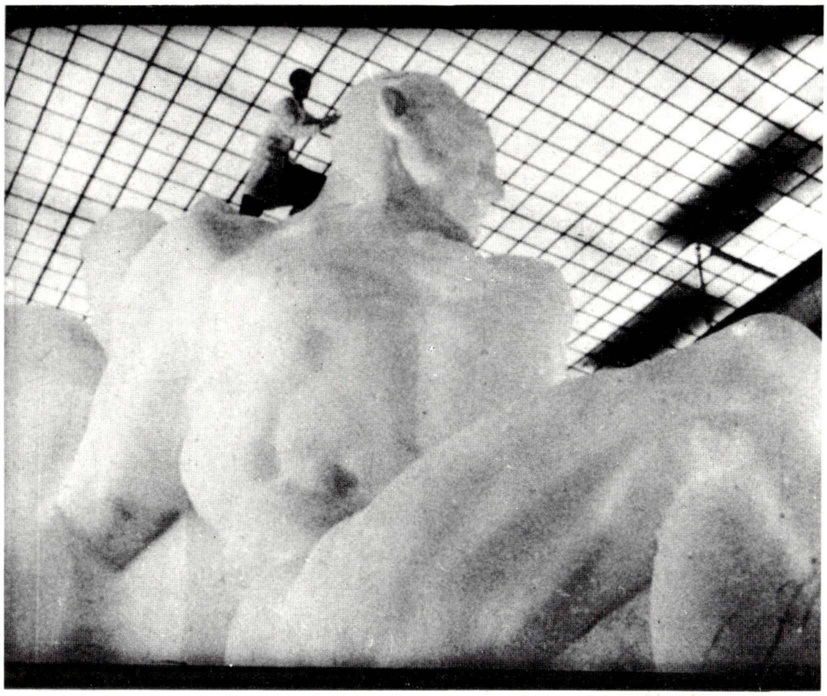

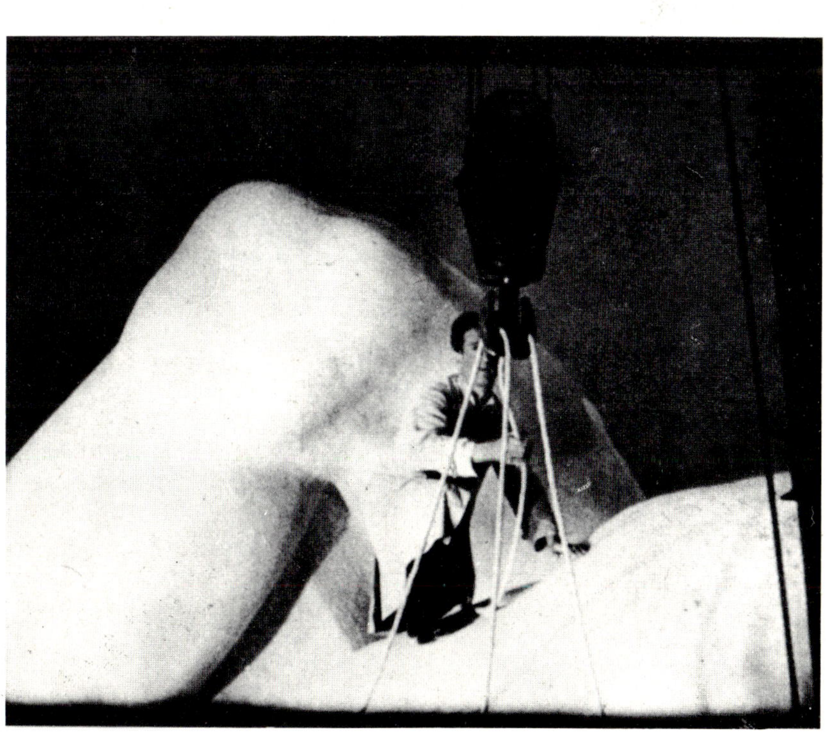

513

Porträts

514 Adolf Ziegler *»Porträtstudie Hertha«* [514].
515 Paraskewe Bereskine *»Karin Göring«* [515].

516 

Josef Vietz *»SS-Obergruppenführer Reinhard Heydrich«* [516], Chef der Sicherheitspolizei und des Sicherheitsdienstes. Vietz porträtierte Heydrich mit der Statuette eines Fechters aus der SS-Porzellanmanufaktur Allach, auf die dieser besonders stolz war.

Adolf Hitler gratuliert Generalfeldmarschall von Mackensen zu dessen 90. Geburtstag am 6. Dezember 1939; als Zeichen seiner Wertschätzung hatte er ihn mit einem beinahe lebensgroßen Porträt von sich beehrt [520].

Bronzekopf Hermann Görings von Hans Haffenrichter [517].
Büste Friedrich des Großen von Josef Thorak [518].

Benito Mussolini steht dem Bildhauer Herbert Garbe für eine heroische Büste Modell [519].

517
518
519

520

Heroismus in der Malerei

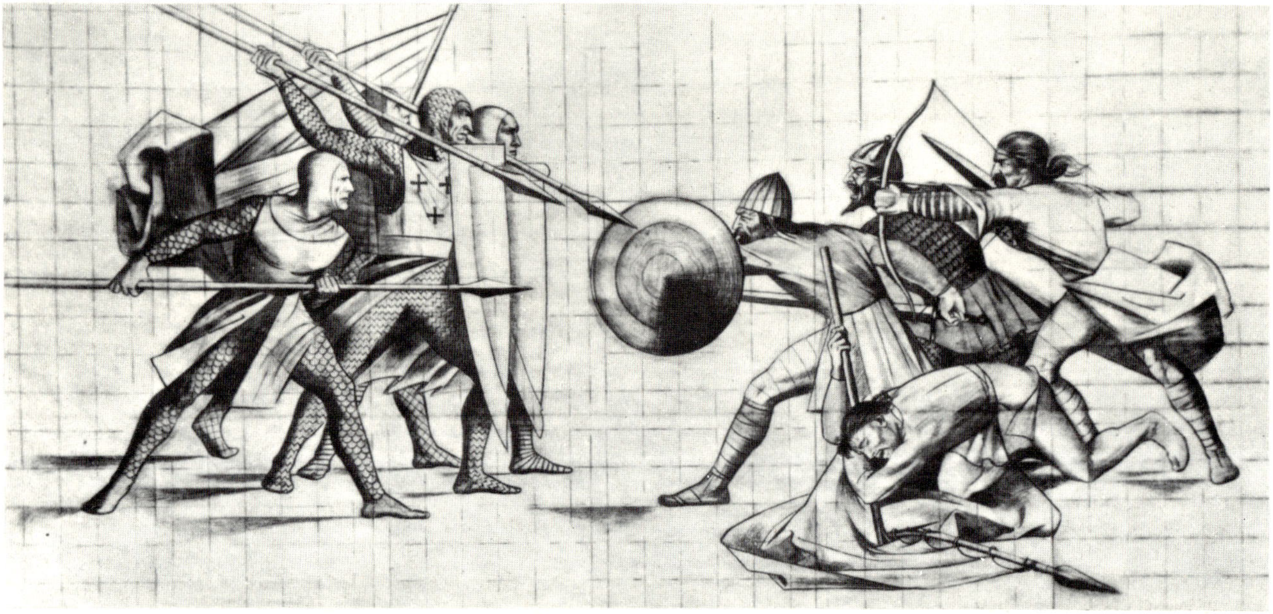

521

522

»Das nationalsozialistische Deutschland aber will wieder eine deutsche Kunst, und diese soll und wird wie alle schöpferischen Werte eines Volkes eine ewige sein«, sagte Adolf Hitler 1937 bei der Eröffnung der »Ersten Großen Deutschen Kunstausstellung«. Eines der Hauptthemen der Kunst im ›Dritten Reich‹ war die Verherrlichung des Heroismus.

Wilhelm Dohmes Entwürfe für ein Wandgemälde in Braunschweig: *»Kampf um Neuland«* [521] und *»Grenzschutz gen Osten«* [522].

Franz Eichhorst *»Der Anschluß der Ostmark«* [523]. Conrad Hommel *»Der Führer auf dem Schlachtfeld«* [524].

Die Vision eines NS-Künstlers vom Kampf der überlegenen arischen Rasse mit dem ›Untermenschen‹ [525]. Die höhere Stufe der rassischen Entwicklung kulminiert in einem Blakeschen Sonnenwagen.

Franz Eichhorst *»Eine Erinnerung an Stalingrad«* [526].

523
524

525
526

Brot und Spiele

Ausschnitte aus dem Festzug »Tausend Jahre deutsche Kultur« anläßlich der Eröffnung des »Hauses der deutschen Kunst« 1937 in München [527].
Freilichtinszenierung von Goethes *»Götz von Berlichingen«* von und mit Heinrich George [528, 529].
Parteifeier in einer Freilichtbühne [530].

527

528

529

530

Musik unter dem Hakenkreuz

531

»Bormann schüttelte aus seinen Fonds jedes Jahr Hunderttausende aus«, schreibt Albert Speer, »um sie [die Festspiele] zu einem Höhepunkt der deutschen Opernsaison zu machen. Als Schutzherr dieser Festspiele und als Freund der Familie Wagner verwirklichte sich für Hitler in diesen Bayreuther Tagen wahrscheinlich ein Traum, den er selbst in seiner Jugend vermutlich nicht zu träumen gewagt hatte.« Bei seinen jährlichen Pilgerfahrten nach Bayreuth wohnte Hitler als Gast von Winifred Wagner, der Witwe Siegfried Wagners, in Haus Wahnfried; hier im Garten, eingerahmt von Winifred Wagner und Wieland Wagner (1938) [532].

Wilhelm Furtwängler dirigiert die Berliner Philharmoniker: in einem Konzert für Rüstungsarbeiter [531] und Beethovens IX. Symphonie in der Berliner Philharmonie vor Parteifunktionären und Repräsentanten der Achsenmächte (1942) [533].

532

533

534

Hitler in »Haus Wachenfeld« am Obersalzberg, das er in der ›Kampfzeit‹ bewohnte. Die Aufnahme vermittelt einen Eindruck von der altdeutschen Heimattümlerei und Kleinbürgerlichkeit der Einrichtung.

6 Privatleben

»Schon vor dem Kriege erklärte Hitler gelegentlich, daß er sich nach der Erreichung seiner politischen Ziele von den Staatsgeschäften zurückziehen und in Linz sein Leben beschließen wolle ... ›Vielleicht besucht mich dann gelegentlich noch einer meiner früheren Mitarbeiter. Aber ich rechne nicht damit. Außer Fräulein Braun nehme ich niemanden mit; Fräulein Braun und meinen Hund. Ich werde einsam sein. Wie soll es auch jemand freiwillig so lange bei mir aushalten?‹ «[1]
Albert Speer

Während des olympischen Sommers 1936 gab Joseph Goebbels ein riesiges Gartenfest auf der historischen Pfaueninsel – einer Havel-Insel in der Nähe von Berlin, benannt nach den Pfauen, die seit den Tagen Friedrich Wilhelms III. von Preußen dort gezüchtet wurden. Anstelle der Fähre, die üblicherweise die Besucher zur Insel brachte, war für dies Ereignis extra eine Pontonbrücke von Pionieren der Wehrmacht erstellt worden: dreißig Soldaten mußten die ganze Nacht lang mit Haltetauen das Schwanken der Brücke verhindern. 3000 Gäste wandelten auf der Insel und in dem illuminierten Park, der früher einmal der Lustgarten Königin Luises gewesen war. Die Elite Berlins war geladen; dies war eine Chance für Goebbels, der Welt die Eleganz und Pracht zu zeigen, die das neue Deutschland hervorbringen konnte, besonders wenn er seine Vorstellungskraft spielen lassen konnte.
»Der große Inselpark ist strahlend illuminiert. Die vieltausend Lichter, die im Geäst der uralten Bäume verteilt sind, haben die Form von riesigen Schmetterlingen. Die ganze Insel sieht aus, als hätte sich eben ein Heer bunter Glühwürmchen niedergelassen. Es gibt drei große, auf dem Rasen aufgestellte Tanzflächen mit drei Orchestern. Bunte Zelte sind als Bars errichtet, Hunderte von Tisch- und Sitzecken über den Park bis an die Ufer der Havel verstreut ...
Das glanzvolle Bild der Fracks und Abendkleider wird bunter, als sich die atlasseidenen Pagen unter die Gäste mischen, wobei sich herausstellt, daß die jungen Damen nur in der Minderzahl Tänzerinnen der Staatstheater sind, in der Mehrzahl Tingel-Tangel-Mädchen aus zweitklassigen Etablissements. Ist das Fest bis zu dieser Stunde noch, wenn auch eine geschmacklose und bombastische Übertreibung, so doch eine offizielle und repräsentative Schau, so sieht man bald torkelnde Gestalten, die kreischende Mädchen im Arm oder auf den Knien halten und sich mit ihnen ins dichte Gebüsch zurückziehen. Adjutanten suchen fiebrig Ordnung zu halten, ratlose Herren des Ministeriums bemühen sich, erregte Gemüter zu beruhigen. Aber die Radaubrüder aus den Saalschlachten von Nordost-Berlin haben gelernt, wie man fremder Einmischung begegnet. Es gibt Kinnhaken und Fußtritte, Flaschen wirbeln durch die Luft. Einige Spaßvögel stoßen ganze Tische um, worauf Botschafter und Minister, Generale und Wirtschaftsführer die Flucht ergreifen. So endet das Goebbelssche Fest auf der Pfaueninsel als der größte gesellschaftliche Skandal, den das ›Dritte Reich‹ je gesehen hat.«[2]
Zwar hatte Goebbels' Sinn für das Theatralische in diesem Fall zu einer Katastrophe geführt, aber normalerweise leistete er ihm gute Dienste; von

allen NS-Führern verstand er es neben Göring am besten, die Phantasiegebilde seiner früheren, weniger privilegierten Jahre Wirklichkeit werden zu lassen. Er, der magere und hungrige Zeiten erlebt hatte, fand nun plötzlich uneingeschränkten Zugang zu allen Errungenschaften und Schalthebeln eines modernen Industriestaats. Sein Propagandaministerium war ganz auf ihn zugeschnitten; sogar unter den sowjetischen Kommissaren hatte es keinen gegeben, der in seiner Machtfülle diesem »Mephisto von Europa«[3], dem obersten Gebieter über Presse, Film, Rundfunk und Künste, in einem der medienabhängigen Staaten vergleichbar gewesen wäre. Als Reichspropagandaminister war er auch einer der größten Filmproduzenten – mit allen dazugehörigen Rechten und Privilegien. Als er sich ernsthaft in die tschechische Schauspielerin Lida Baarova, die im deutschen Film zu Starruhm gekommen war, verliebt hatte, sprach man von einer *ménage à trois* und sogar von Scheidung. Schließlich schaltete sich Hitler ein und stellte Goebbels vor die Wahl zwischen Liebe und Macht – eine Wahl, bei der Goebbels sich immer für die Macht entschied. Das hinderte ihn jedoch nicht, weiter den Großmogul der deutschen Filmindustrie zu spielen. Während des Krieges gab er weiter seine Essen für Schauspieler – lieber für Schauspielerinnen.

»Bis tief in den Krieg hinein setzte der Minister die Art der Geselligkeit fort, obwohl es schließlich fast nichts mehr im Hause Goebbels zu essen gab, die Eingeladenen vorher in irgendeinem Lokal sich stärken mußten, während nach dem kärglichen Mahl am Tisch des Ministers livrierte Diener in weißen Handschuhen auf silbernen Tabletts die Lebensmittelmarken für das eben Verzehrte bis herab zu den fünf Gramm Fett einsammelten.«[4]

Im Vergleich dazu war Göring ein viel größerer und erlesenerer Schlemmer: dieser große fette Mann ließ sich durch keine Rationierungen oder Aufrufe zum Gürtel-enger-Schnallen aus der Ruhe bringen. Den ganzen Krieg hindurch verhielt er sich so, als kümmere er sich überhaupt nicht um seine Aufgaben als Oberbefehlshaber der Luftwaffe. Noch im Jahre 1945 zum Beispiel, als Deutschland bereits am Rand des totalen Zusammenbruchs stand, verbrauchte Görings Stab Hunderte von Litern kostbaren Benzins, um seine Geburtstagsgeschenke von Berlin zu seinem Jagdschloß Karinhall zu bringen. Auf der anschließenden Feier sollen die 150 Gäste »100 Flaschen französischen Champagner, 180 Flaschen besten Rot- und Weißwein, 85 Flaschen französischen Cognac, 50 Flaschen ausländischen Likör, 500 Zigarren bester ausländischer Qualität und 4000 Zigaretten, Lucky Strike und Camel und andere Sorten«[5] konsumiert haben. Auch sonst machte er sich mit »Putzi« Hanfstaengls Worten, ein »fettes Leben«:

»Seine Bekannten aus den alten Fürstengeschlechtern pflegte er zu erpressen, das Großkreuz ihrer angestammten Ritterorden herauszugeben. Einer von ihnen war Prinz Windischgrätz. Dieser war knapp bei Kasse, und Göring erzählte mir, daß er sich dies kleine Vergnügen 3000 Mark kosten ließ. Göring war ein richtiges Kind, aber kein Dummkopf und kein Mann, mit dem man spaßen konnte. Aber insgeheim wußte er ganz genau, daß er nur Fassade war und seine Position nur durch Bluffen halten konnte.«[6]

Görings Garderobe bestand aus über 500 Uniformen, von denen er öfter mehrere an einem einzigen Tag trug. Eine seiner Lieblingsrollen war die des Reichsjägermeisters, für die er eine mittelalterliche Jägertracht mit »einer Art germanischem Kurzschwert mit Hakenkreuzrune«[7] entworfen hatte. In dieser Rolle empfing er auch am liebsten ausländische Besucher in der Schorfheide. Nach der Besichtigung eines neuen Büffelgeheges in seinem Wildpark, zu der Göring im Juni 1934 die Mitglieder des Diplomatischen Korps eingeladen hatte, schrieb der englische Botschafter Sir Eric Phipps folgenden offiziellen Bericht:

»Wir kamen um drei Uhr nachmittags mit dem Auto an. Auf der letzten Strecke hatten uns an allen Kreuzungen Wachtposten den Weg gewiesen. Unser Gastgeber war wie üblich noch nicht anwesend, kam aber schließlich eigenhändig in einem schnellen Rennwagen vorgefahren. Er trug eine gummierte Fliegerausrüstung und Langschäfter, in seinem Gürtel steckte ein großes Jagdmesser ... Göring eröffnete den Nachmittag mit einem Vortrag, den er uns mit sehr lauter Stimme über ein Mikrophon am Rande des Büffelgeheges hielt. Er pries die Schönheit des urdeutschen Waldes, den urdeutsche Tiere durchstreiften, und kündigte an, solche Wälder, in denen die Tiere den nötigen Waldfrieden hätten, wieder einzurichten, damit auch seine deutschen Landsleute urdeutsche Tiere in urdeutschen Wäldern beobachten könnten. Dann wurden die Gäste in offenen Kutschen durch die Schorfheide gefahren ... Nach ungefähr einer Stunde mußten wir inmitten einiger Sümpfe aussteigen, und Göring hielt uns eine weitere Rede über die Schönheit des Vogellebens. Dann ging es mit den Kutschen weiter, bis zu einer Stelle, an der uns unsere Autos abholten. Jetzt verschwand Göring mit halsbrecherischer Geschwindigkeit in seinem Rennwagen. Weitere zwanzig Minuten Autofahrt brachten uns schließlich zu einer Jagdhütte, mit Blick auf einen lieblichen See, die Göring sich gerade gebaut hatte. Unser Gastgeber empfing uns hier in neuem Aufzug – weiße Tennisschuhe, weiße Segeltuchhosen, weißes Flanellhemd und grüne Lederjacke; im Gürtel wieder das große Jagdmesser. In der Hand hielt er ein Instrument, das wie eine Harpune aussah. Damit unterstrich er jeden Satz seiner dritten Ansprache, die diesmal über die Schönheit seiner Jagdhütte und des rein deutschen Materials ging, mit der sie gebaut worden war. Wir wurden dann durch jeden einzelnen Raum geführt. Das wichtigste Schmuckstück im Wohnzimmer war ein bronzenes Medaillon des Führers. Ihm gegenüber war eine leere Fläche für ein Bild von Wotan freigelassen ...«[8]

»All diese Vorgänge waren so seltsam, daß ich manchmal ein Gefühl der Unwirklichkeit hatte«[9], berichtete der Botschafter weiter. In der Folgezeit ging Göring immer mehr in seinem Phantasieleben auf – ein Prozeß, der durch seine zeitweilige Abhängigkeit von Morphium noch beschleunigt wurde. Als Oberbefehlshaber der Luftwaffe und Vorsitzender des Reichsverteidigungsrates erwies er sich als völlig untauglich.

Bis zum Krieg war die deutsche Öffentlichkeit von Görings luxuriösem Lebensstil begeistert gewesen. Er schien damit das Bedürfnis nach einer ›königlichen Familie‹ zu befriedigen, wozu Hitler mit seiner vegetarischen Junggesellenart nicht in der Lage war. Abgesehen von der Manie für architektonische Extravaganzen, die er mit Göring teilte, hatte Hitler in seinem Lebensstil nur wenig mit seinem Großwesir gemein: Hitler haßte die Jagd und alles, was mit Fleisch zu tun hatte; die Vorstellung, die er von sich hatte, war die eines ernsten und introvertierten Menschen. Sein irdisches Walhalla war kein Jagdschloß, sondern ein Haus in den Bergen, das in pompöser Ausführung am Obersalzberg, in einer der interessantesten Gegenden der bayerischen Alpen, für ihn gebaut worden war. Von dort konnte er, vor sich hinbrütend und zurückgezogen, auf den Rest der Welt hinabblicken. Der Berghof, zum Beispiel der Speiseraum, war eingerichtet in einer »Mischung von künstlerischer Rustikalität und städtischer Eleganz, wie man sie häufig in den Landhäusern reicher Stadtbewohner findet«[10]. Damit sollte der Eindruck einer gewissen häuslichen Einfachheit erweckt werden, die zu einem Herrscher paßte, der keinen Kaviar auf seinem Tisch haben wollte, weil das mit seinem Image in der Öffentlichkeit unvereinbar gewesen wäre. In seinem Wesen war aber auch ein Hang zur Geselligkeit verborgen, der immer dann zum Vorschein kam, wenn er auf Festen Frauen gefallen wollte. Dann benahm er sich, erinnerte sich Speer, »wie etwa ein Absolvent einer Tanzstunde beim Abschlußball. Auch hier kam eine schüchterne Emsigkeit zum Vorschein, nichts falsch zu machen, Komplimente in genügender Zahl zu vergeben, mit dem österreichischen Handkuß zu begrüßen und zu verabschieden. Nach Schluß der Gesellschaft saß er meist noch einige Zeit mit seinem privaten Kreis zusammen, um von den Frauen dieses Abends zu schwärmen; mehr über deren Figur als über deren Charme oder deren Klugheit und stets ein wenig wie ein Schüler, der von der Unerreichbarkeit seiner Wünsche überzeugt ist.«[11]

Die Steifheit seiner Bewegungen spiegelte sich auch in Hitlers Unfähigkeit oder in seinem Unwillen zur Unterhaltung: »Nie in meinem Leben habe ich einen Menschen kennengelernt, der so selten seine Gefühle sichtbar werden ließ, und wenn er es tat, sich augenblicklich wieder verschloß . . . Falls man seinen herzlicheren Ton vorsichtig aufnahm, baute er sogleich abwehrend eine unübersteigbare Mauer auf«[12], erinnert sich Speer. Diese selbstgewählte Isolation zeigt sich überall in seinem Leben. Eine von Hitlers Geheimsekretärinnen – wahrscheinlich Fräulein Christa Schröder – schrieb in ihrem anonymen Erlebnisbericht *»Hitler privat«*, daß es »ihm ungeheuer peinlich war, sich vor anderen zu entkleiden . . . Nicht einmal sein Diener durfte beim An- und Auskleiden zugegen sein; es war ihm untersagt, das Zimmer zu betreten, bevor Hitler fertig angezogen war.«[13] Die Angst, sich lächerlich zu machen, sagte sie, führte auch zu zahlreichen anderen Verboten. Seinem Photographen Heinrich Hoffmann hatte er streng verboten, Bilder zu veröffentlichen, die ihn mit Brille zeigten (obwohl er zum Lesen immer eine Brille trug), oder beim Spiel mit seinem schottischen Terrier. Hitler erklärte vollen Ernstes, »ein Mann in seiner Stellung könne sich in der Öffentlichkeit nur mit einem Schäferhund zeigen«[14]. Er fürchtete, daß man über ihn lachen könnte, denn er zitierte oft: »Vom Erhabenen zum Lächerlichen ist nur ein kleiner Schritt.«[15] Deshalb sah man ihn auch kaum lächeln; sie schreibt weiter, daß sie ihn »kein einziges Mal habe von Herzen lachen hören . . . Nur zweimal habe ich ihn übermütig gesehen:

Das eine Mal im Frühjahr 1939. Die damaligen Ereignisse hatten die Nerven seiner Umgebung auf eine harte Probe gestellt. Seit drei Stunden führte Hitler eine Besprechung mit Hacha, dem Präsidenten der Tschechoslowakei. Wir wußten alle, daß die Besprechung ernst war, daß es um Krieg oder Frieden ging. In unserem Büro folgten wir ängstlich dem unendlich langsamen Ablauf der Stunden.

Plötzlich öffnete sich die Tür, Hitler stürzte heraus, das Gesicht wie verwandelt, und ruft: ›Kinder, jetzt gibt mir mal jede da und da (auf seine Wangen zeigend) einen Kuß!‹ Wir führten ganz verblüfft den ungewohnten Befehl aus. Bald darauf rief Hitler: ›Kinder, eine gute Nachricht. Hacha hat unterschrieben. Das ist der größte Tag meines Lebens. Ich werde als der größte Deutsche in die Geschichte eingehen!‹

Die zweite ungewöhnliche Freudenbekundung erlebte ich bei Hitler im Juni 1940, in dem Augenblick, als man ihm meldete, daß Frankreich um Waffenstillstand gebeten habe. Er wurde förmlich geschüttelt, ein tobsüchtiger Überschwang riß ihn fort. Und der Herr des Großdeutschen Reiches vollführte unter den hundertjährigen Bäumen einen wahren Veitstanz vor den Augen seiner verblüfften Generale.«[16]

Auf Grund dieser Phobie nahm er nur wenig am gesellschaftlichen Leben teil, was eigentlich zu seinen Aufgaben als Führer Deutschlands gehörte. Er scheute sich vor dem Kontakt mit Intellektuellen; die Industriekapitäne bereiteten ihm Unbehagen, und Einladungen von höheren Offizieren und von Adelsfamilien lehnte er ab; denn »er empfand diese Kreise als zu starr und zu konventionell für seine dynamische Natur«[17]. Statt dessen scharte er einen kleinen Kreis von Nieten und Karrieristen um sich, vor denen er sich nicht zu fürchten brauchte. Speer spricht von der »Banalität der Teegespräche«[18]. Ein Abend mit Hitler auf dem Obersalzberg muß eine ungewöhnlich langweilige Angelegenheit gewesen sein.

»Anschließend versammelte man sich um den riesigen Kamin, etwa sechs oder acht Personen auf einem überlangen, unbequem tiefen Sofa wie auf einer Stange aufgereiht, während Hitler, wiederum flankiert von Eva Braun und einer der Frauen, in bequemen Sesseln Platz genommen hatte. Die Runde war infolge der ungünstigen Möblierung so auseinandergezogen, daß ein gemeinsames Gespräch nicht aufkommen konnte. Jeder unterhielt sich gedämpft mit seinem Nachbarn. Hitler sprach leise Belangloses mit den beiden Frauen an seiner Seite, oder tuschelte mit Eva Braun; manchmal hielt er ihre Hand. Oft aber schwieg er vor sich hin oder starrte brütend ins Kaminfeuer; die Gäste verstummten, um ihn nicht in bedeutenden Gedanken zu stören.«[19]

Vor dem Krieg waren die privaten Filmvorführungen in der Reichskanzlei in Berlin und am Obersalzberg Hitlers Hauptzerstreuung. Am liebsten sah er Liebesfilme, Komödien und Operetten – »Revueoperetten mit vielen entkleideten Nymphen«[20], notierte Speer. Beim Abendessen legte Hitlers Diener ihm gewöhnlich eine Liste mit etwa sechs der neuesten deutschen und ausländischen Filme vor, aus denen sich dieser Filme für den Abend auswählte. »Es wurden bis zu drei Filme vorgeführt«, erinnert sich sein Diener Karl Wilhelm Krause in seinen Memoiren. »Entsprach ein Film dem Geschmack Hitlers nicht, mußte ein anderer Film eingesetzt werden. Hitler brach dann die Vorführung etwa mit den Worten ab: ›Abbrechen! So'n Quatsch! Den nächsten!‹ Adolf Hitler hat bis Kriegsanfang jeden Film in- und ausländischer Produktion, der in Deutschland gelaufen ist, gesehen. Er sah auch die Filme, über welche sich die Filmprüfstelle des Propagandaministeriums im Hinblick auf die Freigabe für Deutschland noch nicht einig war. Hitler fällte dann selbst die Entscheidung.«[21]

Sicherlich war dieses Regime, das an die Schalthebel unbegrenzter Macht katapultiert worden war, das ›filmbesessenste‹ der Geschichte. Manchmal konnte man den Einfluß der Filme sogar in seiner Politik feststellen. Am

Das vielleicht Auffallendste an dieser Geschichte ist der Kommentar der Sekretärin: »Dieser Vorfall ging Hitler sehr zu Herzen; er erinnerte ihn einmal mehr daran, wie einsam er war.«[34] Daß er diese Einsamkeit selbst verschuldet hatte, ist ihm wohl niemals eingefallen. Die einzigen Freunde aus den zwanziger Jahren hatte er verbannt, verstoßen und im Fall Röhm sogar ermorden lassen. Zu seinen Ministern hielt er Distanz, außerdem waren sie unterdessen selbst Mittelpunkt eines Kreises geworden; »für sie bedeutete es eine erhebliche Unbequemlichkeit, sich dem ganz anderen Tagesablauf und der, trotz allem Charme, wenig einladenden selbstbewußten Art Hitlers zu unterwerfen«[35].

Während sich Göring durch den Krieg in seinem Lebensstil nicht beirren ließ, gönnte sich Hitler immer weniger Annehmlichkeiten. Bis auf kurze Ruheperioden am Obersalzberg lebte er in seinen Führerhauptquartieren, denen er so dramatische Namen wie Wolfsschlucht, Wolfsschanze und Werwolf gegeben hatte.

Der Ernst der Kriegssituation wurde durch die Tatsache unterstrichen, daß er auf seine privaten Filmvorführungen verzichtete. Hitlers Kammerdiener Krause berichtete, daß er während des Krieges nur noch die Wochenschauen sah. »Die Wochenschauen wurden stumm vorgeführt. Den Text dazu verlas einer der Adjutanten, und Hitler prüfte, ob der Text auch zu dem Bild paßte. Oft änderte er auch daran. Vom Winter 1942 ab [d. h. nach Stalingrad] sah Hitler auch die Wochenschauen nicht mehr an.«[36] Seine Filmbesessenheit zeigte sich noch einmal nach dem erfolglosen Bombenattentat auf sein Leben im Juli 1944. Die Verurteilung und Hinrichtung der Hauptverschwörer ließ er von Anfang bis Ende filmen.

Zu dieser Zeit hatte Hitler bereits die Wolfsschanze in Ostpreußen verlassen und war in die Reichskanzlei im ausgebombten Berlin zurückgekehrt. Eva Braun folgte ihm Anfang 1945. Jetzt verlangte er von ihr, die vegetarische Diät mit ihm zu teilen, an die er sich im Laufe der Jahre immer strenger gehalten hatte.

»Jeden Tag haben wir deshalb Streit miteinander«, beklagte sie sich bei Hitlers Sekretärin, »und ich kann nun mal dieses Zeug nicht essen. Überhaupt ist er diesmal so ganz anders als früher. Ich hatte mich so auf Berlin gefreut, aber nun ist er so ganz anders. Der Chef redet mit mir nur noch über das Essen und über die Hunde.«[37]

Die Belohnung für die siebzehn Jahre verhaltener, wenn auch manchmal verärgerter Ergebung erhielt sie am 29. April 1945, als Hitler und Eva Braun im Führerbunker von einem eigens dafür herbeibefohlenen Berliner Stadtrat standesamtlich getraut wurden. In einem Anhang zu seinem politischen Testament, das er am folgenden Morgen, wenige Stunden vor ihrem Doppelselbstmord, diktierte, erklärte der Bräutigam der Nachwelt seine späte Entscheidung:

»Da ich in den Jahren des Kampfes glaubte, es nicht verantworten zu können, eine Ehe zu gründen, habe ich mich nunmehr vor Beendigung dieser irdischen Laufbahn entschlossen, jenes Mädchen zur Frau zu nehmen, das nach langen Jahren treuer Freundschaft aus freiem Willen in die schon fast belagerte Stadt hereinkam, um ihr Schicksal mit dem meinen zu teilen. Sie geht auf ihren Wunsch als meine Gattin mit mir in den Tod. Er wird uns das ersetzen, was meine Arbeit im Dienst meines Volkes uns beiden raubte.«[38]

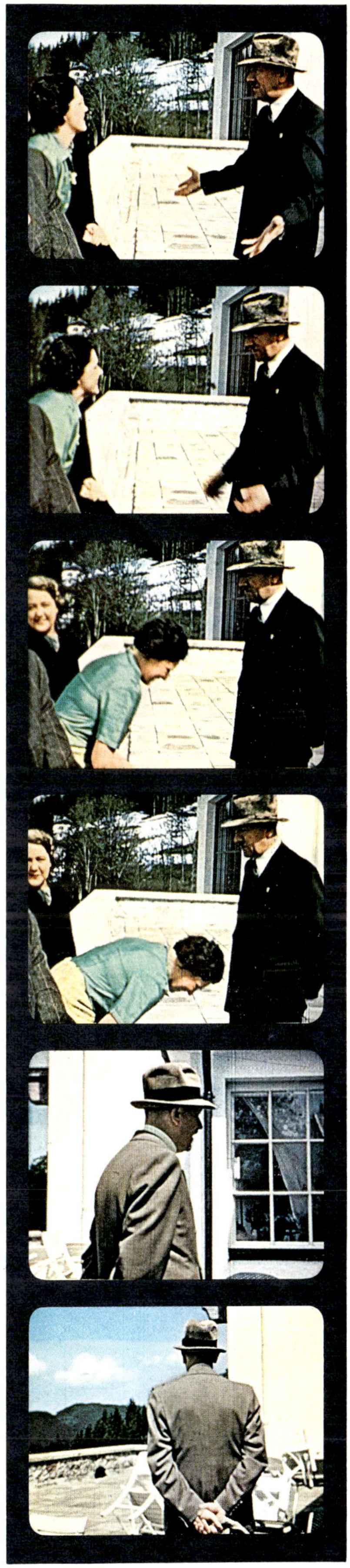

535

536
537
538

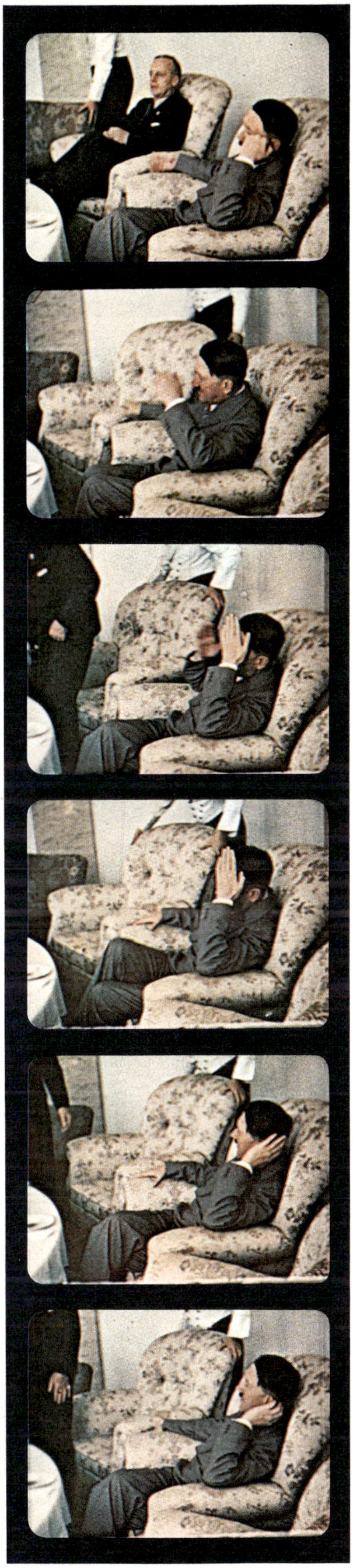

539
540
541

Hitler auf dem »Berghof« mit Eva Braun, Kindern und Hunden [535], mit Baldur von Schirach [536], seinem Leibphotographen Heinrich Hoffmann [537], Reichsaußenminister Joachim von Ribbentrop [539, 540] und mit Eva Braun [541].

542
543
544

545
546
547

Hitler bei einem Besuch in Österreich, 1938 [542, 543]. Hinter ihm Martin Bormann [543]. Auf der Terrasse des »Berghofs« Hitler im Gespräch mit seinem Adjutanten Wilhelm Brückner [543, 544], mit Dr. Morell [546] und mit SS-Obergruppenführer Sepp Dietrich, dem Kommandeur der ›Leibstandarte-SS Adolf Hitler‹ [547].

554

Joseph Goebbels zu Besuch auf dem »Berghof« [554]. Hitler in seiner Lieblingspose: er läßt sich mit Kindern photographieren [555].

555

556
557
558

Eva Brauns »Fahrrad«-Film mit den von ihr gezeichneten Titeln zeigt die Familie Braun [556], Eva Braun und Hitler beim Spiel mit der Schäferhündin Blondi [557–560]. Eva Braun bei der Gymnastik am Seeufer [561].

559
560
561

562

Eva Braun auf dem »Berghof«.

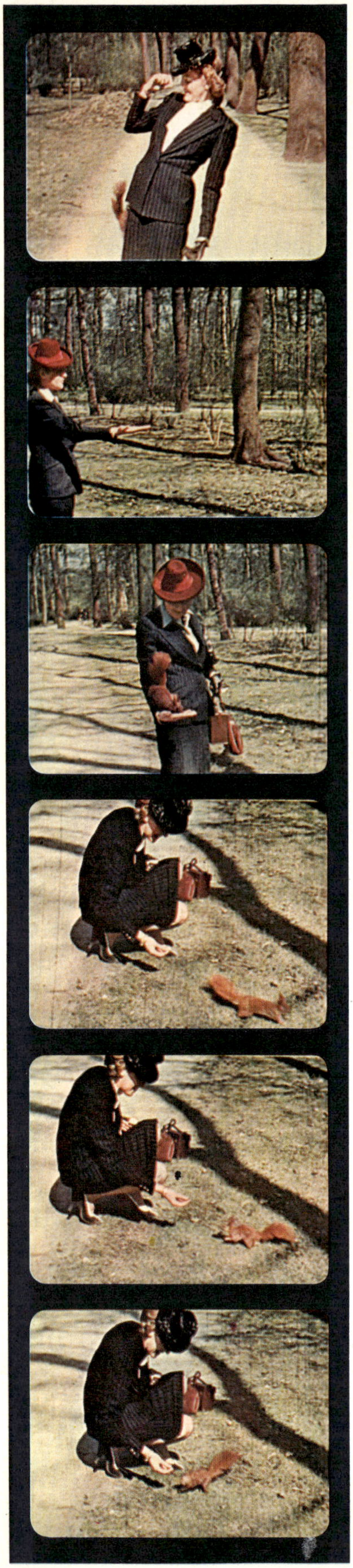

Noch einmal Eva Braun: beim Spiel mit Eichhörnchen, Bällen, Kindern und Hunden [564–566]. Auf einer KdF-Kreuzfahrt nach Island mit ihrer Mutter und Schwester [567] und auf der Terrasse des »Berghofs« [568].

564
565
566

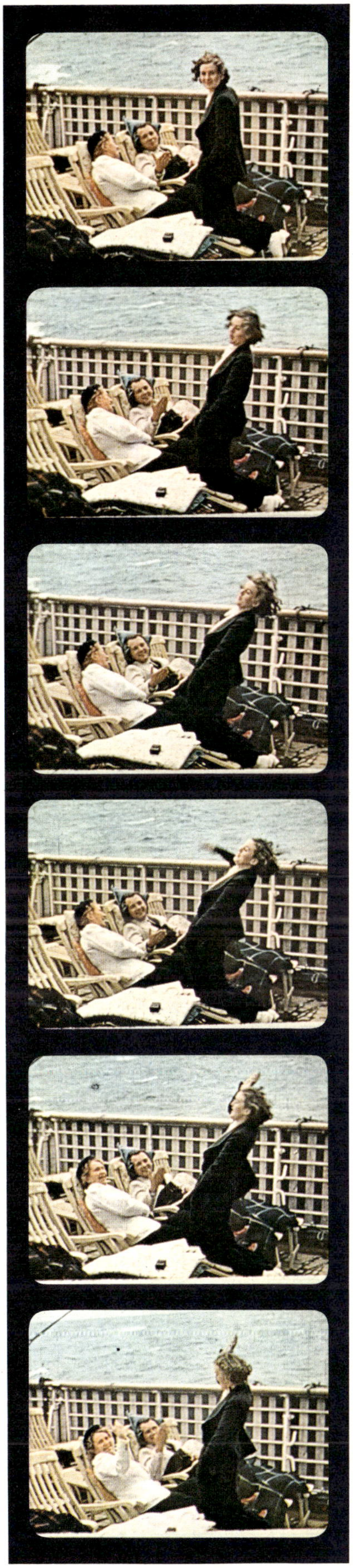

567
568

Der Kaminplatz im »Braunen Haus« in München mit dem Ziegler-Triptychon [569].

Ende Januar 1938 beauftragte Hitler Albert Speer mit dem Bau der neuen Reichskanzlei [570]. Adolf Speer schreibt: »Ich führte Hitler den Entwurf vor: Durch große Tore fuhr der Ankommende vom Wilhelmplatz in einen Ehrenhof; über eine Freitreppe gelangte er zunächst in einen kleineren Empfangssaal, von dem fast fünf Meter hohe Flügeltüren den Weg zu einer mit Mosaik ausgekleideten Halle öffneten. Anschließend stieg man einige Stufen empor, durchschritt einen kuppelgewölbten runden Raum und sah sich vor einer Galerie von 145 Metern Länge ... Insgesamt also eine Folge von Räumen, in unablässig wechselnden Materialien und Farbzusammenstellungen, die zusammen 220 Meter lang war. Dann erst erreichte man Hitlers Empfangssaal ... Hitler war beeindruckt: ›Die werden auf dem langen Weg vom Eingang bis zum Empfangssaal schon etwas abbekommen von der Macht und Größe des Deutschen Reiches!‹ «

569
570

NS-Architektur

Hitler und Speer informieren sich mit dem Architekten Gall über die Bauarbeiten am »Haus der Deutschen Kunst«, dem ersten Hitlerschen Monumentalbau [571]. Albert Speers Haus in der Nähe vom Berghof [572]. Das Portal der von Generalbaurat Professor Wilhelm Kreis nach skizzenhaften Angaben Hitlers entworfenen »Soldatenhalle« [573]. Das NS-Regime plante in allen von ihm beherrschten Ländern an weithin sichtbaren Plätzen monumentale Gedenkstätten für die »gefallenen Helden Großdeutschlands« zu errichten. Wilhelm Kreis' Entwürfe für eine »Totenburg für das Dnjepr-Gebiet« und ein »Ehrenmal« bei Kutno [574, 575].

571

572
573

574
575

Bei Hermann Göring

Der ›Reichsmarschall des Großdeutschen Reiches‹ leert gern einen Humpen [577], posiert in Jägerattitüde als ›Reichsforst-‹ und ›Reichsjägermeister‹ [578], empfängt Gäste in seinem Jagdhaus Karinhall, zeigt sich als Schütze und nimmt die Strecke einer Hirschjagd ab [579]. Hitler als Taufpate von Görings Tochter Edda [580]. Mit Generaloberst Ernst Udet, dem berühmten Jagd- und Kunstflieger, der sich 1941 das Leben nahm, und bei der Inspektion einer Luftstaffel aus dem Ersten Weltkrieg [581].

576
577
578

579
580
581

Hitler und Goebbels auf dem Obersalzberg, zusammen mit dessen Tochter Helga [582]. Obgleich Goebbels nicht zur ständigen Begleitung Hitlers gehörte, war er, einer der engsten Vertrauten Hitlers seit der ›Kampfzeit‹, ein häufiger Besucher auf dem »Berghof«.

Zwei Seiten aus dem 1936 vom »Cigaretten-Bilderdienst Hamburg-Bahrenfeld« herausgegebenen Bildband *»Adolf Hitler – Bilder aus dem Leben des Führers«* [583]. Die »Auswahl und künstlerische Bearbeitung der Bilder« hatte Heinrich Hoffmann vorgenommen. Diese Photos zeigen den geselligen, heiteren, entspannten und kinderlieben Adolf Hitler. Aber bereits zu dieser Zeit stimmte, wie Albert Speer berichtete, dieses Bild von Hitler längst nicht mehr: »Die besonderen Bedingungen seines Herrschaftsstils führten Hitler, besonders ab 1937, in wachsende Vereinsamung . . . Denn dieser Hitler, den auch ich noch Anfang der dreißiger Jahre erlebt hatte, war selbst für seine engste Umgebung zu einem abweisenden, beziehungsarmen Despoten geworden.«

582

Spaziergang in den Bergen

Tage der Ruhe. Der Führer und die kleine Helga Goebbels

Eintopf, auch beim Reichskanzler

Gute Nachricht

Ein Pimpf übergibt dem Führer einen Brief seiner kranken Mutter

Kleiner Besuch beim Führer auf dem Obersalzberg

584

7 Das Volk unter dem gelben Stern

»Wir hatten das moralische Recht, wir hatten die Pflicht gegenüber unserem Volk, dieses Volk, das uns umbringen wollte, umzubringen ... Insgesamt können wir sagen, daß wir diese schwerste Aufgabe in Liebe zu unserem Volk erfüllt haben. Und wir haben keinen Schaden in unserem Inneren, in unserer Seele, in unserem Charakter daran genommen.«[1]
Heinrich Himmler

Dr. Richard Litterscheid, ein Essener Musikprofessor, der 1943 eine Biographie über Johannes Brahms veröffentlicht hatte, wäre wahrscheinlich sehr überrascht und entsetzt gewesen, wenn man ihn angeklagt hätte, in beträchtlichem Umfang an dem großen Völkermord des ›Dritten Reiches‹ beteiligt gewesen zu sein. Doch was anderes bedeutet der lakonische Satz: »Juden sind mit einem * gekennzeichnet«[2], der über dem Namenindex dieses sonst recht guten Buches steht? Diese Sternchen kennzeichnen dann solche Namen wie Ferdinand Hiller, Joseph Joachim, Felix Mendelssohn, Karl Tausig und Sigismund Thalberg.

Dr. Litterscheids drucktechnischer Hinweis war das literarische Äquivalent zu dem gelben Davidstern, den die Juden nach 1941 auf ihrer Kleidung tragen mußten; er zeigt, wie weit der Rassenwahn der Nationalsozialisten ging, und das Ausmaß der Kompromisse, die das akademische und intellektuelle deutsche Bürgertum mit dem NS-Regime geschlossen hatte. Selbst an einer solch scheinbar marginalen Äußerung nationalsozialistischen Rassenhasses ist jener kaltblütige und bürokratische, für ihn so charakteristische Zug abzulesen, denn man kann sich kaum vorstellen, daß – sogar im tiefsten Mississippi – eine Biographie von Stephen Foster im staatlichen Universitätsverlag veröffentlicht würde, in dem »Neger mit einem schwarzen * gekennzeichnet« werden, oder auf dem Höhepunkt der Bürgerkriegsunruhen in Indien ein hindustanischer Professor ein Buch über Rabindranath Tagore schreiben würde, in dem »Moslems mit einem * gekennzeichnet werden.

Dieser Rassenwahn, der aus Litterscheids Index spricht, reichte bis in jeden Winkel des ›Dritten Reiches‹ und verschonte niemanden, denn das nationalsozialistische Programm gegen die Juden und ›andere minderwertige Gruppen‹ beruhte auf der ständigen Wiederholung der ungeheuerlichen Doktrin, daß es *Untermenschen* gebe, die kein Recht auf eine menschenwürdige Behandlung hätten. Zur Verwirklichung dieser rassenideologischen Vorstellungen schuf sich das NS-Regime die Rassengesetze, die den Weg in die Gaskammern der KZ vorbereiteten. Aber jene scheinbar unbeteiligten literarischen Mithelfer hatten das moralische Klima geschaffen, das die späteren Deportationen ermöglichte; hatten sie doch selbst die Gefühle der Menschen, die guten Willens und der NS-Propaganda nicht hörig waren, allmählich abstumpfen lassen, bis sie jene »seelische Hornhaut« ansetzten, von der die unabhängige Journalistin Ursula von Kardorff in ihrem Kriegstagebuch spricht:

»Begegneten, als die beiden [Brüder] mich von der ›*Deutschen Allgemeinen Zeitung*‹ abholen kamen, in der Kochstraße einer kümmerlichen alten Jüdin

Januar 1945: Häftlinge im Vernichtungslager Auschwitz werden von Soldaten der Roten Armee befreit.

mit einem kleinen Mädchen. Beide mit dem Stern. Jürgen wurde blaß. Er leidet unter diesen Dingen mehr als Klaus, der robuster ist und das Grübeln, sobald er wieder draußen ist, aufgibt ... Er hat ebensowenig wie Papa diese seelische Hornhaut, mit der sich heute so viele zu helfen versuchen.«[3]

Die Kardorff-Tagebücher von 1942–1945, veröffentlicht als *»Berliner Aufzeichnungen«,* geben einen ungefähren Eindruck von den Sympathien wieder, mit denen viele preußische Junker die Judenverfolgungen betrachteten, und von ihrer Unfähigkeit und ihrem Unwillen, irgend etwas dagegen zu unternehmen.

»3. März 1943. Frau Liebermann ist tot. [Die Witwe des jüdischen Malers Max Liebermann, des ehemaligen Präsidenten der Preußischen Akademie und Freundes der Kardorffs.] Tatsächlich kamen sie noch mit einer Bahre, um die Fünfundachtzigjährige zum Transport nach Polen abzuholen. Sie nahm in dem Moment Veronal, starb einen Tag später im Jüdischen Krankenhaus, ohne das Bewußtsein wiedererlangt zu haben. Welch ungeheuerliche Funktion des Bösen wird hier ausgeübt, und warum bedient es sich gerade unseres Volkes? Durch welche Veränderung ist es eigentlich möglich geworden, aus einem im Durchschnitt gutmütigen und herzlichen Menschenschlag solche Teufelsknechte zu formen? Das spielt sich in einem kaltbürokratischen Vorgang ab, bei dem der einzelne schwer zu greifen ist, Zecken, die sich in den Volkskörper einsaugen und plötzlich ein Stück von ihm geworden sind. Der Metteur Büssy erzählte mir heute beim Umbruch, daß sich in seiner Gegend am Rosenthaler Platz die Arbeiterfrauen zusammengerottet und laut gegen die Judentransporte protestiert hätten. Bewaffnete SS mit aufgepflanztem Bajonett und Stahlhelm holte Elendsgestalten aus den Häusern heraus. Alte Frauen, Kinder, verängstigte Männer wurden auf Lastwagen geladen und fortgeschafft. ›Laßt doch die alten Frauen in Ruhe!‹ rief die Menge, ›geht doch endlich an die Front, wo ihr hingehört.‹ Schließlich kam ein neues Aufgebot SS und zerstreute die Protestierenden, denen sonst nichts weiter geschah. In unserem Viertel sieht man so etwas nie. Hier werden die Juden des Nachts geholt ...«[4]

Ursula von Kardorff hat die Position eines unbeteiligten Beobachters: Ihre Familie und sie waren gegen das NS-Regime, und der Haß auf Hitler steigerte sich im Verlauf des Krieges zu einer »fanatischen Erbitterung«. Sie schrieb: »Uns bedroht der Gegner nicht nur von außen oder aus der Luft, auch von innen bedroht uns ein Feind, aber er ist von unserem eigenen Fleisch und Blut, keine fremde Besatzungsmacht. Daß ich diesen Feind mehr fürchte und mehr hasse als den an der Front, wo schließlich mein Bruder getötet wurde, darüber könnte sich mir der Verstand verwirren.«[5] Dennoch verfaßte sie weiterhin ihre Leitartikel für eine der größten Zeitungen. Trotz ihres Mitleids mit den Juden bringt sie es nur zu einem Protest in ihrem Tagebuch: »Sind diese Menschen in ihrem Rassenwahn mit Niedertracht oder mit Blindheit geschlagen?«[6]

Im Dezember 1944 erfährt sie schließlich, was mit all den Juden geschehen ist, die auf so geheimnisvolle Weise von den Straßen Berlins verschwunden sind. Eine Freundin gibt ihr eine Schweizer Zeitung, in der zwei Tschechen, die aus dem KZ in Auschwitz fliehen konnten, einen genauen Bericht über die Vorgänge dort veröffentlicht haben.

»Sie werden in einen riesigen Waschraum geführt, angeblich zum Baden, dann läßt man durch unsichtbare Röhren Gas einströmen. Bis alle tot sind. Die Leichen werden verbrannt. Der Artikel wirkte seriös, klang nicht nach Greuelpropaganda. Muß ich diesem entsetzlichen Bericht glauben? Er übersteigt die schlimmsten Ahnungen. Das kann einfach nicht möglich sein. So viehisch können selbst die brutalsten Fanatiker nicht sein. Bärchen und ich waren heute abend kaum fähig, über etwas anderes zu sprechen. Das Lager soll in einem Ort namens Auschwitz sein. Wenn es wirklich stimmt, was in der Zeitung stand, dann gibt es nur noch ein Gebet: Herr, befreie uns von den Übeltätern, die unseren Namen mit dieser Schande bedecken.«[7] Die Frage »Was hat nur aus im Grunde gutmütigen Menschen solche Teufel gemacht?«, hat sie in ihrem Tagebuch nie richtig beantwortet. Vielleicht deshalb, weil sie – aus Furcht vor den damit verbundenen Risiken – nicht so weit gehen wollte. Während der Dauer des Krieges betrachteten sie und viele andere anständige Menschen das Hitler-Regime weiterhin als »einen furchtbaren Alptraum, aus dem wir eines Tages erwachen werden«. Deshalb konnten sie die Zeit auch wie Schlafwandler erleben, ohne an eine persönliche Schuld oder Verantwortung zu denken. Nur manchmal gab es Momente, in denen der Durchschnittsdeutsche plötzlich mit ungeheuren moralischen Problemen konfrontiert wurde, vor denen er sich nicht in die ›innere Emigration‹ flüchten konnte. Ein typisches Dilemma dieser Art (aber mit einer untypischen Lösung!) findet sich in den Aufzeichnungen eines unbekannten Beamten, der seine Identität unter dem Pseudonym Alexander Hohenstein verbirgt. Er war nach der Besetzung Polens als Leiter der Verwaltung in eine kleine Stadt im ›Reichsgau Wartheland‹ geschickt worden. Hohenstein war Mitglied der NSDAP und führte seine Pflichten gewissenhaft aus, gehörte aber nicht zu den fanatischen Parteigenossen. Eines Tages suchten ihn drei SS-Offiziere auf und teilten ihm mit, daß sechs Juden öffentlich auf dem Marktplatz gehängt werden sollten. Alle Juden aus dem Getto der Stadt hätten diesem ›Lehrstück‹ beizuwohnen. Fünf Juden würden aus Lodz [Litzmannstadt] mitgebracht. Besondere Anklagen lagen gegen sie nicht vor, sie sollten einfach gehängt werden. Hohensteins Tagebuch gibt unter dem Datum des 14. März 1942 das Gespräch wieder, das sich daraufhin entwickelte.

»Ich hatte den Befehl widerspruchslos zur Kenntnis zu nehmen. Ein würgendes Unbehagen stieg mir in die Kehle. ›Obersturmführer, Sie sprechen von sechs Verurteilten, aber nur von fünf, die aus Litzmannstadt kommen. Darf ich noch fragen, wo der sechste herkommt?‹

›O ja, das dürfen Sie. Das sollen Sie sogar: Den sechsten haben Sie zu liefern.‹

– – – Mich durchschauerte es heiß und kalt.

› – – Ich – soll – liefern – – ?‹

Mein Gesicht muß sehr geistlos gewesen sein, denn die Männer brachten es fertig, über mich zu lächeln. Lachen in solcher Situation!

›Ja, Sie!‹

›Ich habe doch niemand in der Judenschaft, der ein todeswürdiges Verbrechen begangen hat!‹

›Was Sie nur immer von Verbrechen reden? In welchen Anschauungen leben Sie denn in diesem Kaff!‹ entgegnete bösartig der Offizier. ›Alle Juden, ohne Ausnahme, sind Verbrecher und Auswurf der Menschheit. Alle verdienen sie,

von der Erdoberfläche zu verschwinden.‹
›Das fällt mir ungeheuer schwer – –‹
›Das scheint uns auch so. – Nun, Sie werden doch im Getto ein besonders dreckiges Subjekt haben, das irgendwie kriminell vorbelastet ist oder sich durch große Schnauze hervortut.‹
›Nicht, daß ich wüßte. Ich kümmere mich um das Getto befehlsgemäß nur im Rahmen des Allernotwendigsten. Die Juden verwalten sich selbst. Ich habe lediglich mit deren Ältesten zu tun.‹
›Na, dann nehmen Sie doch einfach den!‹
›Aber, meine Herren!‹
›Also, Herr Bürgermeister, es ist uns ganz egal, wie Sie das machen. Sie haben jedenfalls befehlsgemäß einen Juden an den Strick zu liefern, damit das halbe Dutzend voll wird, für das der Galgen vorgesehen ist . . .‹«[8]
Hohenstein schreibt, daß ihre Grausamkeit und ihr beißender Hohn ihn »fast physisch schmerzten«. Aus diesem moralischen Dilemma findet er keinen Ausweg. »Ist denn so etwas überhaupt auszudenken? Ich soll bei vollem Verstande einen unschuldigen Menschen zum Tode verurteilen! Ich soll mit ansehen, wie sechs Menschen öffentlich erhängt werden, von denen wahrscheinlich keiner den Tod verdient hat. Hingerichtet ohne ordentliches Strafverfahren und Urteil! In meiner Stadt!«[9] Er beweist beträchtlichen Mut und will bei diesen Morden nicht mitwirken; im letzten Moment gelingt es ihm irgendwie, der SS ihren sechsten Mann nicht liefern zu müssen. Doch kurz darauf tritt er seinen Urlaub an. Bei seiner Rückkehr stellt er fest, daß alle Juden aus dem Getto der Stadt plötzlich verschwunden sind. Sie sind zusammengetrieben und in ein Vernichtungslager gebracht worden. Ein älterer Mitarbeiter, Inspektor Netter, berichtet ihm, daß die Juden in der Hauptkirche der Stadt ohne Nahrung und sanitäre Versorgung zehn Tage lang eingesperrt worden seien. Dann seien sie, dem Hungertod nahe, von SS-Männern mit Peitschen auf offene Lastwagen getrieben worden.
»In den Wagen standen die Juden, Männer, Frauen und Kinder, dicht zusammengepreßt. Jeder Zentimeter Fläche war in Anspruch genommen. Die Menschen konnten nicht Arm noch Bein bewegen. Da brachte man die ›bett‹-lägerigen Kranken aus der Kirche. Sie wurden den Menschen auf den Wagen einfach über die Köpfe geschoben. Wie Kornsäcke. Immer hinauf und hinein, ungeachtet des Geschreies der Gesunden und Kranken. Und die Gesunden konnten nicht einmal eine Hand heben, um sich und die lebendige Kopflast zu bewegen. Eine Orgie des Satans, Herr Bürgermeister! . . . Als die letzten Wagen vollgepfropft waren mit lebendigen Menschenleibern, da brachte man die toten Juden an. Achtundzwanzig sind während der Gefangenschaft in der Kirche verstorben, Männer, Frauen, Kinder. Ein Wagen war für sie nicht mehr frei. Anstatt sie nun zurückzulassen, nahmen die SS-Scheusale die Leichen und warfen sie den lebenden Insassen mehrerer Autos buchstäblich auf die Köpfe. Sogar die deutschen Zuschauer schrien vor Entsetzen auf. Unter schauerlichem Geheul fuhren die Wagen zur letzten Fahrt. – – . . . Dafür rächt sich der Herrgott sicher und bald. Nein, wir sind kein Kulturvolk mehr!«[10]
Das waren alltägliche Vorkommnisse auf dem Weg zur ›Endlösung der Judenfrage‹, gesehen mit deutschen Augen. Sie erforderte über 3000 Opfer allein in der von Hohenstein verwalteten Stadt. Im gesamten von Hitler-

deutschland besetzten Europa wurden fünf bis sechs Millionen Juden Opfer der vom NS-Regime mit dynamischer Gründlichkeit betriebenen Vernichtung, die 1942 in den in Polen errichteten Vernichtungslagern zum planmäßigen Massenmord, der Menschen nach Fließbandmethode tötete, entwickelt worden war.

Zwischen 1933 und dem Beginn des Krieges, als die Nationalsozialisten noch Wert auf die Meinung der Weltöffentlichkeit legten, waren die Stationen der Juden auf dem Weg zur ›Endlösung‹: Schlägereien in den Straßen, Folterungen in den Konzentrationslagern, der Boykott jüdischer Geschäfte, die Bücherverbrennungen und die damit verbundene Verfemung, die Entfernung aus allen öffentlichen Ämtern. Mehr als 400 Rassengesetze wurden in diesen Jahren von den Nationalsozialisten erlassen – sie sollten die Juden ihrer Grundrechte berauben und die ›Arier‹ in ihrem Glauben an ihre absolute Überlegenheit bestärken. Da nicht die Religion, sondern das ›Blut‹ ausschlaggebend war (obwohl die NS-Ärzte nie einen Bluttest erfinden konnten, der einen Unterschied bewiesen hätte), wurde auch bei Menschen, die zum Christentum übergetreten waren, keine Ausnahme gemacht. Die Nürnberger Gesetze verfügten, daß z. B. jedem, der auch nur einen jüdischen Großvater oder eine jüdische Großmutter hatte, die Fähigkeit, Beamter zu werden, und sein Status als ›Arier‹ aberkannt wurde. Nach dem ›Gesetz zum Schutz des deutschen Blutes und der deutschen Ehre‹ durften Juden keine Arier mehr heiraten oder mit ihnen außerehelichen Geschlechtsverkehr haben; es verbot sogar jüdischen Haushalten, arische Dienstmädchen unter 45 Jahren anzustellen. Mit jedem der folgenden Gesetze und Verordnungen wurde die Situation der Juden (nach dem ›Anschluß‹ auch in Österreich) unhaltbarer. Sie durften keine deutschen Schulen oder Universitäten mehr besuchen, wurden von Berufen ausgeschlossen, erhielten Lehrverbot und durften keinen Grund und Boden besitzen oder bestellen. Ihr Besitz wurde enteignet, ihre Geschäfte zum Bankrott oder zur ›Arisierung‹ gezwungen, das heißt zum Zwangsverkauf weit unter dem Wert an ›arische‹ Firmen. Wenn sie im Park spazierengingen, durften Juden sich nur auf Bänke setzen, die gelb gestrichen waren und auf denen ›Nur für Juden‹ stand. Später durften sie nicht einmal mehr die öffentlichen Parks betreten. Sie waren ausgeschlossen aus Theatern, Konzerten, Sportveranstaltungen und aus den Schlaf- und Speisewagen der Deutschen Reichsbahn. Ihre Ausweise oder, wenn sie Glück gehabt hatten und sie noch behalten durften, ihre Pässe, wurden mit einem großen ›J‹ versehen. Als sie noch ein eigenes Auto besitzen durften (auch dieses Recht wurde ihnen bald genommen), begannen ihre Kennzeichen mit einem ›J‹. Offensichtlich als weiteres Zeichen der Schande und eingedenk der Tatsache, daß viele Juden ihren Kindern gern Wagnerische Namen wie Sigmund (z. B. Freud) und Elisabeth (z. B. Bergner) gaben, mußten ab 1938 jeder Jude ›Israel‹ und jede Jüdin ›Sarah‹ als Vornamen annehmen. Im selben Jahr erklärte der Vorsitzende des Obersten Parteigerichts der NSDAP, Walther Buch, in einem Artikel in der ›*Deutschen Justiz*‹, daß die Juden von jetzt an außerhalb des Gesetzes stünden. »Der Jude ist kein Mensch. Er ist eine Fäulniserscheinung.«[11] Dies alles hatte zur Folge, daß die meisten der 500 000 deutschen Juden auswandern wollten; da sich aber ein Land nach dem anderen weigerte, mehr als eine Handvoll aufzunehmen, konnte nur ungefähr die Hälfte von ihnen entkommen, ehe der Krieg alle Auswege verriegelte.

Die Vorfahren von vielen dieser Juden hatten in Deutschland gelebt, seit es römische Kolonien am Rhein gab; ihre politischen Interessen waren genau dieselben wie die der anderen Deutschen. Sie waren das Ergebnis eines Prozesses generationenlanger Symbiose und sozialer Assimilation, aus welchem einige bemerkenswerte Beispiele kultureller Synthese – in Deutschland wie in Österreich – hervorgegangen waren: Heinrich Heine, Karl Marx, Sigmund Freud, Gustav Mahler, Albert Einstein, Franz Kafka ... Bis Hitler sie dann eines Besseren belehrte, hatten sie sich immer der deutschen Kultur zugehörig gefühlt. Als Arnold Schönberg zum Beispiel 1922 seine Theorie der Zwölftontechnik entwickelt hatte, äußerte er stolz gegenüber seinen Schülern: »Ich habe eine Entdeckung gemacht, durch welche die Vorherrschaft der deutschen Musik für die nächsten hundert Jahre gesichert ist.«[12]

Während das NS-Regime die Weimarer Renaissance zerstörte, brachten die Flüchtlinge ihre Ideen ins Ausland und bewirkten so die größte Verbreitung von deutschem kulturellem Einfluß in der Geschichte. Viele Flüchtlinge fanden Lehrstühle, an denen ihr Werk eine viel größere Wirkung erzielte, als in Deutschland möglich gewesen wäre: Schönberg und Herbert Marcuse an der UCLA, Einstein am Institute of Advanced Studies, Hannah Arendt in Chicago, Erwin Panofsky in Princeton, Ernst Cassirer in Yale, John von Neumann am MIT. – Psychoanalytiker wie Erich Fromm und Karen Horney gründeten in Amerika einflußreiche neofreudianische Schulen; Musiker wie Bruno Walter, Rudolf Serkin und Lotte Lehmann trugen mit dazu bei, einen neuen Maßstab in amerikanischen Konzertsälen zu setzen.

Hitler träumte zwar davon, daß die deutsche Kultur die Welt beherrschen würde, aber an einer Verbreitung der deutschen Kultur dieser Art hätte er wohl kaum Gefallen gefunden. Schon in *»Mein Kampf«* schrieb er: »Was es [das Judentum] auf dem Gebiete der Kunst leistet, ist entweder Verbalhornisierung oder geistiger Diebstahl. Damit aber fehlen dem Juden jene Eigenschaften, die schöpferisch und damit kulturell begnadete Rassen auszeichnen.«[13] Auf einer Versammlung von Kreisleitern am 29. April 1937 legte er dar, in welcher Weise er bei der ›Lösung der Judenfrage‹ vorgehen wolle: »Das Endziel unserer ganzen Politik ist uns ja allen ganz klar. Es handelt sich bei mir nur immer darum, keinen Schritt zu machen, der uns schadet. Wissen Sie, ich gehe immer an die äußerste Grenze des Wagnisses, aber auch nicht darüber hinaus. Da muß man nun die Nase haben, ungefähr zu riechen: ›Was kann ich noch machen, was kann ich nicht machen.‹«[14] Seine eigentlichen Ziele hatte er schon seinen nächsten Mitarbeitern anvertraut: »Heraus aus allen Berufen, Getto, eingesperrt in ein Territorium, wo sie sich ergehen können, wie es ihrer Art entspricht, während das deutsche Volk zusieht, wie man wilde Tiere sich ansieht.«[15]

Damit sagte er die Zustände im Warschauer Getto voraus, als 600 000 Juden auf einem Raum zusammengepfercht waren, der nur für 60 000 gedacht war, und als diese bei 200 Kalorien Nahrungsaufnahme pro Tag härteste Sklavenarbeit verrichten mußten.

»Von Zeit zu Zeit« (schrieb Professor Ludwig Hirszfeld, einer der eingesperrten Juden) »fahren Omnibusse durchs Getto, aus denen neugierige Gesichter herausstarren. ›Kraft durch Freude‹. Für sie ist es ein Ausflug in

den Zoologischen Garten. Wahrscheinlich will Goebbels dartun, was Macht bedeutet und wie man Menschen fremder Rasse zu verachten hat. Jämmerliche Habenichtse erinnern kaum noch an menschliche Lebewesen. Das ganze Geheimnis, wie ein Mensch zum Mörder wird, liegt in so einer Umwandlung. In der Seele des Menschen wird eine *kleine Verschiebung* vorgenommen, denn das zukünftige Opfer muß aller menschlicher Attribute entkleidet werden, um ihm dann Eigenschaften zu oktroyieren, Eigenschaften einer widerlichen Gattung ... einer Wanze, einer Ratte oder einer Laus.«[16]
Auszüge aus einer Rede, die Heinrich Himmler am 4. Oktober 1943 in Posen vor SS-Obergruppenführern hielt, sollen hier als Erläuterung für diese ›kleine Verschiebung‹ stehen:
»Ein Grundsatz muß für den SS-Mann absolut gelten: ehrlich, anständig, treu und kameradschaftlich haben wir zu Angehörigen unseres eigenen Blutes zu sein und zu sonst niemandem ...
Wir werden niemals roh oder herzlos sein, wo es nicht sein muß; das ist klar. Wir Deutsche, die wir als einzige auf der Welt eine anständige Einstellung zum Tier haben, werden ja auch zu diesen Menschentieren eine anständige Einstellung einnehmen, aber es ist ein Verbrechen gegen unser eigenes Blut, uns um sie Sorgen zu machen und ihnen Ideale zu bringen ...
Von euch werden die meisten wissen, was es heißt, wenn 100 Leichen beisammen liegen, wenn 500 daliegen oder wenn 1000 daliegen. Dies durchgehalten zu haben, und dabei – abgesehen von Ausnahmen menschlicher Schwächen – anständig geblieben zu sein, das hat uns hart gemacht.«[17]
Der vielleicht einzige SS-Mann, der in der schwarzen Uniform anständig blieb, war Kurt Gerstein. Er gehörte der evangelischen Opposition gegen Hitler an und war zur SS gegangen, weil er alle Mittel ausschöpfen wollte, um die Geheimnisse der Vernichtungslager aufzudecken. Unter Mißachtung jeder Todesgefahr schrieb er einen Bericht über die Lager in Polen. Unter anderem beschrieb er darin auch die Ankunft eines Todestransports in den Tötungslagern von Belzec.
»45 Waggons mit 6700 Menschen, von denen 1450 schon tot waren bei ihrer Ankunft. Hinter den vergitterten Luken schauten, entsetzlich bleich und ängstlich, Kinder durch, die Augen voller Todesangst, ferner Männer und Frauen. Der Zug fährt ein: 200 Ukrainer reißen die Türen auf und peitschen die Leute mit ihren Lederpeitschen aus den Waggons heraus. Ein großer Lautsprecher gibt die weiteren Anweisungen: Sich ganz ausziehen, auch Prothesen, Brillen usw. Die Wertsachen am Schalter abgeben, ohne Bons oder Quittung. Die Schuhe sorgfältig zusammenbinden (wegen der Spinnstoffsammlung), denn in dem Haufen von reichlich 25 Meter Höhe hätte sonst niemand die zusammengehörigen Schuhe wieder herausfinden können. Dann die Frauen und Mädchen zum Friseur, der mit zwei, drei Scherenlängen die ganzen Haare abschneidet und sie in Kartoffelsäcken verschwinden läßt. ›Das ist für irgendwelche Spezialzwecke für die U-Boote, für Dichtungen oder dergleichen!‹, sagt mir der SS-Unterscharführer, der dort Dienst tut.
Dann setzt sich der Zug in Bewegung. Voran ein bildhübsches junges Mädchen, so gehen sie die Allee entlang, alle nackt, Männer, Frauen, Kinder, ohne Prothesen. Ich selbst stehe mit dem Hauptmann Wirth oben auf der Rampe zwischen den Kammern. Mütter mit ihren Säuglingen an der Brust,

sie kommen herauf, zögern, treten ein in die Todeskammern!
An der Ecke steht ein starker SS-Mann, der mit pastoraler Stimme zu den Armen sagt: ›Es passiert euch nicht das geringste! Ihr müßt nur in den Kammern tief Atem holen, das weitet die Lungen, diese Inhalation ist notwendig wegen der Krankheiten und Seuchen.‹ Auf die Frage, was mit ihnen geschehen würde, antwortet er: ›Ja, natürlich, die Männer müssen arbeiten, Häuser und Chausseen bauen, aber die Frauen brauchen nicht zu arbeiten. Nur wenn sie wollen, können sie im Haushalt oder in der Küche mithelfen.‹
Für einige von diesen Armen ein kleiner Hoffnungsschimmer, der ausreicht, daß sie ohne Widerstand die paar Schritte zu den Kammern gehen – die Mehrzahl weiß Bescheid, der Geruch kündet ihnen ihr Los! – So steigen sie die kleine Treppe herauf, und dann sehen sie alles. Mütter mit Kindern an der Brust, kleine nackte Kinder, Erwachsene, Männer, Frauen, alle nackt – sie zögern, aber sie treten in die Todeskammern, von den anderen hinter ihnen vorgetrieben oder von den Lederpeitschen der SS getrieben. Die Mehrzahl, ohne ein Wort zu sagen. Eine Jüdin von etwa 40 Jahren, mit flammenden Augen, ruft das Blut, das hier vergossen wird, über die Mörder. Sie erhält fünf oder sechs Schläge mit der Reitpeitsche ins Gesicht, von Hauptmann Wirth persönlich, dann verschwindet auch sie in der Kammer. Viele Menschen beten. Ich bete mit ihnen, ich drücke mich in eine Ecke und schreie laut zu meinem und ihrem Gott. Wie gerne wäre ich mit ihnen in die Kammer gegangen, wie gerne wäre ich ihren Tod mitgestorben. Sie hätten dann einen uniformierten SS-Offizier in ihren Kammern gefunden – die Sache wäre als Unglücksfall aufgefaßt und behandelt worden, sang- und klanglos verschollen. Noch also darf ich nicht. Ich muß noch zuvor künden, was ich hier erlebe!«[18]
Gerstein erzählte einem schwedischen Diplomaten von seinen Erlebnissen und versuchte, seinen Bericht dem Päpstlichen Nuntius in Berlin zu übergeben, wurde aber aus der Botschaft gewiesen, ehe er seinen Fall schildern konnte. Wenn er Erfolg gehabt und den Vatikan zum Handeln veranlaßt hätte, oder wenn eine der großen deutschen Kirchen öffentlich gegen diese Morde aufgestanden wäre, hätte möglicherweise das ganze Vorhaben gestoppt werden können.
Als in einer ähnlichen Situation die Verfechter der Euthanasie den ›Gnadentod‹ für 70 000 *erbbiologisch Kranke* geplant hatten, hielt Kardinal Graf Galen eine Predigt gegen die Ermordung dieser Unschuldigen, woraufhin das Projekt abgeblasen wurde. Für die Juden aber trat keine vergleichbare Stimme ein. Die ›kleine Verschiebung‹ war zu sorgfältig vorbereitet worden; als die Juden erst einmal durch Gesetze ausgestoßen worden waren, gab es scheinbar keine Möglichkeit mehr, sie zu retten. Sogar in den Flugblättern der Universitätsgruppe Weiße Rose, die aus rein humanitären Gründen im Untergrund gegen Hitler arbeitete (sechs Mitglieder wurden im Oktober 1943 hingerichtet), wird dieses Problem merkwürdig apologetisch behandelt: »Auch die Juden sind doch Menschen – man mag sich zur Judenfrage stellen, wie man will.«[19] Letztlich trugen dann das Schweigen der Kirchen, das Einverständnis der Litterscheids und der Intelligenz und die Hilflosigkeit der Kardorffs ihren Teil zu dieser schrecklichen Veränderung bei, die dazu führte, daß »solche Teufel aus Menschen gemacht werden, die sonst doch gutmütig und warmherzig sind«.

Die ›Kristallnacht‹, das von der NSDAP in der Nacht vom 9. zum 10. November 1938 organisierte Pogrom gegen die jüdischen Bürger in Deutschland mit den Ausschreitungen gegen jüdische Kultstätten, Friedhöfe, Wohn- und Geschäftshäuser, nach der offiziellen Version ein »Akt spontanen Volkszorns«, leitete die Phase des Antisemitismus ein, die zur Vernichtung der jüdischen Bevölkerung führte. Brandstätte der Synagoge in der Fasanenstraße in Berlin [585].

585

Rassismus

1935: im überfüllten Berliner Sportpalast spricht Julius Streicher auf einer ›Kundgebung über die Judenfrage‹ [586]. Der »Bund zur Förderung der Menschenkenntnis« eröffnete Beratungszentren, mit denen die »Rassenkunde« unter die Menschen gebracht werden sollte. Ihr Schild in einem Berliner Schaufenster lädt Besucher dazu ein, sich von einem Phrenologen den Schädel messen zu lassen, damit sie feststellen können, ob sie reinrassige Deutsche sind [588].
Innenraum einer geplünderten und in Brand gesteckten Synagoge [587].
Albert Einstein, aufgenommen 1933 in Berlin, kurz bevor er Deutschland verließ [589].

586

587

588

589

590
591

592

Die Ausstellung *»Der ewige Jude«,* 1937 im Deutschen Museum in München, hatte großen Zulauf [590].
Die Wiener SA zwingt Juden, Bürgersteige zu scheuern und Parolen von den Hausmauern zu entfernen [591].
Das Schaufenster eines jüdischen Geschäfts in der Berliner Friedrichstraße nach der ›Kristallnacht‹, ein Anblick, den die Geschäftsstraßen aller deutschen Städte am 10. November 1938 boten [592].

593

März 1939, Besetzung des Memellandes: eine jüdische Familie auf der Flucht [593].

Die fünf kleinen Photos auf dieser Seite wurden im Februar 1941 mit verdeckter Kamera aufgenommen, als in Amsterdam 400 Geiseln zusammengetrieben wurden [594].

Juden warten auf ihren Abtransport — in Amsterdam und im Velodrôme d'Hiver

594 in Paris [595, 596].

Menschenjagd

595

596

Die letzte Fahrt

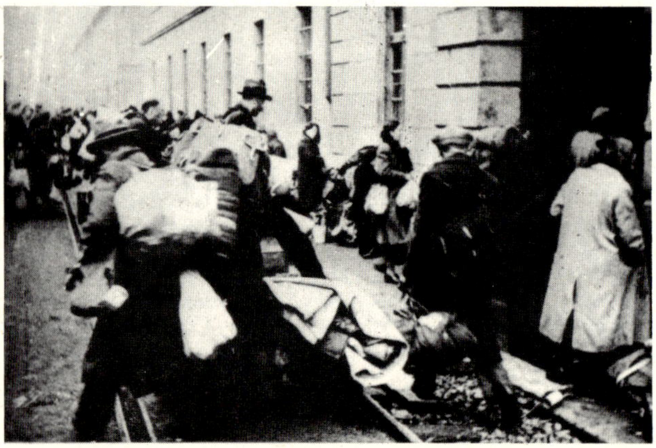

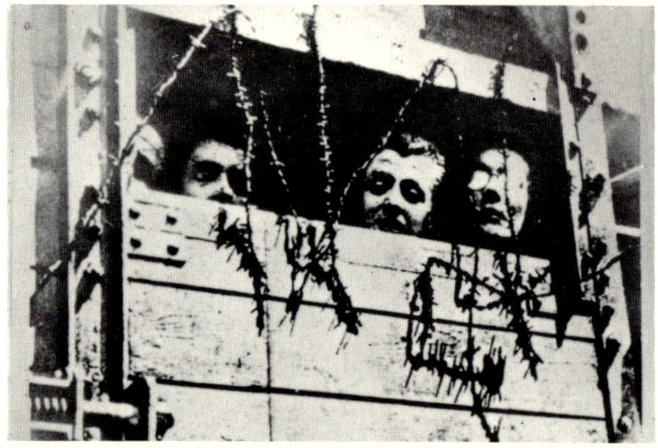

597
598

599

600

601

Ein Häftlingstransport im Durchgangslager Theresienstadt [597].
Deportierte in einem Güterwaggon auf der Fahrt in ein Vernichtungslager [598].
Millionen Juden wurden von Sammelstellen in den besetzten europäischen Ländern in die Vernichtungslager gebracht. Man sagte ihnen, es handele sich um ein »Umsiedlungs«-Programm, am Ziel der Reise würden sie Arbeitslager erwarten. Die Menschen wurden in verriegelte Güterwaggons gepfercht, die häufig zugenagelt wurden. Auch in offenen Güterwaggons wurden Häftlinge transportiert – so erfroren im Winter Tausende, ehe sie ihr Ziel erreichten [599].
Die berüchtigte ›Rampe‹ von Auschwitz, auf der die Selektionen stattfanden, nach der Ankunft eines Zuges [600]. Wer zu schwach zum Arbeiten war, wurde sofort vergast; der Rest hatte in Zwangsarbeitslagern eine Lebenserwartung von etwa drei Monaten.
Arbeitsbaracken in Auschwitz, eingezäunt von elektrisch geladenen Drähten [601].

608

PROFESSOR LANDRA

besucht das Konzentrations-Lager Sachsenhausen...

Der Leiter des Rassepolitischen Amtes im italienischen Ministerium für Volkskultur, Prof. Landra, besichtigt anläßlich seines Deutschlandbesuches das Konzentrationslager Sachsenhausen.

Die Physiognomien der Häftlinge zeigen, daß es sich um asoziale Elemente handelt, die zur Absonderung geradezu herausfordern.

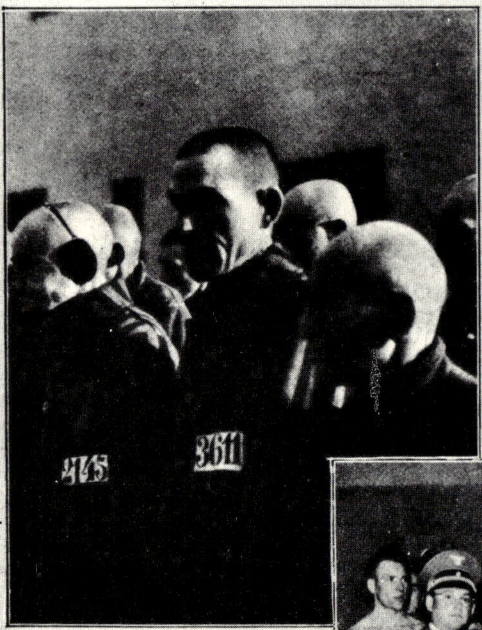

Die jüdischen Verbrechertypen im Vergleich zu den aufgeschlossenen Gestalten der Männer der Leibstandarte (Bild rechts) vermittelten dem italienischen Besucher einen nachhaltigen Eindruck von Deutschlands rassepolitischen Zielen.

Aufnahmen: Heinrich Hoffmann.

... und die

LEIB-STANDARTE

Berichte wie »Professor Landra besucht das Konzentrationslager Sachsenhausen . . .« im *›Illustrierten Beobachter‹* 1939/Folge 1, [609] (die Aufnahmen stammen von Heinrich Hoffmann), lassen keinen Zweifel darüber zu, daß die Einrichtung der Konzentrationslager den Deutschen bekannt war. Von den Vorgängen in diesen Lagern, vor allem von den Menschenmorden in den Vernichtungslagern, dürfte jedoch nur ein kleiner Kreis von Eingeweihten gewußt haben; so von den »Verbrennungsöfen«, wie hier in Bergen-Belsen [610].

610

611

Lager-Appell

Tausende von Häftlingen sind hier 1941 unter den Maschinengewehren der SS-Wachmannschaften im Konzentrationslager Sachsenhausen in der Nähe von Berlin zum Appell angetreten. Jede Baracke trägt ein Wort der ›Lagerlosung‹, die jeder Häftling auswendig lernen mußte: »Es gibt nur einen Weg in die Freiheit. Seine Meilensteine heißen: Gehorsam, Fleiß, Ehrlichkeit, Ordnung, Sauberkeit, Mäßigkeit, Wahrhaftigkeit, Opfersinn und Liebe zum Vaterland.«

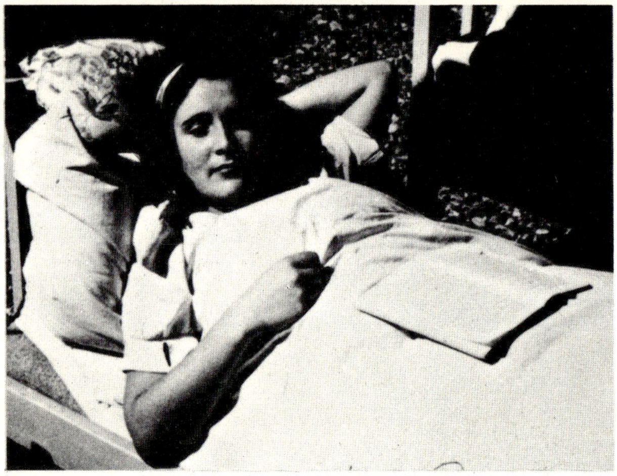

612

Lüge und Wirklichkeit

1944 wurde unter dem Titel *»Der Führer gibt den Juden eine Stadt«* ein Propagandafilm über Theresienstadt gedreht, um der Weltöffentlichkeit zu demonstrieren, wie gut die Juden in den Lagern behandelt würden. Die Standphotos [612] zeigen das Kamerateam bei der Arbeit; »fröhliche, aufmerksame Gesichter« bei einer Aufführung in einem Freilufttheater; eine »Patientin« in einem Tbc-Sanatorium; einen ehemaligen Professor bei einem »Vortrag« und die »Sitzung« eines sogenannten »Judenrates«, an der gut gekleidete Juden teilnehmen.

In Dachau wurden bis Mai 1942 an Häftlingen Unterdruck- und Unterkühlversuche vorgenommen, die ausschließlich dazu bestimmt waren, Lücken der Kriegführung zu schließen. Es scheint sich bei diesen Versuchen um die ersten Menschen-Experimente einer besonderen Gattung gehandelt zu haben, bei welcher der »terminale Versuch«, also die Tötung der Versuchsperson, zur Absicht des Experimentes gehörte (siehe *»Medizin ohne Menschlichkeit«,* Fischer Taschenbuch Nr. 332). Beginn eines Versuchs in der Unterdruckkammer; der Tod der Versuchsperson wurde durch perlschnurartige Luftembolien in den Hirngefäßen herbeigeführt [613].

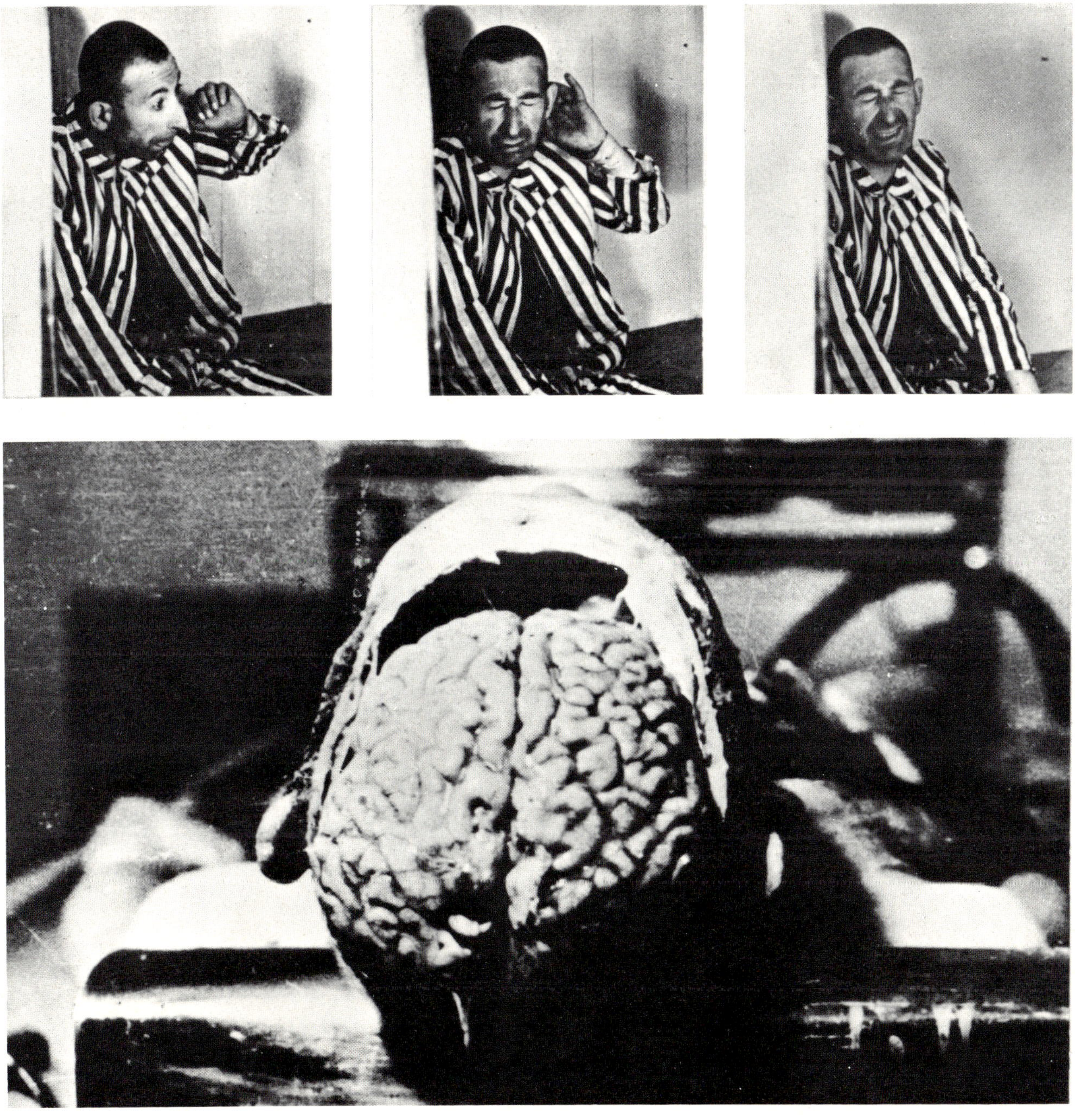

613

Befreiung

614

615

616

»Nach der Befreiung Buchenwalds mußten ein paar tausend Weimarer Nationalsozialisten das Lager besuchen« [614], berichten ehemalige Buchenwald-Häftlinge. »Sie sollten sich mit eigenen Augen von dem ›hohen kulturellen Niveau‹ überzeugen, das das Nazi-Regime geschaffen hatte und das seine lehrreiche Illustration besonders in den Mordfabriken der Konzentrationslager fand. Ihnen, wie allen späteren Besuchern, wurde ein ›Merkblatt‹ ausgehändigt, das sie an die Stätten des Grauens im Lager erinnern sollte: An die Öfen des Krematoriums, wo Zehntausende verbrannt wurden; an den Vorhof des Krematoriums, wo Haufen von Leichen ausgemergelter Häftlinge aufgestapelt waren; an den Block 46, wo Menschen als Versuchstiere mit Fleckfieberbakterien infiziert wurden; an den Pferdestall, wo 7000 russische Kriegsgefangene durch Genickschuß gemordet wurden.«

Eine Frauenbaracke in Auschwitz nach der Befreiung durch Soldaten der Roten Armee am 26. Januar 1945 [615].

Der ehemalige Kommandant des Lagers Landsberg in der Nähe von München [616].

Zehntausende von Kindern aller Nationalitäten wurden in Auschwitz umgebracht. Nur Zwillinge ließen die SS-Ärzte am Leben, weil sie sie als Kontrollgruppe für medizinische Experimente benötigten. Einige dieser Kinder konnten befreit werden [617].

617

Opfer und Henker

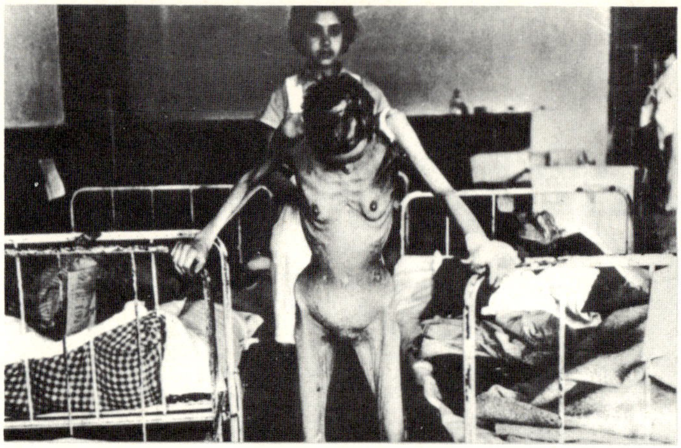

618 Britische Soldaten zwingen unter vorgehaltenem MG und aufgepflanztem Bajonett Aufseher in Bergen-Belsen, die Leichen ihrer Opfer zum Transport in Massengräber auf Lastwagen zu verladen [620].

Das Opfer von Hungerexperimenten der SS, eine dreißigjährige Frau, nach der Befreiung durch sowjetische Soldaten [618].

Drei Aufseher der SS-Wachmannschaft Bergen-Belsen nach ihrer Gefangennahme durch britische Truppen: Peter Weingartner, Hildegard Lohbauer und Martha Linke [619].

619

620

621

8 Der Zweite Weltkrieg

»Aber erst Gräber schaffen Heimat. Erst unsere Toten geben uns Licht.«[1]
Ernst Bertram über das besetzte Rußland

Die Offiziere, die im Sommer 1944 das Attentat auf Hitler verübten, hatten geplant, nach erfolgreicher Aktion eine Erklärung an die Truppe herauszugeben, in der zum erstenmal alle Angehörigen der Wehrmacht die Wahrheit über Hitlers militärische ›Geniekünste‹ erfahren sollten:
»Wer einen Stiefel besohlen will, muß es gelernt haben. Wer ein Millionenheer führen will, muß die Fähigkeit dazu auf den verschiedenen Stufenleitern harten militärischen Dienstes erlernt und bewiesen haben. Seitdem sich Hitler im Winter 1941/42 selbst den Oberbefehl zuerkannt hat, wurde durch Eigensinn, Unfähigkeit und Maßlosigkeit die Wehrmacht in Lagen gebracht, vor denen Sachverständige gewarnt hatten und die vermeidbare schwerste Opfer gekostet haben. Der Untergang der 6. Armee bei Stalingrad, der Zusammenbruch des unüberlegten Unternehmens in Nordafrika sowie die vergeblichen Opfer auf Sizilien sind einzig und allein unfähiger, gewissenloser Führung zuzuschreiben. Hunderttausende brave Soldaten büßten für Vermessenheit und Eitelkeit eines einzelnen mit Leben, Gesundheit oder Verlust der Freiheit.«[2]
Diese sorgfältig vorbereitete Erklärung mit ihrer kurzen und klaren Einschätzung von Hitlers Fähigkeiten als Oberbefehlshaber konnte aber nie gesendet werden. Der ›Führer‹ überlebte fast unversehrt die Bombenexplosion in der Wolfsschanze; der Krieg dauerte weitere neun Monate, in denen die Wehrmacht an allen Fronten größte Verluste erlitt. Fast alle Mitglieder des Widerstands wurden verhaftet und hingerichtet; einige wählten lieber den Freitod, als in die Hände der Gestapo zu fallen. Eine besondere Behandlung wurde Generalfeldmarschall Rommel zuteil, den Hitler vor die Wahl zwischen Selbstmord und Hinrichtung stellte. Da er sich für die erste Möglichkeit entschied, erhielt er ein Staatsbegräbnis und sogar eine Dankesbotschaft von Hitler: »Sein Name ist in die Geschichte des deutschen Volkes eingegangen.«[3]
Obwohl Hitler den Deutschen erzählte, daß das Attentat auf ihn das Werk einer winzigen Clique gewesen sei, verhaftete und tötete der Volksgerichtshof in Verbindung damit fast 200 Menschen. Daran kann man ablesen, wie viele ältere Wehrmachtsoffiziere bereits die Aussichtslosigkeit des Krieges eingesehen und sich von Hitler abgewandt hatten. Schon seit Jahren hatten Offiziere der Wehrmacht und hohe Beamte Pläne für einen Staatsstreich ausgearbeitet; mehrfache Versuche, Hitler bei Truppenbesichtigungen zu beseitigen, schlugen fehl. Bis eines Tages Oberst von Stauffenberg seine Aktentasche unter den Kartentisch im Führerhauptquartier gestellt hatte und wegen eines dringenden Telefongesprächs den Raum verließ . . .
Ein weniger starrsinniger Diktator hätte das Attentat vielleicht als Zeichen dafür interpretiert, daß er seine Lage neu überdenken müsse, denn seit zweieinhalb Jahren – seitdem im Winter 1941 die Eroberung Rußlands 60

Hamburg 1944: Eine alte Frau frühstückt zwischen den Überresten ihres zerbombten Haushalts, die sie rings um den Tritonbrunnen in Altona aufgestellt hat.

Kilometer vor Moskau zum Stillstand gekommen war – verlor Hitler den Krieg genauso schnell, wie er ihn früher zu gewinnen schien. Seine Armee befand sich im vollständigen Rückzug, die deutschen Städte wurden zerbombt. Doch statt dessen betrachtete Hitler die Tatsache, daß er unversehrt dem Attentat entronnen war, als einen weiteren Beweis dafür, daß die *Vorsehung* ihn als ihr Instrument auserwählt habe und daß der so lange hinausgezögerte *Endsieg* auf ebenso wundersame Weise herbeigeführt würde. In gewisser Weise begrüßte er sogar das Bombenattentat, da es ihm den besten Beweis für die zweite Legende lieferte: daß nämlich diese Verräter in den obersten Rängen der Wehrmacht für alle militärischen Rückschläge verantwortlich seien. Endlich hätten sie gezeigt, auf wessen Seite sie ständen, diese »verbrecherischen dummen Offiziere«[4]. In der ihm noch verbleibenden Zeit arbeitete er unablässig daran, diese neue *Dolchstoßlegende* zu seiner Rechtfertigung gegenüber der Nachwelt auszubauen. Kurz bevor er Selbstmord beging, sagte er zu seinem Chefpiloten: »Baur, man müßte mir auf meinen Grabstein setzen: ›Er war das Opfer seiner Generale.‹«[5]

In den letzten unheilvollen Jahren des ›Dritten Reiches‹ zeigte uns Hitler das ganze erbärmliche Schauspiel eines pathologischen Lügners, der verzweifelt versucht, seine eigene Schuld auf jeden auch nur halbwegs glaubwürdigen Sündenbock abzuwälzen. Er war zwar schon immer ein Genie darin gewesen, Fehler bei anderen zu finden, aber seine letzten Jahre waren eine einzige Selbstrechtfertigung. Aus dem Führerhauptquartier quoll ein Strom von Verlautbarungen mit den immer gleichen hysterischen Anschuldigungen, wer die Schuld am Krieg und den nachfolgenden Schwierigkeiten habe: An erster Stelle standen natürlich die Juden, die uns »einen mitleid- und erbarmungslosen Krieg aufgezwungen haben«[6]. Manchmal war es auch »die Verschwörung von Demokraten, Juden und Freimaurern«[7], die ihn dazu genötigt hätte. Dann waren da noch die Polen, die den Konflikt dadurch herbeigeführt hätten, indem sie nicht auf seine Friedensvorschläge eingegangen waren[8]; die Engländer, deren »maßgebende Kreise den Krieg gewünscht hatten«[9], und die Russen, »dieser bolschewistisch-asiatische Koloß«, dessen Ziel »die beabsichtigte Vernichtung Europas«[10] war. Manchmal dachte Hitler auch daran, Mussolini die ganze Schuld zu geben: »Denn wenn Italien damals [1939] die Erklärung abgegeben hätte, daß es sich mit Deutschland solidarisch erklärte, wozu es verpflichtet war auf Grund der Verträge, dann wäre der Krieg nicht ausgebrochen; dann hätten die Engländer nicht angefangen, und die Franzosen hätten nicht angefangen.«[11] Auf jeden Fall waren Mussolinis Truppen für die Niederlage an der russischen Front mitverantwortlich: »Nach fünfjährigem schwerstem Kampf steht infolge des Versagens aller unserer europäischen Verbündeten der Feind an einigen Fronten in der Nähe oder an den deutschen Grenzen«[12], verkündete er im September 1944. Der »Zusammenbruch der rumänisch-italienisch-ungarischen Front am Don« hatte zu diesem schweren Rückschlag geführt – »die Ursache liegt nicht beim deutschen Volk und seiner Wehrmacht«[13]. Da die anderen nicht so tapfer wie die Deutschen gekämpft hätten, müsse das »Kleinstaatengerümpel, das heute noch in Europa vorhanden ist, so schnell wie möglich liquidiert werden«[14]. Es gab auch Tage, an denen es ihm möglich schien, daß seine eigenen Leute versagt haben könnten: nicht nur die verräterischen Generale in der Wehrmacht, sondern auch sein alter Waffen-

gefährte Reichsmarschall Göring, gegen dessen schlechte Führung der Luftwaffe Hitler gewettert hatte: »London nicht finden, eine Affenschande!«[15] An noch düstereren Tagen gelangte er zu der Einsicht, daß das deutsche Volk ihn eigentlich gar nicht verdient habe: »Wenn das deutsche Volk in diesem Kampf unterliegen müsse, dann sei es zu schwach gewesen, es hätte seine Probe vor der Geschichte nicht bestanden und wäre daher zu nichts anderem als zum Untergang bestimmt.«[16]
Falls noch jemand Zweifel haben sollte, ob Hitler nicht vielleicht doch zu den ›großen Männern‹ der deutschen Geschichte gehöre, sollte er die von Max Domarus gesammelten schriftlichen und mündlichen Äußerungen Hitlers sehr genau nachlesen. Besonders die aus den Jahren, als es mit dem ›Dritten Reich‹ zu Ende ging und Hitler sich mit allen Mitteln vor der unvermeidlichen Abrechnung drücken wollte. Was aus den 1300 Seiten von Hitlers Äußerungen während des Krieges – seinen unaufhörlich neuen Plänen, Befehlen, Versprechungen, Entschuldigungen – deutlich wird, ist sein »moralischer und geistiger Kretinismus«[17], in dem sein Biograph Alan Bullock den eigentlichen Grund für Hitlers Machtstreben sieht. Der Krieg war Hitlers Element, aber nicht etwa wegen seines ›militärischen Genies‹, sondern weil er ihn dem Ziel näherbringen sollte, den bereits seit zwanzig Jahren geplanten Völkermord im Osten auszuführen. Solange er noch zuversichtlich war und an einen Sieg glaubte, hatte er keine Bedenken, seine verbrecherischen Absichten seinen Mitarbeitern anzuvertrauen; seine Tischgespräche und Anweisungen an Truppenkommandeure sind voll von schrecklichen Drohungen und apokalyptischen Prophezeiungen. Moskau zum Beispiel sollte »vollständig vernichtet« werden. Als im September 1941 die russische Hauptstadt in Reichweite der deutschen Truppen schien, gab er folgende Anweisung:
»Diese Stadt darf von keinem deutschen Soldaten betreten werden. Sie ist in weitem Bogen einzuschließen. Kein Soldat, kein Zivilist, ob Mann, Frau oder Kind, darf sie verlassen ... Ich habe Vorkehrungen getroffen, um Moskau und seine Umgebung mittels riesiger Anlagen zu fluten und im Wasser zu ertränken. Wo bisher Moskau steht, wird ein gewaltiger See gebildet, der die Metropole des russischen Volkes den Blicken der zivilisierten Welt für immer entziehen wird.«[18] Auch Leningrad, dessen Einnahme auch kurz bevorzustehen schien, sollte »vom Erdboden verschwinden«. Am 29. September 1941 wurden der Heeresgruppe Nord folgende Befehle des ›Führers‹ übermittelt:
»Betrifft: Zukunft der Stadt Petersburg (Leningrad).
II. Der Führer ist entschlossen, die Stadt Petersburg vom Erdboden verschwinden zu lassen. Es besteht nach der Niederwerfung Sowjetrußlands keinerlei Interesse an dem Fortbestand dieser Großsiedlung ...
IV. Sich aus der Lage der Stadt ergebende Bitten um Übergabe werden abgeschlagen werden, da das Problem des Verbleibens und der Ernährung der Bevölkerung von uns nicht gelöst werden kann und soll. Ein Interesse an der Erhaltung auch nur eines Teiles dieser großstädtischen Bevölkerung besteht in diesem Existenzkrieg unsererseits nicht.«[19]
Da die Stadt aber nicht eingenommen werden konnte, verkündete Hitler am 8. November 1941 – dem 18. Jahrestag des Putsches in München – großsprecherisch vor der traditionellen Versammlung ›alter Kämpfer‹ in München: »Prestigemomente spielen bei uns überhaupt keine Rolle. Wenn daher heute

einer sagt: ›Sie sind bei Leningrad ja in der Defensive‹, dann komme ich und antworte: Wir waren vor Leningrad genausolange offensiv, als dies notwendig war, um Leningrad einzuschließen. Jetzt sind wir defensiv, und der andere muß jetzt auszubrechen versuchen, aber er wird in Leningrad verhungern! Ich werde sicher nicht einen Mann mehr opfern, als unbedingt notwendig ist.
Wenn heute jemand da wäre, um Leningrad zu entsetzen, dann würde ich den Befehl geben, es zu stürmen, und wir würden es erstürmen. Denn wer von der ostpreußischen Grenze bis zehn Kilometer vor Leningrad gestürmt ist, der kann auch noch die zehn Kilometer vor Leningrad bis in die Stadt hineinmarschieren! Aber das ist nicht notwendig. Die Stadt ist umklammert. Niemand wird sie mehr befreien, und sie fällt in unsere Hand.«[20]
Leningrad kapitulierte nicht; doch erst als der bittere russische Winter Hitlers Optimismus beendete, erwachte er aus seinem euphorischen Traum von der großen Kolonie im Osten, die er für Deutschland erobern wollte. In einem ›Tischgespräch‹ Anfang November 1941 sagte er:
»Was für England Indien war, wird für uns der Ostraum sein. Wenn ich dem deutschen Volke nur eingeben könnte, was dieser Raum für die Zukunft bedeutet! Kolonien sind ein fraglicher Besitz. Diese Erde ist uns sicher. Europa ist kein geographischer, sondern ein blutsmäßig bedingter Begriff.«[21]
Das Erstaunlichste ist, daß diese Äußerungen von fast jedem in Hitlers Umgebung als philosophische Grundwahrheiten akzeptiert wurden. Jede dieser Aussagen, die er etwa am Mittagstisch machte, wurde von besonderen Vertrauensleuten notiert und für die Nachwelt aufbewahrt wie die Worte eines lebenden Propheten.
Während seine Soldaten an der Front zu Zehntausenden umkamen, saß der ›Führer‹ in seinem Bunker in der Wolfsschanze und erging sich in der düsteren Mischung aus schlechtverdauter Geschichte und fragmentarischen Mythen, die man in NS-Kreisen als ›Geopolitik‹ bezeichnete.
Am 17. Oktober 1941 hatte Hitler ausgeführt, daß er die weite russische Steppe besiedeln werde. Der unermeßliche Raum an der Ostfront sollte der größte Kriegsschauplatz der Geschichte werden. Er plane, die asiatische Steppe zu europäisieren. Es seien bereits Straßen im Bau, die bis zu den südlichsten Zipfeln der Krim und bis in den Kaukasus führen werden. Die russischen Städte würden nicht wieder aufgebaut werden, sondern verfallen. Vor allem werde es kein Erbarmen geben. Die Deutschen sollten keine Ammenrolle spielen; sie hätten gegenüber den Menschen dort keinerlei Verpflichtungen. Ihre elenden Hütten sanieren, ihre Flöhe vertilgen, deutsche Lehrer anstellen, Zeitungen herausgeben – soweit käme es noch! Er wolle sich darauf beschränken, höchstens eine Rundfunkstation unter deutscher Kontrolle einzurichten. Ansonsten sollten die Russen nur soviel lernen, um die Verkehrszeichen verstehen zu können, damit sie nicht von den deutschen Autos überfahren würden.[22]
Hitler war sich bewußt, daß seine Kolonisierungs- und Vernichtungspläne für den Osten die Bestimmungen der Landkriegsordnungen von Genf und Den Haag verletzten. Deshalb war er in einiger Sorge darüber, daß ihm einige pflichtbewußte Offiziere mit ihren altmodischen Vorstellungen von militärischer Ehre sein Spiel verderben könnten. Während der Besetzung Polens hatte er die Einwände der Wehrmacht dadurch umgangen, daß er

NS-Gouverneure einsetzte, die für die »völkische Ausrottung« und »politische Flurbereinigung«[23] verantwortlich waren. »Die Aufgabe, die ich Ihnen übertrage, ist eine teuflische«, sagte er zu dem Generalgouverneur von Polen, Hans Frank, bei dessen Einsetzung. »Andere, denen solche Gebiete anvertraut wurden, würden gefragt werden: ›Was willst du errichten?‹ Ich frage das Gegenteil.«[24] Als Vorbereitung für den Überfall auf die Sowjetunion behauptete er vor den versammelten Kommandeuren, die Russen würden die Haager Konvention nicht anerkennen. Das war eine bewußte Lüge. Wie er in seiner fast zweieinhalbstündigen Ansprache erklärte, sollte dies jedenfalls ein »Vernichtungskampf« und ein »Kampf zweier Weltanschauungen gegeneinander«[25] werden. Die Armee hatte »die Vernichtung der bolschewistischen Kommissare und der kommunistischen Intelligenz«[26] zur Aufgabe. In den neuen deutschen Kolonien im Osten sei zwar Platz für russische Bauern, nicht aber für Intellektuelle. »Es muß verhindert werden, daß eine neue Intelligenz sich bildet ... – Das ist keine Frage der Kriegsgerichte ... Der Kampf wird sich sehr unterscheiden vom Kampf im Westen. Im Osten ist Härte mild für die Zukunft.«[27]

In dieser Zeit wähnte sich der mächtigste Mann Europas sicher genug, die völlige Vernichtung aller Gefangenen und *Untermenschen* zu befehlen. »Heute ist die deutsche Wehrmacht ohne Zweifel das gewaltigste Kriegsinstrument aller Zeiten, das jemals auf der Erde war.«[28] Die brutalen Kriegsverbrechen im Osten verbauten Hitler auch die letzten Möglichkeiten, sich noch in einen Verhandlungsfrieden zu retten. Denn die Alliierten konnten auf einen ›Vernichtungskrieg‹ nur mit einer ebenso unbeirrbaren Politik der ›bedingungslosen Kapitulation‹ antworten. Goebbels war realistisch genug, im November 1943 in der Wochenzeitung ›*Das Reich*‹ zuzugeben: »Was uns betrifft, so haben wir die Brücken hinter uns abgebrochen. Wir können nicht mehr zurück, aber wir wollen auch nicht zurück ... Wir werden als die größten Staatsmänner aller Zeiten in die Geschichte eingehen oder als ihre größten Verbrecher.«[29]

Als die Nachrichten von der Front immer ungünstiger wurden, begann Hitler, auf Zeit zu spielen. Zugleich erfand er immer ausgeklügeltere Rationalisierungen. Da seine ›Intuition‹ in Militärangelegenheiten bis dahin immer über die nüchterne Vorsicht seiner Generale gesiegt hatte, war er zuversichtlich, daß er auch weiterhin Erfolg haben würde: »Ich habe überhaupt keine Experten«, versicherte er seinen alten Mitkämpfern im November 1941. »Bei mir genügt immer mein Kopf ganz allein. Ich habe keinen Gehirntrust zu meiner Unterstützung notwendig. Wenn also wirklich eine Veränderung irgendwo stattfinden soll, dann entsteht das zunächst in meinem Gehirn und nicht im Gehirn anderer, auch nicht in dem von Experten.«[30] Fünf Monate später rühmte er sich vor dem Reichstag (es war seine letzte Sitzung), daß er in Rußland weit erfolgreicher gewesen sei als sein »schwächlicher« Vorgänger Napoleon: »Wir haben ein Schicksal gemeistert, das einen anderen vor 130 Jahren zerbrochen hat.«[31] In Wahrheit machte Hitler genau dieselben strategischen Fehler wie Napoleon; beide unterschätzten die Stärke ihres Gegners, die Auswirkungen des Wetters und die Weite des Raums. Hitler hatte zwar erfolgreiche *Blitzkriege* geführt, bei denen er auf den Überraschungseffekt und seine Beweglichkeit bauen konnte; als sich das Blatt aber wendete, war er vollkommen unfähig, eine Verteidigungs-

und Rückzugsstrategie zu entwickeln, wie es ein Berufsoffizier unter solchen Umständen getan hätte, um Kräfte zu schonen. Bereits zu Beginn des Krieges hatte Hitler sich auf eine bedingungslose Vorwärtsstrategie festgelegt – »Wo der deutsche Soldat steht, kommt kein anderer hin!«[32] –, die ihn mehrere Millionen Verwundete kostete. Als Rommel mit seinem Afrika-Korps in Ägypten eingekesselt war, erhielt er die Anweisung: »Ihren Truppen können Sie keinen anderen Weg zeigen als den zum Siege oder zum Tod«[33] – was Rommel gerade vermeiden wollte. Vor Stalingrad, wo Hitlers ideologischer Starrsinn 300 000 Soldaten das Leben kostete, lautete sein Befehl: »Die Armee hält ihre Position bis zum letzten Soldaten und zur letzten Patrone.«[34] Die Männer in den Schützengräben wurden zum Durchhalten aufgefordert, denn: »Der Führer weiß am besten Bescheid ... Der Führer kennt die Lage seiner Soldaten. Er wird es schon schaffen. Wir müssen nur gehorchen. Wir haben nichts zu fragen, sondern blind zu gehorchen.«[35] Als man Hitler einmal in seinem Hauptquartier auf die ungeheuren Verluste an jüngeren Offizieren aufmerksam machte, antwortete er ohne Zögern: »Aber dafür sind doch die jungen Leute da!«[36]

»Wie eine Spinne im Netz«[37] seines zerfallenen Reiches sitzend, hatte Hitler nun keine andere Wahl mehr, als aus der Not eine Tugend zu machen. »Glauben Sie mir«, schrie er seinen General Guderian an, »ich bin der größte Festungsbauer aller Zeiten.«[38] Als er alle seine Streitkräfte für die erwartete Invasion der Alliierten in Frankreich zusammenzog, verkündete er: »Ich bin der Überzeugung: in dem Moment, wo es losgeht, wird es eine *Erlösung* sein.«[39] Er glaubte, auch die Invasion erfolgreich abwehren zu können – mit Flammenwerfern. Tausende davon sollten an die Männer in den Küstenverteidigungsanlagen ausgegeben werden. »Flammenwerfer sind in der Verteidigung doch das Beste, das ist eine furchtbare Waffe ... überall muß man Flammenwerfer haben.«[40] Und als er am 6. Juni 1944 die Nachricht erhielt, daß die Alliierten in der Normandie gelandet seien, meinte er: »Die Nachrichten könnten gar nicht besser sein! Solange sie in England waren, konnten wir sie nicht fassen. Jetzt haben wir sie endlich dort, wo wir sie schlagen können.«[41] Ein paar Tage später behauptete er, hocherfreut zu sein, denn: »Jetzt stehe ich einen wirklichen Feinden von Angesicht zu Angesicht gegenüber.«[42] Plötzlich sah er sogar einen Vorteil darin, daß das Reich nun kleiner war und die Menschen zusammengedrängter als vorher waren: » ... frage mich, ob nicht angesichts der ganzen Lage es wirklich so schlimm ist, daß wir verhältnismäßig eng zusammengepreßt sind. Wenn das Gebiet, das wir jetzt besitzen, gehalten wird, dann ist das ein Gebiet, das uns immerhin das Leben ermöglichen kann, und wir haben nicht diese riesigen Etappen.«[43] Sogar die Tatsache, daß die Amerikaner ihm an Kriegsmaterial weit überlegen waren, bot ihm noch Trost; war es doch die beste Bestätigung einer seiner rassentheoretischen Aussagen: »Die Ingenieure der Amerikaner sind zum großen Teil deutscher Herkunft. Das ist schwäbisch-alemannisches Blut, was die Menschen haben.«[44]

Was er nun von allen Deutschen, Soldaten wie Zivilisten, verlangte, war, im »Unmöglichen standhaft zu bleiben«[45]. Wenn sie in den Bomben und Geschossen ausharren würden, sei das ein Beweis für die Wirksamkeit der nationalsozialistischen Disziplin – »Das ist das Verdienst der männlichen Erziehung unseres Volkes, das ist das Verdienst des nationalsozialistischen

Glaubens!«[46] Wer nicht sein Letztes gab, wurde erschossen, wie die fünf Offiziere, die die Remagener Rheinbrücke nicht rechtzeitig vor der Ankunft der Amerikaner sprengen konnten und die er deshalb von einem »fliegenden Standgericht«[47] erschießen ließ.

Bereits im Dezember 1943 hatten die Russen damit begonnen, deutsche Kriegsverbrecher, die bei ihrer Gegenoffensive in ihre Gefangenschaft geraten waren, vor Gericht zu stellen und hinzurichten. Die Nachricht von diesen Hinrichtungen war ein großer Schock für Hitler, der anscheinend geglaubt hatte, daß seine SS-Mordkommandos über dem Gesetz stünden. Je mehr seine Unruhe wuchs, desto mehr versuchte er, ganz Deutschland mit seinen Schuldgefühlen vor einer Heimzahlung durch die Alliierten anzustekken. »Wenn der Krieg verlorenginge ...«, sagte er auf einer Tagung von ›Wehrwirtschaftsführern‹ auf dem Obersalzberg im Juli 1944, »dann brauchen Sie keine Umstellung vorzunehmen. Dann ist nur [noch notwendig], daß jeder einzelne seine private Umstellung vom Diesseits zum Jenseits sich überlegt, ob er das persönlich machen will oder ob er sich aufhängen lassen will oder ob er sich einen Genickschuß geben lassen will oder ob er verhungern will oder in Sibirien arbeiten will, das sind die einzigen Überlegungen, die dann der einzelne machen kann.«[48]

Wie um sich selber Mut zu machen, spielte er seine Rolle als großer Staatsmann und Führer der Nation fast bis zum bitteren Ende weiter: Er entwarf neue Orden für seine Soldaten und sandte diplomatische Telegramme an die wenigen mit ihm noch verbündeten Staatsoberhäupter. Nur seine zunehmend zerrütteten Nerven kündigten das baldige Ende des Dramas an. »Gegen das Ende wurden seine bekannten Wutausbrüche immer heftiger und zahlreicher«, schrieb seine Geheimsekretärin in ihrem Bericht *»Hitler privat«.* »Er war dann wie eine Furie ... Diese oft minutenlangen Zornausbrüche endeten gewöhnlich in den Sätzen: ›Verschwinden Sie für immer aus meinen Augen und betrachten Sie sich als entlassen. Sie können von Glück sagen, daß ich Sie nicht erschießen lasse‹.«[49]

Noch in seinen letzten Minuten befahl er die Hinrichtung von Hermann Fegelein, einem SS-Verbindungsoffizier und Schwager von Eva Braun. Sein Verbrechen bestand darin, daß er versucht hatte, aus dem Führerbunker zu fliehen, ehe die Russen da waren. In seinem politischen Testament, mit dem sich Hitler vor seinem Selbstmord noch einmal an das deutsche Volk wandte, gab er – wie üblich – die Schuld denjenigen, »denen wir alles zu verdanken haben: dem internationalen Judentum«[50] und im selben Atemzug dem deutschen Offizierskorps.

Ein angemesseneres Testament wäre die Prophezeiung gewesen, die er sechs Jahre früher in einer Rede gemacht hatte und die er in seiner letzten Rede vor Nichtmilitärs – auf derselben Tagung von ›Wehrwirtschaftsführern‹ auf dem Obersalzberg – zitierte; eine Prophezeiung, mit der er wenigstens einmal recht behalten sollte: »Ich sage: das deutsche Volk hat einst die Kriege mit den Römern überstanden ... Das deutsche Volk hat dann die späteren großen Kämpfe des frühen und späten Mittelalters überstanden. Das deutsche Volk hat dann die Glaubenskämpfe der neueren Zeit überstanden. Das deutsche Volk hat dann später die Napoleonischen Kriege, die Freiheitskriege, es hat sogar einen Weltkrieg überstanden ... Es wird auch mich überstehen!«[51]

Kriegs-verherrlichung

Propagandafilme: *»Feldzug in Polen«* [622, 626] und *»Sieg im Westen«* [624]. Dem *›Stürmer‹* zufolge haben die Juden Deutschland in den Krieg gezwungen [623].
Die Eroberer in Paris: Kavallerieparade am Arc de Triomphe [625].

622

Der Stürmer
Deutsches Wochenblatt zum Kampfe um die Wahrheit
Herausgeber: Julius Streicher

Warum dieser Krieg?

Im Banne des Juden

Die Juden sind unser Unglück!

623

Illustrierter Film-Kurier
Sieg im Westen
Ein Film des Oberkommandos des Heeres

Lüttich

624

625
626

627

Tage des Triumphs

Zur Vorbereitung von Hitlers triumphalem Einzug in Berlin am 6. Juli 1940 nach dem Sieg im Frankreich-Feldzug streuen BDM-Mädchen in den Straßen der Reichshauptstadt Blumen [627]. Der Weg vom Anhalter Bahnhof zum Wilhelmsplatz sollte auf Anordnung des Gauleiters in einen »Blütenteppich« verwandelt werden.
Hitlers Wagenkavalkade passiert das Reichsluftfahrtministerium in der Wilhelmstraße [628].

628

629

630

Hitler und sein Stab, darunter rechts neben ihm General Erwin Rommel, gehen nach der Eroberung Warschaus an einem polnischen Panzerzug entlang, den deutsche Artillerie manövrierunfähig geschossen hatte [630]. Mit Generaloberst Wilhelm Keitel inspiziert er die Zerstörungen [629].

Lagebesprechung im Führerhauptquartier mit Keitel und Generalmajor Alfred Jodl, dem Chef des Wehrmachtsführungsamtes [631].

Eine Filmaufnahme hat Hitlers Reaktion auf das französische Ersuchen um Waffenstillstand im Juni 1940 festgehalten [632]. Unmittelbar nach dem Freudentanz huldigte Keitel ihm als dem »größten Feldherrn aller Zeiten«.

Weihnachten 1940: bei einem Weihnachtsessen im besetzten Frankreich lauscht Hitler in nachdenklicher Haltung den Stimmen seiner Leibstandarte; zu seiner Rechten Sepp Dietrich [633].

631

632

Die Schreckensherrschaft

634

635

»Das Gebiet, das wir im Osten erobert haben, umfaßt etwa 70 Prozent des Weizenanbaugebiets der Sowjetunion«, erklärte die deutsche Presse 1943. Das Korn wurde auf offenen Lagerplätzen für den Transport ins Reichsgebiet gesammelt. Frauen mußten in Zwangsarbeit das Korn wenden [634].
Russische Kriegsgefangene verlegen für einen Bautrupp der ›Organisation Todt‹ Eisenbahnschienen für die ›Umnagelung‹ der russischen auf die europäische Spur [635].

In den besetzten europäischen Ländern verübten SS- und Polizeieinheiten an Zivilisten und Kriegsgefangenen Morde in einem unvorstellbaren Ausmaß. Die Zahl der Toten beläuft sich auf 5 Millionen Juden, 2,5 Millionen Polen, 520 000 Zigeuner, 473 000 russische Kriegsgefangene, 100 000 Euthanasie-Opfer. Die Zahl der Deutschen in den Konzentrationslagern wird auf ca. 100 000 geschätzt, die Zahl der nach einem Urteil hingerichteten Deutschen mit etwa 20 000 angegeben.
Franzosen, die verdächtigt werden, Mitglieder der Résistance zu sein, flehen um ihr Leben [637].
Oktober 1941: drei verurteilte russische Zivilisten werden durch Minsk geführt [636]; die Exekution [638].
Polnische Zivilisten werden erschossen [639].

636

637
638

639

640

Das Ende eines Aufstands

Im Frühjahr 1943 lehnten sich etwa 60 000 im Warschauer Getto eingemauerte Juden – der Rest der 400 000, die 1940 dort eingepfercht worden waren – mit Waffengewalt gegen ihre Unterdrücker auf. Am Morgen des 19. April 1943 brachte SS-Brigadeführer Stroop seine Panzergeschütze, Flammenwerfer und Sprengkommandos in Stellung. Mehr als einen Monat lang kämpften die in die Enge getriebenen Juden mit hervorragendem Mut. Die Rote Armee, die in der Nähe von Warschau stand, griff auf Befehl Stalins nicht ein. In der Nacht des 16. Mai 1943 schickte Stroop seinen letzten Kampfbericht: »Gesamtzahl der erfaßten und nachweislich vernichteten Juden beträgt insgesamt 56 065.«

SS-Photographen hielten die Niederschlagung des Aufstands im Warschauer Getto im Bild fest. Frauen und Kinder werden unter den Gewehren der Waffen-SS aus ihren Verstecken getrieben [640].

Ein Kind, das von den Deutschen erschossen wurde, weil es Tauben hatte (die als Nachrichtenträger hätten benutzt werden können) [641].

Kindheit im besetzten Warschau [642].

641

642

643
644

Wendepunkt

Generalfeldmarschall Friedrich Paulus führte am 31. Januar/2. Februar 1943 die Reste der bei Stalingrad eingekesselten rund 300 000 Mann starken 6. Armee – 90 000 Soldaten – in sowjetische Gefangenschaft [643, 644].
Deutsche Kriegsgefangene nach der 999 Tage währenden Belagerung von Leningrad, bei der die sowjetische Zivilbevölkerung große Verluste erlitt [645].
60 000 deutsche Kriegsgefangene ziehen durch die Straßen Moskaus [646].

645

646

Tod aus der Luft

647

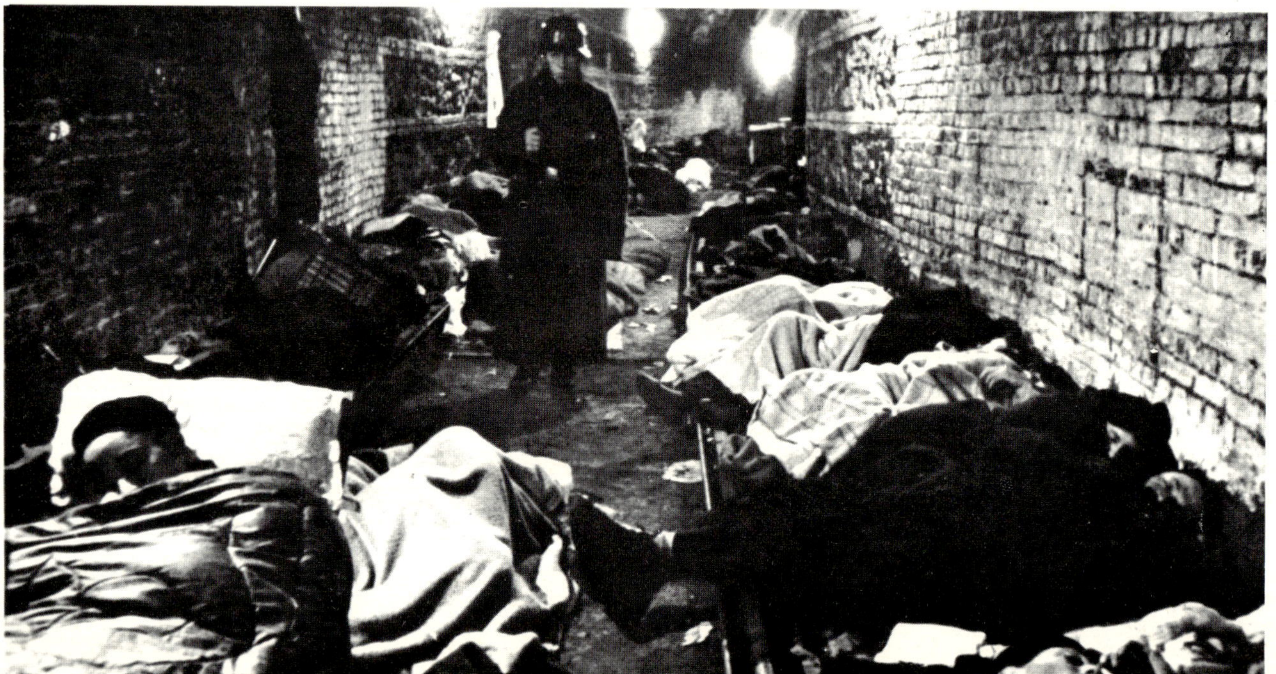

648

Lange vor Ausbruch des Krieges bereitete der Reichsluftschutzbund die Bevölkerung auf Bombenangriffe vor [647], deren schreckliches Ausmaß allerdings niemand vorhersehen konnte. Einwohner von Hamburg verbringen die Nacht in einem Luftschutzkeller [648].
Ein Soldat auf Fronturlaub findet in Hamburg das Haus, in dem er gewohnt hatte, als Trümmerhaufen vor [649].
Eine Frau wird nach einem Luftangriff aus den Trümmern ihres Hauses geführt [650].
Ein junger Soldat bringt seine Familie zu Verwandten aufs Land [651].
Ein Plakat der letzten Stunde 1945 im zerbombten Köln [652].

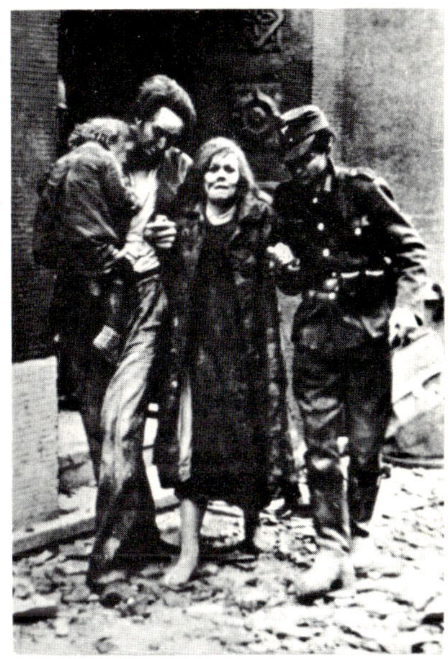

649
650

1943: Morgen nach einer Bombennacht in einer deutschen Stadt [653].

651
652

653

654
655

656

Zerstörungen in Hamburg nach Luftangriffen im Juli 1943 [654, 656].
Frauen an den Flakgeschützen [655].
Dresden nach dem Luftangriff in der Nacht vom 13. zum 14. Februar 1945 [657]. Die Zerstörung übertraf alles, was sonst deutsche Städte im Zweiten Weltkrieg im Verlauf weniger Stunden erlitten. Rund 60 000 Menschen kamen ums Leben.
Berlin 1943: eine Frau mit Gasmaske schiebt über den Kurfürstendamm einen Kinderwagen, den sie mit feuchten Tüchern abgedeckt hat, um ihr Kind vor Hitze und Rauch zu schützen [658].

657

658

659

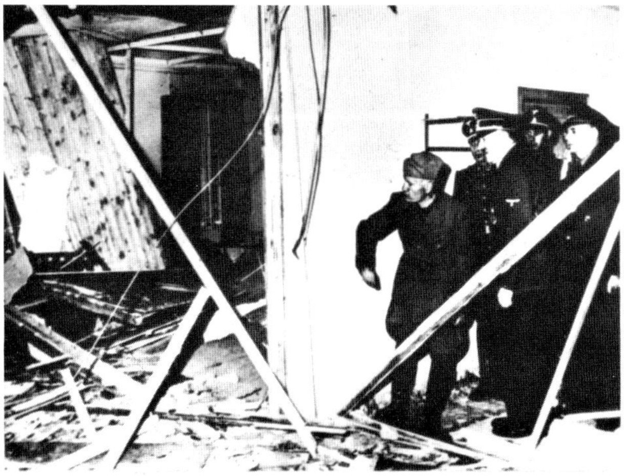

660

Der 20. Juli 1944

Hitler und Mussolini, der kurz nach der Bombenexplosion zu einem Besuch eingetroffen war, nehmen den verwüsteten Lageraum in Augenschein [660]. Mussolini war erst wenige Tage zuvor aus italienischer Gefangenschaft befreit worden. »Nach meiner heutigen Errettung aus der Todesgefahr bin ich mehr denn je davon überzeugt«, erklärte Hitler seinem Gast, »daß es mir bestimmt ist, nun auch unsere gemeinsame Sache zu einem glücklichen Abschluß zu bringen!« Offensichtlich beeindruckt, ergänzte Mussolini: »Das war ein Zeichen des Himmels!«

Am 20. Juli 1944 stellte Claus Schenk v. Stauffenberg im Führerhauptquartier Wolfsschanze eine Aktentasche mit einer Bombe unter den Kartentisch im Lageraum. Die Explosion tötete oder verletzte einige der Anwesenden; Hitler kam fast unverletzt davon. Generaloberst Jodl (mit Kopfverband) und andere Stabsoffiziere beglückwünschen Hitler zu seiner Rettung; hinter ihm Martin Bormann (links) [659]. Stauffenberg und seine engsten Mitverschwörer wurden am selben Tag standrechtlich erschossen, die übrigen am Attentat Beteiligten wurden vor den Volksgerichtshof unter Vorsitz seines Präsidenten Roland Freisler gestellt. »Blitzschnell muß ihnen der Prozeß gemacht werden; sie dürfen gar nicht groß zu Wort kommen. Und innerhalb von zwei Stunden nach der Verkündung des Urteils muß es vollstreckt werden! Die müssen sofort hängen ohne jedes Erbarmen«, äußerte Hitler.
Erwin von Witzleben [661], Erich Hoepner [662] und Helmuth James Graf von Moltke [663] vor dem Volksgerichtshof.

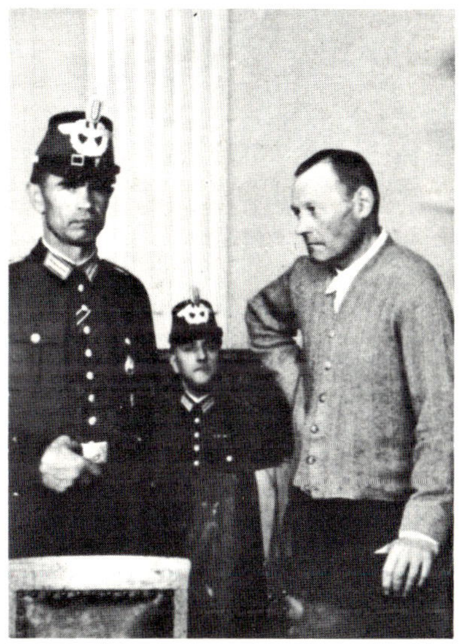

661

662
663

664

Der Zusammenbruch

Am 16. April 1945 besetzen amerikanische Truppen Nürnberg, am 21. April erreichen Schukows russische Armeen die Berliner Vororte. Wien war bereits am 13. April gefallen. Am Nachmittag des 25. April stießen amerikanische Spähtrupps in Torgau an der Elbe auf Vorhuten einer russischen Division.

Deutsche Soldaten ergeben sich kanadischen Truppen [664], britische Soldaten nehmen einen Bunker in Deutschlands westlicher Verteidigungslinie ein [665].

Am 5. März hatte Generaloberst Blaskowitz, Oberbefehlshaber der Heeresgruppe H im Westen, den Befehl erlassen, »alle Soldaten . . . die von ihren Einheiten entfernt angetroffen werden . . . und angeben, sie seien auf der Suche nach ihren Einheiten, werden standrechtlich erschossen« [666].

Hitlerjungen, Hitlers letztes Aufgebot, werden am 20. März 1945 für ihren Fronteinsatz in der Berliner Reichskanzlei mit dem Eisernen Kreuz ausgezeichnet [667].

665

Dresden nach dem Bombenangriff im Februar 1945 [668].

666

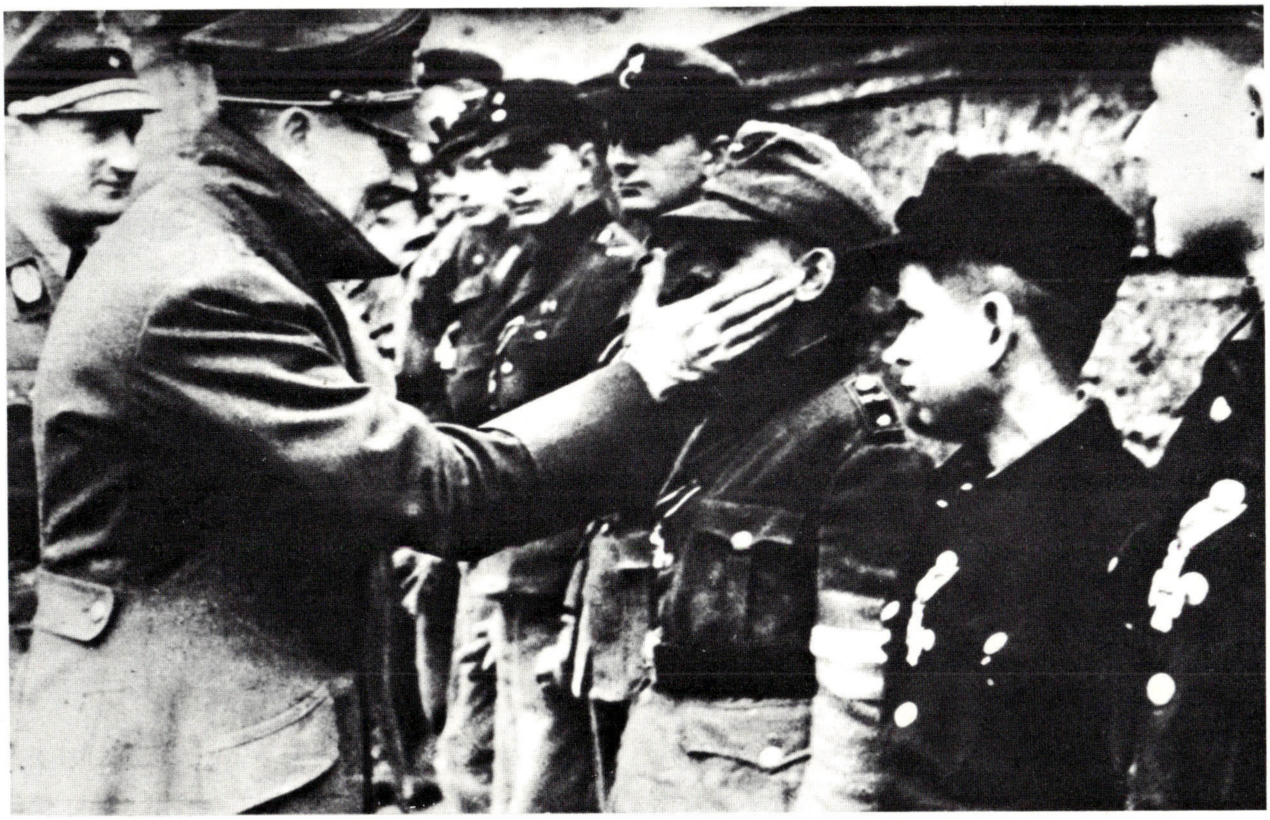

667

668

Nachwort

Hitlers Herrschaft in Deutschland dauerte nur zwölf Jahre. Man macht sich das manchmal nur mit Mühe klar. Wie ereignisreich jene Jahre waren! Wie schnell haben wir damals gelebt! Die ungestüme Flut von Ereignissen zeichnete eine ganze Generation fürs Leben, und viele trieb sie in den Tod. Und für die Überlebenden ist es nicht weniger schwierig, denen, die sie nicht gemacht haben, die Eindringlichkeit jener Erfahrungen zu vermitteln, die Last und das Tempo der Ereignisse – und auch das heilsame Neudenken, die Revision akzeptierter Orthodoxien, die sie uns aufzwangen. Diese Revision ist bis heute noch nicht abgeschlossen. Noch immer tasten wir unsicher nach einer Erklärung für etwas, was trotz der zusammengefaßten Gewißheiten der Lehrbücher ein großes Geheimnis bleibt.

Wenn ich zu denen, die sie nicht erlebt haben, über die dreißiger Jahre spreche, empfinde ich sogleich die Notwendigkeit, mit Nachdruck auf jenes Geheimnis hinzuweisen. Historiker sind mit ihren Erklärungen zu rasch bei der Hand. Wenn alles vorüber ist, fangen sie bei den Ergebnissen an und arbeiten sich zurück. Dadurch isolieren und überbewerten sie vielleicht vergessene Vorboten, weit zurückliegende Vorgefühle, bis das schließliche Emporkommen des Nationalsozialismus einem beinahe unausweichlich vorkommt und man überrascht ist, daß intelligente Menschen ihn nicht haben kommen sehen. Tatsache ist, daß er trotz jener Vorgefühle plötzlich über uns gekommen ist. Wir haben vieles über ihn nicht geglaubt, bis es zu spät war. Wir haben niemals so recht mit ihm Schritt gehalten.

Erkennt man dieses grundlegende Faktum an, nämlich die Rätselhaftigkeit von Deutschlands plötzlichem, massivem Abgleiten in die Barbarei, dann lautet meine logische Forderung, man solle die Jugend, statt ihr platte, einfache und rückschauende Erklärungen zu geben, soweit wie möglich in die Lage versetzen, die Wucht jener Ereignisse zu empfinden und die Gefühle zu teilen, die sie hervorbrachten: den Schock, den Ekel, die Furcht, mit denen eine Erklärung es niemals aufnehmen könnte. Natürlich kann die Jugend nicht in vollem Umfang alles nachvollziehen, zumal sie die Folgen kennt, wenn auch nur aus zweiter Hand; doch sie kann mit Hilfe der Vorstellungskraft das Problem erkennen, bevor sie die fertigen Antworten hinnimmt.

Aus diesem Grunde habe ich mir immer gewünscht, daß diese Epoche der Geschichte, zumindest für den Anfang, nicht logisch oder schematisch – und (natürlich) noch viel weniger ideologisch – dargestellt wird, sondern graphisch, anhand von Bildern, hörbar. Ich habe mir gewünscht, daß diejenigen, die über den Nationalsozialismus nachdenken – denn er ist ein permanentes Problem, das weit über jene zwölf Jahre hinausgeht: das Problem der neuen Barbarei, die durch die Kruste der Zivilisation bricht und heute durch ihre Verfügungsgewalt über technologische Macht noch viel schreck-

licher ist –, sehen und hören, wie es dazu kommt. Ich wollte ihnen schon immer auf Photos und in Filmen seinen Aufstieg und seinen Triumph zeigen, die bereitwillige Unterwerfung eines Volkes, darunter viele Bürger, die nicht zu den egoistischsten oder dümmsten gehörten. Ich wollte sie schon immer die authentische Stimme Hitlers hören lassen, jene schrille und hitzige Sprache, die Ausländern anfangs so lächerlich vorkam, welche die deutschen Zuhörer aber in Verzückung versetzte und begeisterte und später ganz Europa in zitternder Ungewißheit hielt.
Denn Hitler hatte zu Anfang nichts als seine Stimme. Sie war sein einziges Machtinstrument. Er hatte keinen Vorteil durch Geburt oder Bildung, keine politische Erfahrung, kein Genie, das von gebildeten Menschen hätte anerkannt werden können. Er war noch nicht einmal deutscher Staatsbürger. Sein Talent und seine Rücksichtslosigkeit als Politiker und Organisator sollten sich erst später zeigen. Sein Buch *»Mein Kampf«* legte sein Programm dar, doch dadurch verkaufte es sich nicht: Es war eher sein Erfolg, der das Buch verkaufte, und sein Erfolg gründete sich auf seine Rhetorik. Die erfahrenen Politiker der Weimarer Republik meinten, sich Hitlers bedienen zu können. Sie dachten, er sei ihnen auf dem Gebiet der Politik unterlegen, und wollten seine große, vielleicht einzige Gabe ausnutzen, seine demagogische Macht über die Massen, seine Stimme.
Genau diese Tatsache, die ins Auge springt und der man nicht ausweichen kann, wirft unsere erste Frage auf: eine Frage, die das Problem des Nationalsozialismus von Hitlers Biographie loslöst und in einen größeren Zusammenhang stellt. Denn wenn wir nicht in naiver Weise davon ausgehen wollen, daß Hitler diabolische Kräfte besessen und ein unschuldiges Volk behext oder, eine zweite Möglichkeit, daß er nur die kriminellen Schichten Deutschlands mobilisiert hat (die dann bemerkenswert zahlreich gewesen sein müssen), müssen wir zugeben, daß in seiner ursprünglichen Botschaft für »den Mann auf der Straße« eine Attraktion lag, zumindest aber für die »normalen« Deutschen, die weder Kretins noch Kriminelle waren; und wir müssen uns fragen, was war das für ein Reiz, und warum war er so wirkungsvoll? Dies wiederum zieht eine weitere Frage nach sich: Wie waren die historischen Umstände beschaffen, unter denen jene Anziehungskraft dargeboten und aufgenommen wurde? Denn es genügt nicht zu sagen, daß es zwei Deutschlands gegeben hat, ein gutes und ein schlechtes, ein gutes Deutschland der Weimarer Republik, aufgeklärt, demokratisch, fortschrittlich, und ein schlechtes Deutschland, barbarisch, autoritär, reaktionär, und daß das schlechte dank Hitler über das gute gesiegt hat. Das wäre eine unhistorische Vereinfachung, die nur sehr wenig erklären würde. In der Geschichte lassen sich Gut und Schlecht nicht so einfach unterscheiden. Schließlich war es das Deutschland der Weimarer Republik, das Hitlers Diktatur begrüßte.
Wollen wir uns in jenes Deutschland der Weimarer Republik versetzen und seine Atmosphäre atmen, müssen wir uns zunächst einmal mit zwei eindeutigen Tatsachen vertraut machen: Erstens war Deutschland im Krieg besiegt worden. Physisch war die Niederlage total, moralisch war sie es nicht; die Deutschen waren moralisch nicht auf sie vorbereitet und fanden sich nicht damit ab, so wie sie es 1945 taten. Den Tatsachen zum Trotz glaubten sie, sie hätten den Krieg gewinnen können, sie hätten ihn gewinnen müssen;

und tatsächlich hatten sie ihn im Osten ja auch gewonnen. Sie konnten sich mit der Erniedrigung durch diese Niederlage und mit der politischen Revolution in ihrem Gefolge nicht abfinden, mit dem Ende jenes Weltreichs, das der langerwartete Triumph ihrer Geschichte war und das sie fünfzig Jahre lang verherrlicht hatten. Zweitens standen sie vor der erschreckenden Aussicht auf eine weitere Veränderung, eine kommunistische Revolution. Während des Krieges hatte das deutsche Oberkommando geschickt den Bazillus des Kommunismus in das russische Zarenreich eingeschleust, um dessen Widerstandskraft zu brechen. Der Plan war nur zu gut gelungen. Rußland war tatsächlich besiegt worden. Doch nun bemühten sich die Bolschewisten, um ihr eigenes Überleben sicherzustellen, die anderen geschlagenen Länder Europas zu infizieren. Vor allem hatten sie Deutschland im Auge, das Ursprungsland des Marxismus. Deutschland zu erobern, wäre nicht nur ein ideologischer Triumph gewesen; eine Eroberung hätte das neue Regime auch gegen die einzige Macht abgesichert, die in der Lage gewesen war, das alte Rußland zu besiegen. Die Sicherheit Rußlands machte ein kommunistisches Deutschland erforderlich. Das war ein ständiges Ziel, das Lenin verfolgte und das Stalin wenigstens zum Teil erreichte. Von 1919 bis 1923 machten sich die russischen Kommunisten große Hoffnungen auf eine kommunistische Revolution in Europa, besonders aber in Deutschland, das noch bestürzt war über die Niederlage und ihre wirtschaftlichen Folgen. Wenn man dies nicht sieht, übersieht man einen wesentlichen Grund für die Anziehungskraft des Nationalsozialismus – und zudem einen wesentlichen Grund für den Haß und das Mißtrauen, die viele Deutsche für die Sozialdemokraten empfanden, weil sie den Marxismus nicht verdammten und keinen Anspruch darauf erhoben, eine »nationale« Partei zu sein. Die Sozialdemokraten erkannten die Tatsache der Niederlage an. Als Begleiterscheinung akzeptierten sie auch ihre Folgen. Vielleicht wollten sie diese Folgen sogar ausnutzen.

Das Trauma einer unerwarteten Niederlage, die Furcht vor einer weiteren Niederlage durch den russischen Kommunismus – eine schreckliche, späte Rache der Russen für den demütigenden Friedensvertrag von Brest-Litowsk –, dies waren die grundlegenden Fakten, die der Hinnahme des Nationalsozialismus in seiner ersten Phase zugrunde lagen. Seinen Höhepunkt erreichte dieses Stadium im Jahre 1923, als die Franzosen das Ruhrgebiet besetzten, die deutsche Währung zusammenbrach und die Bolschewisten eine Revolution in Deutschland planten. Da unternahm Hitler seinen erfolglosen Putsch in München. Als dieser fehlschlug, hätte er sehr wohl resignieren können. Doch er warf die Flinte nicht ins Korn. Er lernte eine wichtige Lektion. Er erkannte, daß die Tage der Putsche gezählt waren. Das nächste Mal würde er auf legalem Weg an die Macht streben und mit der Revolution erst hinterher beginnen. Vorerst predigte er seinen demoralisierten Anhängern eine neue Heilslehre, die Lehre von der Willenskraft. Durch Willenskraft, erklärte er, könne eine geschlagene Nation durchaus wiedererweckt werden. Deshalb müsse man den Deutschen Vertrauen geben, Vertrauen in die Zukunft, Vertrauen in ihn. Und er wies auf Italien hin, wo Mussolini die Macht erobert und versprochen hatte, das Land vor dem Kommunismus zu bewahren. Die Größe Mussolinis, schrieb Hitler 1925, liege in seiner beispielhaften Willenskraft. Wenn es sein Beispiel nicht gäbe, hätte er niemals geglaubt, daß der kommunistischen Bedrohung Europas widerstanden werden könne. Doch durch Mussolini sei der Weg aufgezeigt worden. Hitler vergaß nie, was er Mussolini schuldete, und aus diesem Grund verehrte er ihn trotz aller Differenzen bis zum Schluß.

Nach dem Fiasko von 1923 entspannte sich die Situation, die dem Nationalsozialismus Auftrieb gegeben hatte. Es waren die Jahre von Locarno, der Anerkennung Deutschlands durch die Sieger, der Politik Stresemanns. Doch mit der Wirtschaftskrise von 1929 war die alte Situation wieder da und wurde auf die Spitze getrieben. Das Schauspiel größter Arbeitslosigkeit und Armut diskreditierte den Individualismus der Weimarer Demokratie, und die Unantastbarkeit und manchmal obszönen Profite von Glücksrittern gaben dem alten deutschen Antisemitismus eine neue Bedeutung. Welches Interesse hatte die Masse der Deutschen an der kosmopolitischen »Weimarer Renaissance« in Berlin, wenn Millionen ihrer Landsleute verarmt oder arbeitslos waren und die öffentliche Ordnung sich im Zusammenbruch befand? Diese objektive Lage war es, die den Nationalsozialismus von einer begrenzten, schaumschlägerischen Bewegung in Bayern zu einer Massenbewegung in ganz Deutschland machte, zu der einzigen Bewegung, wie es schien, welche die Ordnung im Land wiederherstellen und dieses vor dem Kommunismus retten konnte.

Vielleicht war diese Einschätzung falsch. Wenn nicht, dann wäre es vielleicht besser gewesen, Deutschland wäre kommunistisch geworden. Wir wissen es nicht. Aber zumindest können wir einige Motive jener Deutschen verstehen, die Hitlers Versprechen glaubten, eine nationale Solidarität, eine nationale Erneuerung zu schaffen, und auch die Motive jener deutschen Politiker, die durch ihn die Unterstützung der Massen im Land zu gewinnen versuchten. Was sie nicht merkten oder nicht merken wollten, war, daß Hitler nicht nur ein atemberaubender Volksredner und Organisator war, dessen Gaben sie für sich einsetzen könnten und der schließlich verschwinden würde, sondern ein genialer revolutionärer Politiker, der sie leicht aus dem Feld schlagen und kontrollieren könnte, und daß seine Ziele, auch wenn sie sich mit den ihren überschnitten, letzten Endes anders und weitaus radikaler waren.

Aus nachträglicher Sicht möchte man sagen, wie glücklich hätte es sich für Europa gefügt, wenn jene vertrauensvollen Politiker recht gehabt hätten, wenn sie diese neue politische Kraft dazu hätten verwenden können, eine Modifizierung der Friedensverträge und eine innere Ordnung und soziale Einheit zu erreichen, ohne den Kontinent in den Krieg zu stürzen! Das war ihr Ziel, und wenn seine innenpolitischen Kosten vielleicht unerfreulich gewesen wären, muß es an realen, nicht an illusorischen Alternativen gemessen werden. Hätten sie Erfolg gehabt, würde es heute eine stabile, nichtkommunistische Großmacht in Mitteleuropa geben, die ihre Verantwortung wenigstens anerkannt hätte. Denn sicherlich ist es zu defätistisch zu argumentieren, eine derartige Stabilität hätte niemals erreicht werden können, sie hätte einen totalen Bruch mit der deutschen Vergangenheit erfordert, ob nun durch eine vollkommenere Revolution oder durch eine vollkommenere Niederlage als die von 1918.

Wenn sie ... Aber das ist ein großes »Wenn«. Man müßte davon ausgehen, daß sie nicht sie waren und daß Hitler nicht Hitler war. Die Regierenden in

Deutschland waren in politischer Hinsicht bereits bankrott, als sie Hitler zur Mitarbeit heranzogen, und Hitler konnte es sich leisten, sie zu verachten. Nachdem er erst einmal an der Macht war, schob er sie schon sehr bald zur Seite. Das Tempo seines Vorgehens ließ nie nach, er gab die Initiative nie aus der Hand. Noch ehe das erste Jahr um war, war seine legale, konstitutionelle Autorität durch legale, konstitutionelle Mittel in die Diktatur einer einzigen Partei unter einem senilen Präsidenten umgewandelt worden. Im Jahr darauf hatte er die einzige Macht, die ihm innerhalb der Partei gefährlich werden konnte, beseitigt und das Präsidentenamt mit dem Kanzleramt vereinigt. Zwei Jahre später war er in der Lage, die mächtiger werdenden Streitkräfte unter seine Kontrolle zu bringen. Dann kamen die Abenteuer auf außenpolitischem Gebiet, der Krieg, die großen Siege. In weniger als zehn Jahren, so schien es, hatte er Deutschland aus der Niederlage und Demoralisierung herausgeführt und in ein Weltreich verwandelt, das weit über die Träume von Bismarck oder dem Kaiser hinausging.

Wie können wir das unglaubliche Tempo jener Veränderungen, das Ausbleiben jeglicher Gegenmacht, ob nun innerhalb oder außerhalb Deutschlands, zur Wiedererlangung der Initiative erklären? Goebbels erklärte die rasche Konsolidierung der Macht damit, daß er behauptete, alles sei vorbereitet gewesen. Als sie erst einmal die Macht hatte, habe die Partei nicht mehr zu debattieren oder zu zögern brauchen, weil ihr Programm bereits durchdacht gewesen sei. Und Hitler meinte wiederholt: »Ich hatte alles einkalkuliert.« Im Kern trifft das zu, wie ich glaube – und nicht nur für das erste Jahr. Hitlers Programm, flexibel, wie es in den Einzelheiten war, war, was die Grundlagen betrifft, schon lange zuvor ausgearbeitet worden. Wenige Politiker in der Geschichte sind in bezug auf ihre Ziele so einseitig und hartnäckig gewesen. Liest man *»Mein Kampf«*, dann erkennt man das; aber *»Mein Kampf«* ist nur eines aus einer ganzen Reihe von Dokumenten – Ansprachen, Schriften, Gesprächen, »politischen Testamenten« –, die das ebenfalls belegen. Und vielleicht ist Hitlers Mangel an Flexibilität in der Niederlage, seine starrsinnige Weigerung, seine Strategie den Gegebenheiten anzupassen oder einen Rückzug auch nur in Erwägung zu ziehen – und sei es auch nur vorübergehend –, ein weiterer Beleg für die Richtigkeit meiner Annahme. Für den Vormarsch war alles geplant gewesen; für den Rückzug gab es keine Pläne.

In den Jahren, in denen ein Triumph dem anderen folgte, ragt eine Episode als kritischer Augenblick heraus, eine Episode, die sogar noch bedeutsamer ist als das Ermächtigungsgesetz, mit dem Hitler seine Diktatur legalisierte. Das war das schreckliche Blutvergießen am 30. Juni 1934, als Hitler eine Kehrtwendung machte und die Führung der SA vernichtete, die Führung jener vier Millionen Mann starken »braunen Miliz«, die aus ihrer Position der Stärke heraus die Ansprüche der noch in den Kinderschuhen steckenden Berufsarmee in Frage stellte und die NSDAP zu dominieren drohte. Die nichtnazistischen Politiker, die Generale, die deutsche Gesellschaft insgesamt, waren froh über die Vernichtung. Sie sahen in ihr eine Absage an die Straßenkämpfe, eine Rückkehr zur normalen Politik. Ohne seine Miliz, so meinten sie, würde Hitler unter Kontrolle zu halten sein. Bedauerlicherweise irrten sie. Dadurch, daß sie Hitlers Methoden – den wahllosen Mord im Auftrag des Reichskanzlers an seinen privaten Gegnern, Politiker, Generale und SA-Führer eingeschlossen – guthießen, verspielten sie jedes Recht, ihn jetzt noch im Namen der Legalität zu bekämpfen. Hitler selbst war sich dessen sehr wohl bewußt. Von nun an konnte er es sich leisten, die Generale zu verachten. Er wußte, daß sie ihm moralisch ausgeliefert waren. Er ging daran, das Oberkommando umzuorganisieren, es zu einem gefügigen Instrument seiner Politik zu machen. Zehn Jahre und eine entscheidende Niederlage im Krieg brauchte es, ehe die Generale, zumindest einige von ihnen, versuchen sollten, kraftlos und zu spät, zurückzuschlagen. Inzwischen waren die Sieger von 1934 nicht die Politiker oder die Generale, sondern Hitler und sein neues Instrument schrecklicher, uneingeschränkter, nackter Gewalt, die SS.

So wurde aus der legalen eine faktische Diktatur, und fortan konnte Hitler ungestört die radikale Politik verfolgen, die ihm schon immer vorgeschwebt hatte: eine Politik der Diktatur im Inneren und der Eroberung eines Weltreichs in Osteuropa. Die Diktatur wurde als notwendiges Mittel für die Eroberung aufgefaßt, die radikale Politik als das notwendige Mittel für die Diktatur. Und dennoch – so ist die animalische Antriebskraft der Macht – wurden am Ende beide zum Selbstzweck und, da sie durch Moral unbelastet waren und durch Widerstand weiter angestachelt wurden, zu Schwerverbrechen: zu Verbrechen, die ein ganzes Volk sich noch immer zu sühnen bemüht. Wäre Hitler erfolgreich gewesen – und wir sollten immer daran denken, wie greifbar nahe der Erfolg war –, hätten alle diese Verbrechen, wie er selbst sagte, ihre Bestätigung erfahren. Dann sähe »Das Tausendjährige Reich« ganz anders aus. Diese Tatsache und dieses Nachwort sollten uns dazu veranlassen, über die Fragwürdigkeit rein politischer Urteile und über den engen Spielraum nachzudenken, den nicht nur die Geschichte, sondern auch die Geschichtsinterpretation hat.

H. R. Trevor-Roper

Zeittafel

1918

9. November: Revolution in Berlin. Philipp Scheidemann ruft die ›Deutsche Republik‹ aus. Friedrich Ebert wird das Reichskanzleramt übertragen.

10. November: Der ›Rat der Volksbeauftragten‹ bildet eine vorläufige Regierung. Der Spartakusbund fordert das Rätesystem.

11. November: Abschluß des Waffenstillstands.

12. November: Die Deutsch-Österreichische Nationalversammlung erklärt Deutsch-Österreich zum ›Bestandteil der Deutschen Republik‹.

20. Dezember: Der Reichskongreß der Arbeiter- und Soldatenräte Deutschlands entscheidet sich in Berlin für die parlamentarisch-demokratische Republik und die Ausschreibung von Wahlen zu einer verfassunggebenden Nationalversammlung.

29. Dezember: Die unabhängigen Sozialisten treten aus dem ›Rat der Volksbeauftragten‹ aus.

1919

1. Januar: Gründung der KPD aus dem Spartakusbund.

5.–12. Januar: Spartakus-Aufstand in Berlin; wird von der vorläufigen Regierung mit Hilfe der Armee niedergeschlagen.

15. Januar: Karl Liebknecht und Rosa Luxemburg werden verhaftet und ermordet.

18. Januar: Unter Vorsitz von Clemençeau wird in Versailles die Friedenskonferenz eröffnet.

19. Januar: Wahlen zur Weimarer Nationalversammlung.

25. Januar: Die Versailler Friedenskonferenz übernimmt die Prinzipien des Völkerbundes.

6. Februar: Die Nationalversammlung tritt in Weimar zusammen.

11. Februar: Wahl Eberts zum vorläufigen Reichspräsidenten.

13. Februar: Parlamentarische Regierung unter Scheidemann (›Weimarer Koalition‹: SPD, Zentrum, DDP).

21. Februar: Ermordung Kurt Eisners.

März–April: Kommunistische Aufstände und Streiks in Berlin, im Ruhrgebiet, in Norddeutschland (Ostfriesland, Oldenburg, Bremen) und Mitteldeutschland.

28. April: Deutsche Delegierte treffen auf der Versailler Friedenskonferenz ein.

7. April – 2. Mai: Räterepublik in München (Niederschlagung durch Freikorps).

20. Juni: Rücktritt der Regierung Scheidemanns aus Protest gegen die Bedingungen des Versailler Friedensvertrages.

21. Juni: Der Sozialdemokrat Gustav Bauer bildet die neue Regierung.

Die deutsche Hochseeflotte versenkt ihre Schiffe bei Scapa Flow.

28. Juni: Unterzeichnung des Versailler Vertrags.

11. August: Unterzeichnung der Weimarer Reichsverfassung.

10. September: Verbot des Anschlusses Österreichs durch die Alliierten.

Beginn der Inflation und Teuerung.

16. September: Hitler tritt der Deutschen Arbeiter-Partei bei.

1920

10. Februar: In einer Volksabstimmung entscheidet sich Nordschleswig für den Anschluß an Dänemark; Südschleswig entscheidet sich später für Deutschland.

13.–17. März: Kapp-Putsch; Zusammenbruch infolge Generalstreiks.

19. März: Spartakisten-Aufstand im Ruhrgebiet.

26. März: Rücktritt der Regierung Bauer.

27. März: Kabinett Hermann Müller (›Weimarer Koalition‹).

3. April: Der Aufstand an der Ruhr wird von Regierungstruppen mit großer Härte niedergeschlagen.

6. Juni: Neuwahlen zum Reichstag.

8. Juni: Das Kabinett Müller tritt zurück.

21. Juni: Konstantin Fehrenbach wird Reichskanzler.

5.–16. Juni: Die Alliierten und Deutschland konferieren in Spa über Reparationen.

5. Juli: Nordschleswig wird dänisch.

11. Juli: Volksabstimmung in Ost- und Westpreußen; 97 % entscheiden sich für Deutschland.

8. August: Gründung der NSDAP.

20. September: Der Völkerbund entscheidet, daß Eupen und Malmedy an Belgien fallen.

16. Oktober: Spaltung der USPD; die Mehrheit geht zur KPD.

Fortschreitende Inflation und Teuerung.

9. November: Danzig wird zur Freien Stadt erklärt.

1921

10. Januar: Vor dem Reichsgerichtshof in Leipzig beginnen die Kriegsprozesse.

24.–29. Januar: Auf der Konferenz der Alliierten in Paris werden für Deutschland unerfüllbare Reparationsforderungen festgelegt.

15. März: Französische Truppen besetzen Düsseldorf und andere Städte im Ruhrgebiet, weil Deutschland außerstande ist, diese Forderungen zu erfüllen.
20. März: Volksabstimmung in Oberschlesien: 63 % stimmen für Deutschland.
März: Kommunistischer Aufstand in Mitteldeutschland (Max Hölz), Generalstreik; zunehmende Tätigkeit rechtsradikaler Geheimbünde.
April–Mai: Volksabstimmung in Tirol und Salzburg; 99 % sprechen sich für den Anschluß aus.
4. Mai: Dem Kabinett Konstantin Fehrenbach wird das ›Londoner Ultimatum‹ der Reparationskonferenz gestellt, das vom Reich unter Androhung der Ruhrbesetzung und einer neuen Blockade eine untragbare Reparationssumme (132 Mrd. GM) fordert.
5. Mai: Rücktritt des Kabinetts Fehrenbach.
10. Mai: Joseph Wirth (Katholische Zentrumspartei) wird Reichskanzler.
11. Mai: Annahme des ›Londoner Ultimatums‹ durch das Kabinett Wirth (›Erfüllungspolitik‹).
28. Mai: Walther Rathenau wird Wiederaufbau-Minister.
26. August: Matthias Erzberger wird ermordet.
30. September: Die französischen Truppen ziehen aus dem Ruhrgebiet ab.
7. Oktober: Rathenau schließt mit Frankreich das ›Wiesbadener Abkommen‹ über deutsche Sachlieferungen im Rahmen der Reparationsverpflichtungen ab.
20. Oktober: Teilung Oberschlesiens.
November: Fortschreitende Inflation.

1922

1. Februar: Walther Rathenau wird Außenminister.
16. April: Abschluß des Rapallo-Vertrages mit der Sowjetunion.
24. Juni: Rathenau wird von Rechtsradikalen ermordet; große Arbeiter-Demonstrationen.
21. Juli: Verordnung des Reichspräsidenten zum Schutz der Republik (Republikschutzgesetz).
14. November: Die Regierung Wirth tritt zurück.
22. November: Wilhelm Cuno wird Reichskanzler.
Der Index der Lebenshaltung steigt auf 15 040 (1913 = 100).

1923

11. Januar: Einmarsch der Franzosen und Belgier in das Ruhrgebiet zur Erzwingung der Reparationsforderungen; ›passiver Widerstand‹ und Streiks im Ruhrgebiet.
28. Januar: Die französischen Truppen schließen das Ruhrgebiet vollkommen ein.
12. August: Generalstreik in Deutschland.
Cuno tritt zurück; Stresemann bildet ein Kabinett der ›Großen Koalition‹ (DVP, Zentrum, SPD, DDP), wird Reichskanzler und Außenminister.
26. September: Abbruch des ›passiven Widerstands‹; reichsfeindliche Bestrebungen in Bayern.
29. September: Ausnahmezustand in Deutschland; das Kriegsrecht wird erklärt.
1. Oktober: Der Staatsstreich der Schwarzen Reichswehr schlägt fehl.
Oktober: Unterdrückung linksradiakler Unruhen in Sachsen, Thüringen und Hamburg (Ernst Thälmann) durch die Reichswehr.
21. Oktober: Ausrufung der ›Rheinischen Republik‹ in Aachen und der ›Pfälzischen Republik‹; sie scheitern am Widerstand der Bevölkerung.
8./9. November: Hitler-Putsch in München.
15. November: Stabilisierung der Währung (1 Billion Mark = 1 Renten-Mark); Ende der Inflation.
23. November: Sturz des Kabinetts Stresemann; Wilhelm Marx bildet eine Minderheitsregierung; Stresemann bleibt Außenminister. Verbot der NSDAP.
Dezember: Die Zahl der Arbeitslosen steigt von 733 000 im Januar auf 2,58 Millionen an.

1924

14. Februar: Dritte Steuernotverordnung; fortschreitende Verarmung des Mittelstands.
1. April: Verurteilung Hitlers zu 5 Jahren Festungshaft.
9. April: Fertigstellung des Dawes-Plans.
4. Mai: Reichstagswahlen; Verluste der Mittelparteien.
20. Oktober: Auflösung des Reichstags wegen der Auseinandersetzung um den Dawes-Plan.
7. Dezember: Reichstagswahlen; Verluste der KPD und der Völkischen; Regierungskrise.
20. Dezember: Vorzeitige Entlassung Hitlers aus der Festungshaft.

1925

15. Januar: Kabinett Hans Luther (parteilos); Stresemann bleibt Außenminister.
27. Februar: Wiederbegründung der NSDAP.
28. Februar: Tod des Reichspräsidenten Friedrich Ebert.
26. April: Paul von Hindenburg wird zum Reichspräsidenten gewählt.
14. Juli: Beginn der Räumung des Ruhrgebiets.
5.–16. Oktober: Konferenz von Locarno; außenpolitische Entspannung.
9. November: Begründung der SS (Schutzstaffel).
29. November: Abschluß der Aufwertungs-Gesetzgebung; Wiederaufbau der Wirtschaft, Eindringen ausländischen Kapitals.

1926

10. Februar: Deutschland beantragt die Aufnahme in den Völkerbund.

24. April: Deutsch-sowjetisches Freundschafts- und Neutralitätsabkommen (›Berliner Vertrag‹).

12. Mai: Das Kabinett Luther tritt zurück.

17. Mai: Reichskanzler wird erneut der Zentrumspolitiker Wilhelm Marx.

8. September: Aufnahme des Deutschen Reichs in den Völkerbund.

1927

31. Januar: Kabinett Marx unter Einschluß der DNVP.

17. Mai: Verlängerung des Republikschutzgesetzes.

16. Juli: Einführung der Arbeitslosenversicherung.

1928

20. Mai: Reichstagswahlen; Verluste der Regierungspartei, SPD und KPD erhalten insgesamt 42 % der Stimmen.

13. Juni: Rücktritt der Regierung Marx.

28. Juni: Hermann Müller (SPD) wird Reichskanzler.

27. August: Beitritt zum Kellogg-Pakt.

1929

Februar: 3,1 Millionen Arbeitslose.

3. Mai: Verbot des Roten Frontkämpferbundes.

27. Juni: Der Reichstag setzt das Republikschutzgesetz außer Kraft.

3. Oktober: Tod Gustav Stresemanns; neuer Außenminister Curtius.

3. November: Volksbegehren der ›Nationalen Einheitsfront‹ Hugenbergs und Hitlers gegen den ›Young-Plan erreicht die nötige Mindestzahl.

22. Dezember: Der Volksentscheid darüber scheitert.

1930

20. Januar: Unterzeichnung des Young-Plans.

27. März: Sturz des Kabinetts Hermann Müller.

28.–30. März: Heinrich Brüning bildet ein Kabinett der bürgerlichen Mitte.

30. Juni: Räumung des Rheinlands (2. und 3. Zone).

Juli: Erste Notverordnungen zur Regelung wirtschaftlicher und finanzieller Fragen.

14. September: Reichstagswahlen; die NSDAP erhält 107 Mandate (bisher 12).

Dezember: Die Zahl der Arbeitslosen steigt infolge der Weltwirtschaftskrise auf 4,38 Millionen.

1931

20. März: Brüning plant eine Zollunion mit Österreich.

13. Juli: Zusammenbruch der Darmstädter und Nationalbank, Beginn der Bankenkrise infolge Zurückziehung ausländischer Kredite.

3. September: Verzicht auf die Zollunion mit Österreich unter französischem Druck.

11. Oktober: Tagung der ›Nationalen Opposition‹ in Harzburg; Bildung der ›Harzburger Front‹.

Dezember: 5,66 Millionen Arbeitslose.

1932

10. April: Paul von Hindenburg wird wieder zum Reichspräsidenten gewählt.

13. April: Verbot von SA und SS.

24. April: Erfolge der Nationalsozialisten bei Landtagswahlen in Preußen, Bayern, Württemberg.

30. Mai: Hindenburg entläßt Brüning.

1. Juni: Franz von Papen bildet ein Kabinett der nationalen Konzentration ohne parlamentarische Mehrheit.

4. Juni: Auflösung des Reichstags.

14. Juni: Aufhebung des Verbots von SA und SS.

16. Juni – 9. Juli: Konferenz von Lausanne, abschließende Regelung der Reparationen.

20. Juli: Papen enthebt die geschäftsführende preußische Regierung ihres Amtes; er wird Reichskommissar für Preußen.

31. Juli: Reichstagswahlen; die NSDAP erlangt 230 Mandate, die KPD behauptet sich.

13. August: Hitler lehnt Übernahme des Vizekanzlerpostens ab.

12. September: Auflösung des Reichstags.

6. November: Reichstagswahlen; Rückgang der NSDAP, Gewinne der DNVP und der KPD.

2. Dezember: Franz von Papen tritt zurück; Kurt von Schleicher wird Reichskanzler; Zunahme der politischen Streiks und Demonstrationen.

8. Dezember: Gregor Strasser legt alle Parteiämter nieder. Schwere Krise innerhalb der NSDAP.

Dezember: Die Zahl der Arbeitslosen überschreitet 6 Millionen.

1933

4. Januar: Treffen Hitler und von Papen in Köln; Bruch Papens mit Schleicher.

25. Januar: Kommunistische Massendemonstrationen in Berlin.

28. Januar: Rücktritt Schleichers.

30. Januar: Hindenburg ernennt Hitler zum Reichskanzler.

27. Februar: Reichstagsbrand.

28. Februar: ›Verordnung zum Schutz von Volk und Staat‹.

5. März: Reichstagswahlen (NSDAP 288 Sitze oder 44 %).
21. März: ›Tag von Potsdam‹.
23. März: Hitler gibt vor dem Reichstag seine erste Erklärung ab. ›Ermächtigungsgesetz‹ gegen die Stimmen der SPD angenommen.
1. April: Boykott jüdischer Geschäfte.
2. Mai: Aufhebung der Gewerkschaften; Gründung der ›Deutschen Arbeitsfront‹.
10. Mai: Bücherverbrennung.
14. Juli: Gesetz gegen Neubildung von Parteien (Einparteistaat).
22. September: Reichskulturkammergesetz.
4. Oktober: Schriftleitergesetz.
19. Oktober: Deutschland tritt aus dem Völkerbund aus.
12. November: Erste Reichstagswahlen im Einparteistaat (92 % für die NSDAP).
1. Dezember: Gesetz zur Sicherung der ›Einheit von Partei und Staat‹.

1934

20. Januar: Gesetz zur Ordnung der nationalen Arbeit.
26. Januar: Freundschaftsvertrag zwischen Deutschland und Polen.
30. Januar: Gesetz über den Neuaufbau des Reiches.
20. April: Himmler wird Chef des Geheimen Staatspolizeiamtes in Preußen.
30. Juni – 2. Juli: Gegen Röhm und seine Anhänger gerichtete Säuberungsaktion (›Nacht der langen Messer‹); Lutze wird Chef der SA.
20. Juli: Die SS wird selbständige Organisation.
25. Juli: Mißglückter Putsch der NSDAP in Wien; Ermordung des österreichischen Bundeskanzlers Dollfuß.
2. August: Tod Hindenburgs; Hitler Nachfolger als ›Führer und Reichskanzler‹; Vereidigung der Wehrmacht auf Hitler. Hitler verfügt eine Volksabstimmung.
19. August: 90 % der Deutschen stimmen mit ›Ja‹.
24. Oktober: Verordnung über die ›Deutsche Arbeitsfront‹.

1935

13. Januar: Abstimmung im Saargebiet, das an Deutschland zurückfällt.
16. März: Wiedereinführung der allgemeinen Wehrpflicht.
18. Juni: Deutsch-britisches Flottenabkommen.
16. Juli: Errichtung des Reichs-Kirchenministeriums.
15. September: Nürnberger Gesetze.
24. September: Gesetz zur Sicherung der Deutschen Evangelischen Kirche.
18. Oktober: Erbgesundheitsgesetz.

1936

7. März: Einmarsch deutscher Truppen in das Rheinland.
29. März: Volksbefragung; Billigung der Politik Hitlers mit 99 % der Stimmen.
17. Juni: Himmler wird zum ›Reichsführer SS‹ und Chef der deutschen Polizei ernannt.
1.–16. August: Olympische Spiele in Berlin.
9. September: Verkündung des ›Vierjahresplans‹.
18. Oktober: Göring wird mit der Durchführung des ›Vierjahresplans‹ betraut.
25. Oktober: Begründung der ›Achse Rom–Berlin‹ durch deutsch-italienischen Vertrag.
18. November: Die ›Legion Condor‹ wird nach Spanien entsandt.
25. November: Antikomintern-Pakt zwischen Deutschland und Japan.

1937

30. Januar: Verlängerung des Ermächtigungsgesetzes für vier Jahre.
17. Juli: Zweites deutsch-englisches Flottenabkommen.
19. Juli: Die Ausstellung ›Entartete Kunst‹ wird in München eröffnet.
25.–28. September: Mussolini besucht Deutschland.
6. November: Italien tritt dem ›Antikomintern-Pakt‹ bei.
8. November: Goebbels eröffnet die Ausstellung ›Der ewige Jude‹ in München.
11. Dezember: Italien tritt aus dem Völkerbund aus.

1938

4. Februar: Entlassung der Generäle von Blomberg und von Fritsch; Bildung des Oberkommandos der Wehrmacht unter Hitlers oberster Führung; Ribbentrop wird Außenminister.
13. März: Anschluß Österreichs.
24. April: Karlsbader Beschlüsse der Sudetendeutschen Partei.
27. August: Rücktritt des Generalstabschefs des Heeres, General Ludwig Beck.
15. September: Chamberlain in Berchtesgaden.
29. September: Konferenz von München; Anschluß der sudetendeutschen Gebiete.
1.–10. Oktober: Deutsche Truppen besetzen das Sudetenland.
29. Oktober: Wiener Schiedsspruch der Achsenmächte über die Grenzstreitigkeiten zwischen Ungarn und der Tschechoslowakei.
7. November: Ernst vom Rath wird in Paris erschossen.
9. November: Großes Judenpogrom in Deutschland (›Reichskristallnacht‹).
6. Dezember: Deutsch-französische Nichtangriffserklärung.

1939

15. März: Einmarsch deutscher Truppen in Böhmen und Mähren; Bildung des Protektorats.
18. März: Neurath wird Reichsprotektor in Böhmen und Mähren.
23. März: Einmarsch deutscher Truppen ins Memelgebiet.
22. Mai: Abschluß eines deutsch-italienischen Militärpakts (›Stahlpakt‹).
23. August: Abschluß eines deutsch-sowjetischen Nichtangriffspaktes und Geheimabkommens.
27. August: In Deutschland werden Maßnahmen für die Kriegswirtschaft eingeleitet.
1. September: Beginn des deutschen Angriffs auf Polen.
3. September: Kriegserklärung der Westmächte an Deutschland.
28. September: Neuer deutsch-sowjetischer Grenz- und Freundschaftsvertrag.
1. Oktober: Ende des polnischen Widerstandes.
6. Oktober: Friedensangebot Hitlers an die Westmächte.
12. Oktober: Dr. Hans Frank wird zum Generalgouverneur des besetzten Polen ernannt.
8. November: Attentat auf Hitler im Bürgerbräukeller in München.
30. November: Sowjetischer Überfall auf Finnland.

1940

12. März: Friedensvertrag zwischen der Sowjetunion und Finnland.
9. April: Deutscher Überfall auf Dänemark und Norwegen.
10. Mai: Deutscher Angriff auf Holland, Belgien, Luxemburg und Frankreich; Beginn des Westfeldzuges.
15. Mai: Kapitulation der holländischen Armee.
28. Mai: Kapitulation der belgischen Armee.
10. Juni: Italien erklärt den Alliierten den Krieg.
22. Juni: Im Wald vom Compiègne wird der deutsch-französische Waffenstillstand unterzeichnet.
8. August: Beginn der Luftangriffe auf Großbritannien.
27. September: Dreierpakt Deutschland-Italien-Japan.
28. Oktober: Italienischer Überfall auf Griechenland.
28. Dezember: Die Luftwaffe verliert die ›Luftschlacht über England‹.

1941

Februar: Aufstellung eines deutschen Afrikakorps unter Rommel.
2. März: Deutsche Truppen fallen in Bulgarien ein.
6. April: Deutscher Angriff auf Jugoslawien und Griechenland.
17. April: Jugoslawien kapituliert; die griechische Armee kapituliert.
17. Juni: Abschluß eines deutsch-türkischen Freundschaftsvertrages.
22. Juni: Beginn des deutschen Angriffs auf die Sowjetunion.
31. Juli: Göring beauftragt Heydrich mit der völligen Evakuierung der europäischen Juden.
23. September: Versuchsvergasungen in Auschwitz.
20. Oktober: Erste Deportierungen aus dem Reich angeordnet.
8. Dezember: Die Japaner überfallen Pearl Harbor.
11. Dezember: Deutschland erklärt den Krieg an die USA.

1942

20. Januar: Wannseebesprechung über die ›Endlösung der Judenfrage‹.
8. Februar: Speer wird Nachfolger des verstorbenen Rüstungsministers Dr. Todt.
27. Mai: Heydrich wird in Prag Opfer eines Attentats.
10. Juni: Lidice.
26. Juni: Beginn der Sommeroffensive an der Wolga und im Kaukasus.
2. November: Deutsche Niederlage bei El Alamein.
7. November: Beginn alliierter Landungen in Nordafrika.

1943

31. Januar: Kapitulation der 6. Armee in Stalingrad.
18. Februar: Goebbels im Sportpalast: ›Totaler Krieg‹.
13. März: Mißglücktes Attentat auf Hitler durch Offiziere der Heeresgruppe Mitte in Rußland.
13. April: Katyn.
19. April – 16. Mai: Aufstand im Warschauer Getto.
11. Juni: Himmler ordnet die Liquidierung der polnischen Gettos an.
10. Juli: Landung der Alliierten auf Sizilien.
25. Juli: Sturz Mussolinis und des faschistischen Regimes in Italien.
8. September: Kapitulation Italiens.
13. Oktober: Neue italienische Regierung erklärt Deutschland den Krieg.
28. November – 1. Dezember: Konferenz von Teheran.

1944

6. Juni: Die Alliierten landen in der Normandie.

15. Juni: Deutscher Bombenangriff auf London.

20. Juli: Attentat auf Hitler.

15. August: Alliierte Landung in Südfrankreich.

11. September: Amerikanische Truppen überschreiten die deutsche Grenze.

16. Dezember: Beginn der Ardennenoffensive.

1945

9. Januar: Sowjetischer Durchbruch an der Weichsel.

24. Januar: Die Amerikaner überqueren den Rhein bei Remagen.

4.–11. Februar: Konferenz von Jalta.

16. April: Die sowjetischen Truppen erreichen die Oder.

25. April: Erster Kontakt der Westalliierten und Sowjetrussen bei Torgau an der Elbe.

29. April: Kapitulation der deutschen Truppen in Italien und Österreich.

30. April: Selbstmord Hitlers in der Reichskanzlei in Berlin.

2. Mai: Kapitulation der Reichshauptstadt Berlin.

8. Mai: Bedingungslose Kapitulation Deutschlands. Der Zweite Weltkrieg ist in Europa beendet.

17. Juli – 2. August: Potsdamer Konferenz.

20. November: Eröffnung des Internationalen Militärgerichtshofs in Nürnberg.

Quellennachweise

1 Ein Irrtum der Geschichte

1 Max Domarus, *»Hitler, Reden und Proklamationen 1932–1945«*, Bd. I, Neustadt a. d. Aich. Schmidt, 1962, S. 612/13
2 a.a.O., S. 266
3 Im Original deutsch; im Folgenden durch Kursivschreibung gekennzeichnet
4 Harry Pross, *»Die Zerstörung der deutschen Politik, Dokumente 1871–1933«*, Frankfurt am Main, 1959 (Fischer Taschenbuch Nr. 264), S. 6
5 zit. nach a.a.O., S. 29/30
6 zit. nach a.a.O., S. 122/23
7 zit. nach a.a.O., S. 227/78
8 *»König Ludwig II. und Richard Wagner, Briefwechsel«*, Karlsruhe, 1936, Bd. I, S. LXV
9 Max Domarus, *»Hitler«*, a.a.O., S. 503
10 zit. nach Henry Pächter, *»The Legacy of the German Refugee Intellectuals«*, in *›Salmagundi Quarterly‹*, Skidmore College, Saratoga Springs. N. Y., Nr. 10/11, 1969/70
11 Helmut Plessner, *»Der deutsche Idealismus und die Folgen«*, in Gert Kalow (Hsg.), *»Sind wir noch das Volk der Dichter und Denker?«*, Reinbek bei Hamburg, 1964 (rororo aktuell Nr. 182), S. 20
12 Thomas Mann, *»Gedanken im Kriege«*, in *»Friedrich und die große Koalition«*, Berlin, 1915, S. 14
13 Thomas Mann, *»Vorspruch zu einer musikalischen Nietzsche-Feier«*, in *›Altes und Neues. Kleine Prosa aus fünf Jahrzehnten‹*, Frankfurt am Main 1953, S. 277
14 zit. nach Romain Rolland, *»Der freie Geist – Über dem Getümmel die Vorboten«*, Berlin, 1966, S. 24
15 Hermann Hesse, *»O Freunde, nicht diese Töne«*, in *›Neue Zürcher Zeitung‹* vom 3. November 1914, zit. nach Bernhard Zeller, *»Hermann Hesse«*, Reinbek bei Hamburg, 1963 (rororo monographie Nr. 85), S. 73
16 zit. nach Romain Rolland, *»Der freie Geist«*, a.a.O., S. 35
17 Sigmund Freud, *»Zeitgemäßes über Krieg und Tod«*, Gesammelte Werke, Bd. X, London, 1949, S. 324
18 F. A. Krummacher und Albert Wucher (Hsg.), *»Die Weimarer Republik«*, München, 1965, S. 41
19 Harry Graf Kessler, *»Tagebücher 1918 bis 1937«*, Frankfurt am Main, 1961, S. 24
20 a.a.O., S. 27
21 a.a.O., S. 28
22 J. P. Nettl, *»Rosa Luxemburg«*, Köln–Berlin, 1967, S. 692
23 a.a.O., S. 692/93
24 a.a.O., S. 693
25 Harry Graf Kessler, *»Tagebücher«*, a.a.O., S. 107
26 a.a.O., S. 104
27 Hannah Arendt, *»Men in Dark Times«*, London 1970, S. 36
28 A. J. Ryder, *»Twentieth Century Germany«*, London, 1973, S. 11
29 Heinrich Heine, *»Zur Geschichte der Religion und Philosophie in Deutschland«*, herausgegeben und eingeleitet von Wolfgang Harich, Frankfurt am Main, 1966 (sammlung insel Nr. 17), S. 200/02

2 Eine moderne Renaissance

1 Erich Mendelsohn, *»Letters of an Architect«*, herausgegeben von Oskar Beyer, London, 1967, S. 21
2 Gilbert Highet, *»The Classical Tradition«*, New York, 1949, S. 367
3 Friedrich Nietzsche, *»Götzendämmerung«*, Leipzig, 1923, (Kröner Taschenausgabe Bd. X), S. 284/87
4 zit. nach Walter Muschg, *»Die Zerstörung der deutschen Literatur«*, Bern, 1958, S. 234
5 *»Expressionismus – Der Kampf um eine literarische Bewegung«*, herausgegeben von Paul Raabe, München, 1965, S. 160
6 Franz Kafka, *»Gesammelte Werke«*, herausgegeben von Max Brod, *»Briefe 1902 bis 1924«*, Frankfurt/Main, 1958, S. 27
7 Georg Trakl, *»An die Verstummten«*, in *»Die Dichtungen«*, Salzburg, 1949, S. 133
8 *»Expressionismus – Der Kampf um eine literarische Bewegung«*, a.a.O., S. 160
9 *»Das war Dada, Dichtungen und Dokumente«*, herausgegeben von Peter Schifferli, München, 1963, S. 18
10 Werner Doede, *»Berlin, Kunst und Künstler seit 1870«*, Recklinghausen, 1961, S. 111
11 a.a.O., S. 146
12 Friedhelm Lach, *»Der Merz Künstler Kurt Schwitters«*, Köln, 1971, S. 24
13 Kurt Schwitters, *»Ursonate«*, zit. nach *»Dada – Eine literarische Dokumentation«*, herausgegeben von Richard Huelsenbeck, Reinbek bei Hamburg, 1964, S. 171
14 Kurt Schwitters, *»Anna Blume«*, zit. nach a.a.O., S. 174
15 Thomas Mann, *»Doktor Faustus«*, Berlin/Frankfurt am Main, 1947, S. 578
16 Thomas Mann, a.a.O., S. 614
17 Thomas Mann, a.a.O., S. 614
18 Ernst Toller, *»Hoppla, wir leben«*, Potsdam, 1927, S. 58

19 Herbert Bayer, Walter Gropius und Ilse Gropius, *»Bauhaus 1919–1928«*, Stuttgart, 1955, S. 215
20 Walter Muschg, *»Die Zerstörung der deutschen Literatur«*, a.a.O., S. 12
21 Thomas Mann, *»Doktor Faustus«*, a.a.O., S. 53
22 Friedrich Nietzsche, *»Der Fall Wagner«*, in *›Nietzsches Werke‹*, Erste Abtheilung, Bd. VIII, Leipzig, 1919, S. 36

3 Das häßliche Entlein

1 Karl Kraus, *»Die dritte Walpurgisnacht«*, München, 1967, S. 9
2 Adolf Hitler, *»Mein Kampf«, München*, 1933, S. 390/91
3 Konrad Heiden, *»Der Führer«*, Bd. 1, London, 1944, S. 277
4 a.a.O.
5 Richard Hanser, *»Prelude to Terror«*, London, 1970, S. 326
6 Thomas Mann, *»Bruder Hitler«*, in *»Altes und Neues. Kleine Prosa aus fünf Jahrzehnten«*, Frankfurt am Main, 1953, S. 624
7 Adolf Hitler, *»Mein Kampf«*, a.a.O., S. 598
8 a.a.O., S. 550
9 zit. nach Richard Hanser, *»Prelude to Terror«*, a.a.O., S. 247
10 Philipp W. Fabry, *»Mutmaßungen über Hitler. Urteile von Zeitgenossen«*, Düsseldorf, 1969, S. 22
11 a.a.O., S. 23
12 Adolf Hitler, *»Mein Kampf«*, a.a.O., S. 525, 527
13 Erich Raeder am 16. Mai 1946 in Nürnberg, zit. nach Max Domarus, *»Hitler, Reden und Proklamationen 1932–1945«*, Bd. I, Neustadt a. d. Aich. Schmidt, 1962, S. 53
14 Lilo Linke: *»Restless Days«*, Auszug in *»Germany: A Self-Portrait«*, herausgegeben von Harlan R. Crippen, London, 1944, S. 279/80
15 Konrad Heiden, *»Der Führer«*, Bd. 1, a.a.O., S. 276
16 Adolf Hitler, *»Mein Kampf«*, a.a.O., S. 514
17 Philipp W. Fabry, *»Mutmaßungen über Hitler«*, a.a.O., S. 172
18 Carl v. Ossietzky in *›Die Weltbühne‹* vom 24. November 1931, zit. nach a.a.O., S. 58
19 Adolf Hitler, *»Mein Kampf«*, a.a.O., S. 739
20 a.a.O., S. 742
21 a.a.O., S. 743
22 a.a.O., S. 741
23 a.a.O., S. 742
24 Konrad Heiden, *»Der Führer«*, Bd. 1, a.a.O., S. 248
25 Ernst Toller, *»Briefe aus dem Gefängnis«*, Amsterdam, 1935, S. 209
26 Konrad Heiden, *»Der Führer«*, Bd. 1, a.a.O., S. 249
27 Philipp W. Fabry, *»Mutmaßungen über Hitler«*, a.a.O., S. 141
28 Konrad Heiden, *»Der Führer«*, Bd. 1, a.a.O., S. 271
29 Siehe Abbildung des Wahlplakats, S. 158
30 André François-Poncet, *»Botschafter in Berlin 1931–1938«*, Berlin/Mainz, 1962, S. 80–82

4 Der totale Staat

1 Oswald Spengler, *»Jahre der Entscheidung«*, Erster Teil, *»Deutschland und die weltgeschichtliche Entwicklung«*, München, 1933, S. IX
2 Joseph Goebbels am 7. November 1933, zit. nach Joachim C. Fest, *»Das Gesicht des Dritten Reiches. Profile einer totalitären Herrschaft«*, München, 1963, Anm. 22, S. 422
3 Franz von Papen, *»Der Wahrheit eine Gasse«*, München, 1952, S. 290/91
4 Alfred Rosenberg, *»Tagebuch«*, zit. nach Kurt Zentner, *»Illustrierte Geschichte des Dritten Reiches«*, München, 1965, S. 160
5 Max Domarus, *»Hitler, Reden und Proklamationen 1932–1945«*, Bd. I, Neustadt a. d. Aich. Schmidt, 1962, S. 421
6 Aus *»Hitlers geheimer Denkschrift über den Vierjahresplan [1936]«*, in *»Der Nationalsozialismus. Dokumente 1933–1945«*, herausgegeben von Walther Hofer, Frankfurt am Main, 1957 (Fischer Taschenbuch Nr. 172), S. 85/86
7 zit. nach Konrad Heiden, *»Der Führer«*, Bd. 2, London, 1944, S. 586
8 *»Der Nationalsozialismus«. Dokumente 1933 bis 1945«*, a.a.O., S. 128
9 Albert Speer, *»Erinnerungen«*, Berlin, 1969, S. 70
10 a.a.O., S. 63
11 a.a.O., S. 71
12 Dr. Hans Frank, *»Im Angesicht des Galgens. Deutung Hitlers und seiner Zeit auf Grund eigener Erlebnisse und Erkenntnisse«*, München-Gräfelfing, 1953, S. 319
13 a.a.O., S. 316
14 a.a.O., S. 318/19
15 a.a.O., S. 317/18
16 André François-Poncet, *»Botschafter in Berlin 1931–1938«*, Berlin/Mainz, 1962, S. 301/2
17 zit. nach Kurt Zentner, *»Illustrierte Geschichte des Dritten Reiches«*, a.a.O., S. 187
18 *»Germany: A Self-Portrait. A Collection of German Writings from 1914 to 1943«*, herausgegeben von Harlan R. Crippen, London, 1944, S. 330/31
19 a.a.O., S. 330
20 Wolfgang Langhoff, *»Die Moorsoldaten. 13 Monate Konzentrationslager«*, München, 1946, S. 283
21 a.a.O.
22 a.a.O., S. 284/85

5 Kulturpolitik

1 Heinrich Heine, *»Almansor«*, in *»Sämtliche Werke«*, Bd. IV, München, 1964, S. 153
2 Paul Ortwin Rave, *»Kunstdiktatur im Dritten Reich«*, Hamburg, 1949, S. 70
3 a.a.O., S. 50
4 Hildegard Brenner, *»Die Kunstpolitik des Nationalsozialismus«*, Reinbek bei Hamburg, 1963 (rowohlts deutsche enzyklopädie Nr. 167/68), S. 47 ff
5 a.a.O., S. 44
6 a.a.O., S. 43/44
7 William L. Shirer, *»Berlin Diary«*, London, 1941, S. 50
8 a.a.O.
9 Gottfried Benn, *»Doppelleben«*, Wiesbaden, 1950, S. 91
10 *»Die Reden Hitlers am Reichsparteitag 1933«*, München, 1934, S. 28
11 Max Domarus, *»Hitler, Reden und Proklamationen 1932–1945«*, Bd. I, Neustadt a. d. Aich. Schmidt, 1962, S. 232
12 *»Die Reden Hitlers am Reichsparteitag 1933«*, a.a.O., S. 22
13 a.a.O., S. 28
14 a.a.O., S. 29
15 a.a.O., S. 31
16 G. W. F. Hegel, *»Vorlesungen über die Philosophie der Weltgeschichte. Die Germanische Welt«*, Leipzig, 1919, S. 781
17 Hermann Rauschning, *»Gespräche mit Hitler«*, Zürich/New York, 1940, S. 216/17
18 Hildegard Brenner, *»Die Kunstpolitik des Nationalsozialismus«*, a.a.O., S. 68
19 Joseph Wulf, *»Die Bildenden Künste im Dritten Reich«*, Reinbek bei Hamburg, 1966 (rororo Taschenbuch Nr. 806–08), S. 42
20 a.a.O., S. 348
21 Hildegard Brenner, *»Die Kunstpolitik des Nationalsozialismus«*, a.a.O.
22 Paul Ortwin Rave, *»Kunstdiktatur im Dritten Reich«*, a.a.O., S. 44
23 Klaus Mann, *»Der Wendepunkt«*, Frankfurt am Main, 1952, S. 402
24 Robert Neumann, *«Hitler. Aufstieg und Untergang des Dritten Reiches«*, München, 1961, S. 54
25 Max Beckmann, *»Tagebücher 1940–1950«*, München, 1955, S. 9
26 Alfred Döblin, *»Schicksalsreise«*, Frankfurt am Main, 1949, S. 24
27 Kurt Tucholsky, *»Ausgewählte Briefe 1913 bis 1935«*, Reinbek bei Hamburg, 1962, S. 256
28 Thomas Mann, *»Gesammelte Werke«*, Bd. XII, Frankfurt am Main, 1960, S. 787/88
29 Alfred Werner, *»Ernst Barlach«*, New York, 1960, S. 83
30 Ernst Barlach, *»Die Briefe 1888–1938«*, Bd. 2 *»1925–1938«*, München, 1969, S. 806
31 Hildegard Brenner, *»Die Kunstpolitik des Nationalsozialismus«*, a.a.O., S. 54
32 a.a.O., S. 45
33 zit. nach Ernst Löwy, *»Literatur unterm Hakenkreuz. Das Dritte Reich und seine Dichtung«*, Frankfurt am Main, 1966, S. 56
34 Friedrich Nietzsche, *»Götzendämmerung«*, Leipzig, 1923, (Kröner Taschenausgabe Bd. X), S. 287

6 Privatleben

1 Albert Speer, *»Erinnerungen«*, Frankfurt am Main – Berlin, 1969, S. 113
2 Erich Ebermayer und Hans Roos, *»Gefährtin des Teufels. Leben und Tod der Magda Goebbels«*, Hamburg, 1952, S. 210/11
3 a.a.O., S. 210
4 a.a.O., S. 208
5 Eitel Lange, *»Der Reichsmarschall im Kriege«*, Stuttgart, 1950, S. 195
6 Ernst Hanfstaengl, *»Hitler. The Missing Years«*, London, 1957, S. 229
7 Eitel Lange, *»Der Reichsmarschall im Kriege«*, a.a.O., S. 74
8 *»Documents on British Foreign Policy 1919–1939«*, herausgegeben von L. Woodward und Rohan Butler, London, 1957, zweite Serie, Band VI, S. 749–51
9 a.a.O., S. 751
10 Albert Speer, *»Erinnerungen«*, a.a.O., S. 102
11 a.a.O., S. 144
12 a.a.O., S. 114
13 Albert Zoller, *»Hitler privat. Erlebnisbericht seiner Geheimsekretärin«*, Düsseldorf, 1949, S. 125
14 a.a.O., S. 127
15 a.a.O., S. 124
16 a.a.O., S. 84/85
17 a.a.O., S. 138
18 Albert Speer, *»Erinnerungen«*, a.a.O., S. 108
19 a.a.O., S. 104
20 a.a.O., S. 145
21 Karl Wilhelm Krause, *»10 Jahre Kammerdiener bei Hitler«*, Hamburg, o. J., S. 20
22 Rudolf Semmler, *»Goebbels, the Man next to Hitler«*, London, 1947, S. 194
23 Nerin E. Gun, *»Eva Braun, Hitler's Mistress«*, London, 1970, S. 104
24 Albert Speer, *»Erinnerungen«*, a.a.O., S. 107
25 a.a.O., S. 106
26 Albert Zoller, *»Hitler privat«*, a.a.O., S. 92
27 Albert Speer, *»Erinnerungen«*, a.a.O., S. 106
28 Nerin E. Gun, *»Eva Braun, Hitler's Mistress«*, a.a.O., S. 93
29 a.a.O.
30 Albert Zoller, *»Hitler privat«*, a.a.O., S. 95
31 Albert Speer, *»Erinnerungen«*, a.a.O., S. 115
32 Albert Zoller, *»Hitler privat«*, a.a.O., S. 114
33 a.a.O., S. 113/14
34 a.a.O., S. 114

35 Albert Speer, *»Erinnerungen«,* a.a.O., S. 106
36 Karl Wilhelm Krause, *»10 Jahre Kammerdiener bei Hitler«,* a.a.O., S. 20
37 Albert Zoller, *»Hitler privat«,* a.a.O., S. 100
38 Alan Bullock, *»Hitler. Eine Studie über Tyrannei«,* Düsseldorf, 1953, S. 795

7 Das Volk unter dem gelben Stern

1 zit. nach Joachim C. Fest, *»Das Gesicht des Dritten Reiches. Profile einer totalitären Herrschaft«,* München, 1963, S. 166
2 *»Johannes Brahms in seinen Schriften und Briefen«,* eingeleitet von Dr. Richard Litterscheid, Berlin, 1943, S. 473
3 Ursula von Kardorff, *»Berliner Aufzeichnungen aus den Jahren 1942–1945«,* München, 1962, S. 7/8
4 a.a.O., S. 36/37
5 a.a.O., S. 141
6 a.a.O., S. 131
7 a.a.O., S. 228
8 Alexander Hohenstein, *»Wartheländisches Tagebuch 1941/42«,* Stuttgart, 1961, S. 235
9 a.a.O., S. 234
10 a.a.O., S. 254–56
11 Walther Buch, *»Die Idee der deutschen Ehre«,* in *›Deutsche Justiz‹,* Oktober 1921, Jg. 100, 1938
12 H. H. Stuckenschmidt, *»Arnold Schönberg«,* Zürich und Freiburg i. Br., 1951, S. 64
13 Adolf Hitler, *»Mein Kampf«,* München, 1933, S. 332
14 *»Konzentrationslager, Kommissarbefehl, Judenverfolgung«,* herausgegeben von M. Broszat, H.-A. Jacobsen und H. Krausnick, Bd. 2 von *»Anatomie des SS-Staates«,* Olten und Freiburg i. Br., 1965, S. 326
15 a.a.O., S. 325
16 *»Das Dritte Reich. Seine Geschichte in Texten, Bildern und Dokumenten«,* herausgegeben von Heinz Huber und Artur Müller, München, 1964, S. 537
17 zit. nach Joachim C. Fest, *»Das Gesicht des Dritten Reiches«,* a.a.O., S. 162
18 *»Das Dritte Reich«,* a.a.O., S. 532/33
19 Inge Scholl, *»Die weiße Rose«,* Frankfurt am Main, 1970, S. 102

8 Der Zweite Weltkrieg

1 zit. nach Kurt Zentner, *»Illustrierte Geschichte des Dritten Reiches«,* München, 1965, S. 547
2 a.a.O., S. 549
3 Max Domarus, *»Hitler. Reden und Proklamationen 1932–1945«,* Bd. II., Neustadt a. d. Aich, Schmidt, 1963, S. 2157
4 a.a.O., S. 2128
5 a.a.O., S. 2245
6 a.a.O., S. 2263
7 a.a.O., S. 1760
8 a.a.O., S. 1357
9 a.a.O., S. 2264
10 a.a.O., S. 2051
11 a.a.O., S. 2016
12 a.a.O., S. 2151
13 a.a.O., S. 2186
14 a.a.O., S. 2011
15 a.a.O., S. 2025
16 a.a.O., S. 2139
17 Alan Bullock, *»Hitler. Eine Studie über Tyrannei«,* Düsseldorf, 1953, S. 793
18 Max Domarus, *»Hitler«,* a.a.O., S. 1754
19 a.a.O., S. 1755
20 a.a.O., S. 1775
21 Dr. Henry Picker, *»Hitlers Tischgespräche im Führerhauptquartier 1941–1942«,* Bonn, 1951, S. 45
22 *»Hitler's Table Talk 1941–1944«,* herausgegeben von H. R. Trevor-Roper, London, 1953, S. 68/69
23 J. W. Wheeler-Bennett, *»The Nemesis of Power. The German Army in Politics 1918 to 1945«,* London, 1953, S. 462
24 a.a.O., S. 262
25 Max Domarus, *»Hitler«,* a.a.O., S. 1682
26 a.a.O.
27 a.a.O.
28 a.a.O., S. 1695
29 *›Das Reich‹* vom 14. November 1943, zit. nach Kurt Zentner, *»Illustrierte Geschichte des Dritten Reiches«,* a.a.O., S. 574
30 Max Domarus, *»Hitler«,* a.a.O., S. 1778
31 a.a.O., S. 1873
32 a.a.O., S. 1630
33 a.a.O., S. 1931
34 a.a.O., S. 1974
35 a.a.O.
36 Albert Zoller, *»Hitler privat«,* a.a.O., S. 196
37 Max Domarus, *»Hitler«,* a.a.O., S. 2172
38 a.a.O., S. 2077
39 a.a.O., S. 2065
40 a.a.O.
41 a.a.O., S. 2104
42 a.a.O., S. 2106
43 a.a.O., S. 2134
44 a.a.O., S. 2116
45 a.a.O., S. 2070
46 a.a.O., S. 2058
47 a.a.O., S. 2210
48 a.a.O., S. 2115
49 Albert Zoller, *»Hitler privat«,* a.a.O., S. 200
50 Alan Bullock, *»Hitler«,* a.a.O., S. 794
51 Max Domarus, *»Hitler«,* a.a.O., S. 2115

Personenregister

Inhalt

Quellennachweis der Photos und Abbildungen

Erich Andres 621, 648, 649, 654, 656, 668
Architectural Press 173, 177
Archives du Centre de Documentation Juive Contemporaine 595, 596, 599, 601
Associated Press 651

Barnabys Picture Library 145, 186, 213, 377, 407, 419–422, 424, 427, 440, 452, 454, 502, 506, 520, 534, 629
Frau G. T. Basse 120, 271, 273
Becker Collection 70, 239, 311, 316, 332, 333, 363, 388–391, 393–396, 399, 400, 410, 412, 431, 436, 437, 473–478, 497, 500, 507, 508, 514–519, 569, 570, 572–575, 622, 624–626
Bundesarchiv 1–7, 9, 11–14, 16–21, 24, 26, 28, 31, 34, 37–40, 43, 44, 65, 66, 92–96, 98–104, 214, 215, 219, 221, 227–229, 246, 248, 249, 254, 256, 257, 259, 260, 282, 283, 287, 289, 292, 293, 297, 312, 320–325, 327, 329, 331, 338, 341–353, 371, 411, 464–472, 592, 597, 642, 660

Camera Press 597, 620
Canadian Department of National Defence 664
Anthony Conolly 435
Dr. Hans Cürlis 511–513

Deutsche Fotothek Dresden 261
dpa 170

Galerie Britta Heberle 46–49, 125, 190, 192, 235, 313–315, 380, 405, 406, 521–526
Galerie Klihm, München 105
Peter M. Grosz 42, 50–51, 53, 211
Frederic V. Grunfeld 71–76, 139, 483–496

John Hillelson Agency Ltd. 144, 155, 205, 207–210, 212, 266, 268, 269
Robert Hunt Library 616, 618

Imperial War Museum 32, 33, 60–62, 64, 281, 288, 294–296, 408, 448, 458, 459, 499, 665

Keystone Press Agency 600, 613, 614, 637

Landesbildstelle, Berlin 135, 146, 147, 199, 202, 203, 206

Museum of Modern Art, New York 179

National Film Archive 124, 127–134, 381 bis 387
Novosti Press Agency 584, 615, 617, 636, 638, 639, 641

Siegfried Poppe 193
Popperfoto 15, 45, 52, 58, 223–226, 231, 234, 267, 276–278, 335, 374, 397, 404, 417, 439, 441, 450, 451, 453, 460, 463, 497, 498, 589, 591, 602–607, 611, 612, 619, 631, 647, 655, 666
Privatsammlung 77–91, 252, 479–482, 586, 590, 593, 594, 598

Gunther Sander 106–119, 163, 200, 204
Erich Seemann, Freiburg 258
Sovfoto 646
Staatsbibliothek, Berlin 610, 640
State Jewish Museum, Prag 608
Süddeutscher Verlag 126, 194, 196–198, 336, 434, 627, 628, 630, 643, 644, 652, 657, 658

Transit Film GmbH 30, 121–123, 182, 185, 279, 298–310, 364, 398, 401, 409, 416, 423, 425, 426, 428, 433, 438, 452, 455, 457, 509, 510, 527–529, 533, 535–568, 576–581, 588

Ullstein 23, 25, 29, 136–138, 140, 142, 143, 148–154, 156–162, 171, 175, 176, 201, 222, 236, 240, 245, 247, 250, 251, 253, 262, 264, 265, 290, 372, 373, 375, 378–380, 447, 461, 462, 530–532, 582, 634, 635, 645, 650, 653, 661–663

Warburg Institut 67–69
Wiener Library 8, 10, 22, 27, 35, 36, 41, 54 bis 59, 63, 97, 141, 174, 175, 178, 180, 181, 187–189, 191, 195, 237, 241–244, 255, 263, 270, 272, 274, 275, 280, 284–286, 291, 318, 326, 328, 334, 339, 340, 354–362, 365–370, 402, 403, 413–415, 429, 430, 442–446, 449, 456, 501, 503–505, 583, 609, 623, 632

Zeitgeschichtliches Bildarchiv 216–218, 220, 230, 232, 233, 238, 317, 319, 330, 337, 343, 376, 392, 418, 432, 585, 633, 659, 667